财政部规划教材

全国高等院校财经类专业规划教材

应用统计案例

主　编　孙红英

副主编　马　岚　刘照德

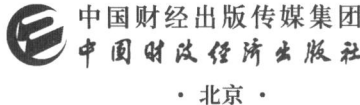

中国财经出版传媒集团

中国财政经济出版社

·北京·

图书在版编目（CIP）数据

应用统计案例 / 孙红英主编. -- 北京 : 中国财政经济出版社, 2025. 3. -- （财政部规划教材）（全国高等院校财经类专业规划教材）. -- ISBN 978-7-5223-3699-2

Ⅰ. C8

中国国家版本馆CIP数据核字第20256DW182号

责任编辑：苏小珺　　　　　责任校对：胡永立
封面设计：北京兰卡绘世　　责任印制：党　辉

应用统计案例
YINGYONG TONGJI ANLI

中国财政经济出版社 出版

URL：http://www.cfeph.cn
E-mail：cfeph@cfeph.cn

（版权所有　翻印必究）

社址：北京市海淀区阜成路甲28号　邮政编码：100142
营销中心电话：010-88191522
天猫网店：中国财政经济出版社旗舰店
网址：https://zgczjjcbs.tmall.com
涿州汇美亿浓印刷有限公司印刷　各地新华书店经销
成品尺寸：185mm×260mm　16开　19.75印张　388 000字
2025年3月第1版　2025年3月河北第1次印刷
定价：75.00元
ISBN 978-7-5223-3699-2
（图书出现印装问题，本社负责调换，电话：010-88190548）
本社质量投诉电话：010-88190744
打击盗版举报热线：010-88191661　QQ：2242791300

序 言

在这个数据驱动的时代，统计学作为一门研究数据收集、分析、解释和呈现的方法论科学，其重要性日益凸显。面对日新月异的技术革新与社会变革，如何将统计学知识应用于实际问题解决中，成为现代教育面临的一大挑战。在此背景下，《应用统计案例》一书应运而生，本书不仅是对传统统计学教育模式的一次创新尝试，也是广东财经大学响应国家"四新"建设号召，积极探索培养适应数字时代要求的应用型统计人才路径的重要成果。

本书精心挑选了涵盖研究报告、统计专业竞赛以及学术论文三大领域的十个典型案例，旨在通过真实案例的学习与探讨，帮助读者深刻理解统计学原理在不同场景下的具体应用方法。每个案例不仅详细介绍了数据分析的过程，而且还附有深入浅出的案例说明，引导读者思考数据背后的故事，激发学习兴趣，提升解决问题的能力。

值得一提的是，《应用统计案例》的编写充分体现了"以学生为中心"的教育理念。书中内容设计紧密围绕"理论分析＋案例讨论＋实验实践"这一教学框架展开，力求通过互动式学习方式，促进学生主动思考、勇于探索的精神，进而培养他们具备良好的数据思维能力和综合实践应用能力。同时，本书还致力于构建一个开放式的教学平台，鼓励师生共同参与到案例库的持续更新与完善过程中，使教学内容始终紧贴行业前沿，保持活力与创新。

总之，《应用统计案例》不仅是一本优秀的教材，更是一个激发思维火花、促进知识交流与分享的平台。我们相信，通过对本书的学习，能够使学生更好地掌握统计学的核心思想与方法，为未来的职业生涯打下坚实的基础。希望每一位读者都能从这本书中获得启发，开启自己在统计学领域的新篇章。

2024 年 12 月

前　言

在当今这个数据驱动的时代，统计学的应用已经渗透到我们生活的方方面面。从经济分析到市场调研，从政策制定到企业管理，统计学的理论和方法都发挥着不可替代的作用。而《应用统计案例》这本书，正是希望通过一系列生动、具体的案例，带领大家领略统计学的魅力，培养基于实际案例的统计思维。

本书是广东省高校线上线下混合式一流本科课程《统计学》和广东省研究生教育创新计划项目（2023ANLK_040）成果，取材广泛，涵盖了多个领域和行业的三类实际案例：第一部分是三篇研究报告类案例，来自广东财经大学刘照德等撰写的《广东省人口变动与产业结构升级转型研究》《A市适度人口规模与经济资源环境协调发展研究》和《B市经济转型升级与提质增效研究》；第二部分是三篇竞赛作品类案例，分别是第十四届全国大学生市场调查与分析大赛本科组总决赛二等奖作品《心灵探寻踏浪间，情绪旅游绵延——Z世代情绪旅游行为分析和营销组合策略》（马岚等指导，郑行等撰写），第八届全国大学生市场调查与分析大赛本科组总决赛一等奖作品《消费者网购生鲜产品意愿调查报告》（马岚等指导，余奕颖等撰写）和第十一届全国大学生市场调查与分析大赛本科组总决赛一等奖作品《打造多元虚拟人物创设崭新偶像时代——广州市大学生群体虚拟偶像消费需求偏好调查》（马岚等指导，吴纯等撰写）；第三部分是四篇论文写作类案例，依次《经济集聚、产业结构升级与绿色经济效率协调发展——基于京津冀与粤港澳大湾区的比较分析》（刘照德和聂普焱），《Prediction and early warning model of mixed exposure to air pollution and meteorological factors on death of respiratory diseases based on machine learning》（孙红英等），《双向FDI协调发展、环境规制与绿色创新效率——基于两阶段创新价值链的研究视角》（章志华和孙林）和《互联网平台用户数据资产收益估算方法研究》（雷小乔）。通过深入分析这些案例，我们不仅可以更好地理解统计学的理论和方法，而且还可以看到它们在实际应用中的价值和意义。每个案例都经过精心挑选和设计，旨在让读者在轻松愉快的阅读中，掌握统计学的精髓。

在编写过程中，我们注重内容的实用性和可操作性。每个案例都详细介绍了统计方法的应用步骤和过程，以及最终的分析结果和结论。同时，我们也注重培养读者的独立思考和解决问题的能力，鼓励读者在阅读过程中积极思考和探索。

我们相信，《应用统计案例》这本书将成为广大读者学习统计学的重要参考和助手。无论你是初学者，还是有一定基础的读者，都可以从这本书中获得宝贵的启示和收获。希望读者在阅读过程中，能够积极思考和探索，将统计学的理论和方法应用到实际生活中去，为自己和社会创造更多的价值。

最后，感谢所有为本书编写和出版付出辛勤努力的同事和朋友们，尤其感谢2024级应用统计专业硕士学生和任课老师的辛勤付出，也感谢广大读者对本书的关注和支持！愿我们在统计学的世界里共同成长和进步！

孙红英

2025 年 1 月

第一部分 研究报告类案例 　(1)

案例1：广东省人口变动与产业结构升级转型研究 　(3)

案例2：A市适度人口规模与经济资源环境协调发展研究 　(39)

案例3：B市经济转型升级与提质增效研究 　(63)

第二部分 竞赛作品类案例 　(93)

案例4：心灵探寻踏浪间，情绪旅游绵延
　　——Z世代情绪旅游行为分析和营销策略组合 　(95)

案例5：消费者网购生鲜产品意愿调查报告 　(137)

案例6：广州市大学生群体虚拟偶像消费需求偏好调查 　(169)

第三部分 论文写作类案例 　(205)

案例7：经济集聚、产业结构升级与绿色经济效率协调发展
　　——基于京津冀与粤港澳大湾区的比较分析 　(207)

案例8：基于机器学习的空气污染与气象因素混合暴露对
　　呼吸道疾病死亡的预测与预警模型 　(233)

案例9：双向FDI协调发展、环境规制与绿色创新效率
　　——基于两阶段创新价值链的研究视角 　(261)

案例10：互联网平台用户数据资产收益估算方法研究 　(289)

第一部分　研究报告类案例

案例 1

广东省人口变动与产业结构升级转型研究[①]

[①] 本案例改编自刘照德等撰写的《广东省人口变动与产业结构升级转型研究》，由杨志宏、聂琪宗、曹柳智、彭肇维、李恒亮和杨俊杰协助整理。

 **案例正文**

课题基于第五次至第七次全国及广东省人口普查数据,从多方面对广东各地区进行纵横对比,剖析人口变动与产业转型升级关系,为广东政策部署提供依据。首先剖析广东省人口与产业结构现状及演变。其次探究人口变动对产业结构升级影响,包括人口规模、结构等因素均有正向作用,且二者耦合度高。再者分析消费结构与产业结构关系,发现广东第一、第二产业影响力下降,第三产业上升缓慢,消费支出结构亦呈多种变化趋势。提出对策建议:依产业需求调整教育结构与就业引导;加速高技能人才引培及"根植性"建设;推动生产性服务业发展与人员培训;推进城市化与知识、技术密集型服务业发展;发挥产业优势促进人才推动经济;大力发展第三产业并推动制造业升级;促进人口结构年轻化与"银发经济"协同;平衡区域发展。

一、引言

1978年,党的十一届三中全会拉开了中国改革开放的序幕,广东省作为改革开放的前沿阵地和"试验田",也开启了建设新时期。改革开放以来,广东省在各方面先行一步,为中国改革开放进行了艰辛的探索。一路经历了从农村到城市、从计划经济体制到市场经济体制、从对内搞活到对外开放的历史进程,迅速取得工业化初级阶段向中级阶段迈进的巨大成就,至今在许多方面仍然走在全国的前列:城市基础设施建设加强,经济体制完善,城市发展成功地由过去的粗放型转型升级,人民生活水平显著提高,广东省的面貌发生了历史性的变化①。随着这些变化的发生,广东省的人口变动在这一时期内也在悄然推进。人是推动整个社会向前发展的基础,广东省经济的发展离不开庞大的人口力量。广东省积极响应我国人口生育政策,在新中国成立初期,我国鼓励生育,人口结构属于人口红利时期,为之后经济的快速发展提供了充足的人力资源保障;1982年,我国难以承受人口众多的压力,实施计划生育政策,受此影响,我国的生育率大幅下降②,人口结构也由之前的人口红利逐步转向人口负债,且人口老龄化问题日益凸显。近年来,人口形势又发生了很大变化,2014年,我国放松了计划生育政策,实施了"单独二孩"政策;2016年,更进一步实施了"全面二孩"政策;2021年,我国进一步优化生育政策,实施"放开三

---

① 陆杰华,伍绪青. 人口年龄结构变迁:主要特点、多重影响及其应对策略[J]. 青年探索,2021(4):28-40.
② 汪伟,刘玉飞. 人口老龄化与居民家庭消费结构升级——基于CFPS2012数据的实证研究[J]. 山东大学学报(哲学社会科学版),2017(5):84-92.

孩"政策。这些人口政策的变化，为人口变动增加了额外的推动力量，无疑对经济发展也产生重大影响。据广东省第四次全国经济普查公报，2018 年广东省地区生产总值为 99945 亿元，其中，第一产业增加值 3838 亿元，第二产业增加值 41398 亿元，第三产业增加值 54709 亿元，三次产业的比重为 3.9∶41.4∶54.7。实际上，自从 1989 年广东省地区生产总值初登全国第一以后，便始终稳居鳌头。截至 2021 年底，已经连续 33 年稳居全国 GDP 第一名。广东省的经济获得如此骄人的成绩，肯定离不开广东省人口因素的重大贡献。

由此，广东省人口变动规律如何是非常值得研究的。例如，人口数量与人口增长情况、受教育程度人口变化情况、人口自然变动情况、人口年龄结构指标比较、人口城镇化、人口迁移变动情况等，与其他省份人口情况比较分析又有什么特点[①]。2019 年，中共中央、国务院印发《粤港澳大湾区发展规划纲要》指出要加快产业结构优化、深化内地与港澳合作，进一步提升粤港澳大湾区在国家经济发展中的支撑引领作用。

根据广东省第四次全国经济普查公报，第三产业占比达 54.7%，显示出产业结构的不断优化。广东省的产业结构历经了多个阶段的演变，如何根据人口变动情况，制定促进产业结构升级转型的政策，推动广东省经济持续增长，并进一步提升其综合竞争力，是本案例的研究重点所在，其具有重要的现实意义与政策价值。本案例结合广东省经济发展省情，以第五次至第七次人口普查数据和全国经济普查数据为基础，研究分析人口变动与产业结构升级的相互影响，对促进广东省人口、社会和谐发展，进一步提升粤港澳大湾区在国家经济发展中的支撑引领作用具有借鉴意义。

二、广东省人口变动与产业结构现状纵横向对比分析

（一）广东省人口规模不断扩大

研究广东省人口变动情况主要从广东省人口规模情况、广东省人口空间分布情况、广东省人口结构三个方面进行研究。

研究广东省人口规模情况。从户籍人口数和常住人口数来看，广东省的人口规模呈现出不断扩大且逐年增长的态势[②]。广东省户籍人口数从 2000 年的 7499 万人增长到了 2020 年的 9809 万人，增长了 30.8%，且在 2017—2020 年，以较快的速度持续增长，每年相比

[①] JOHN P A, ROBERT L E, SEAN R L, et al. Implications of Long – term Care Capacity Response Policies for An Aging Population：ASimulation Analysis [J]. Health Policy, 2014 (1)：105 – 113.

[②] HASHIMOTO K I, TABATA K. Population Aging, Health Care, and Growth [J]. Journal of Population Economics, 2010 (2)：571 – 5.

上一年均增长了 3% 以上。广东省的常住人口数也呈现出快速增长的趋势，2009 年便突破 1 亿人，到了 2020 年，常住人口数已达到 1.26 亿人。在人口自然增长率方面，对比出生率与自然增长率与全国水平，2000—2016 年广东省人口出生率均低于全国平均水平，但自 2017 年开始高于全国平均水平。广东省人口自然增长率 2000—2012 年呈下降趋势，但自 2013 年开始呈上升趋势，并始终保持较高自然增长率，尤其是近三年，保持高于全国平均水平 5‰—6‰。在人口迁入率方面，除了 2012 年净迁移率为负数（-1.7‰），近 20 年广东省净迁移率均为正数，实现人口净迁入[1]。

研究广东省人口空间分布情况。根据五普（2000）到七普（2020）的广东省分城市人口数据，分析广东省城市间人口分布情况。数据表明，省内户籍人口迁移的方向与区域经济发展程度呈现显著的正相关关系。2000—2020 年，珠三角地区的户籍人口占比是逐年提升的，广东省与深圳市作为中心城市，户籍人口数占比提升最为显著，同时广深辐射的周边城市也呈现人口占比提升的情况。而粤东地区（以揭阳市为代表）、粤西地区（以湛江市为代表）与粤北地区（以梅州市为代表）的户籍人口占比逐年下降。

研究广东省人口结构。本案例主要从人口社会经济结构、人口地域结构及人口自然结构三种类别中选出具有代表性的结构要素进行分析。在人口年龄结构方面，"人口年龄结构指一定时点、一定地区各年龄组人口在全体人口中的比重，又称人口年龄构成。人口年龄结构不仅对未来人口发展的类型、速度和趋势有重大影响，而且对今后的社会经济发展也将产生一定的作用。人口年龄结构是根据年龄阶段划分的，分为 0—14 岁（儿童）、15—64 岁（劳动力人口）、65 岁以上（老年人）三个阶段。"

通过各典型城市间进行对比发现，广东省人口年龄结构比较合理。广东省和北京市的劳动力人口以及老龄人口比重一直处于上升趋势，0—14 岁人口比重先下降后上升[2]。在人口性别结构方面，人口性别结构是指男性和女性各在其总人口中的比例，通常用"性别比"来衡量[3]。人口性别结构主要是用来反映一个地区或国家人口的性别结构是否合理或协调。通过各典型城市进行对比发现，广东省性别结构较为稳定。在人口城乡结构方面，"人口城乡结构亦称人口城乡构成，即城镇人口和乡村人口在总人口中的组成状况和数量构成关系[4]。人口城乡结构将人口根据户籍划分为城镇人口和农村人口，而人口城镇化是指城镇人口数占总人口数的比例。人口城乡结构的变化，既是社会经济变动的结果，又是

---

[1] 楚永生，于贞，王云云. 人口老龄化"倒逼"产业结构升级的动态效应——基于中国 30 个省级制造业面板数据的空间计量分析 [J]. 产经评论，2017 (6)：22-33.
[2] 杨道兵，陆杰华. 我国劳动力老化及其对社会经济发展影响的分析 [J]. 人口学刊，2006 (1)：7-12.
[3] 卓乘风，邓峰. 人口老龄化、区域创新与产业结构升级 [J]. 人口与经济，2018 (1)：48-60.
[4] DADDIO A C, KEESE M, WHITEHOUSE E. Population Ageing and Labor Markets [J]. Oxford Review of Economic Policy, 2010 (4)：613-635.

影响社会经济发展的重要因素①。"

通过各典型城市进行对比发现，各典型城市和省份的城镇化水平不断提高。其中广东省乡村人口所占比重逐年下降，从五普 2000 年的 45.01% 下降为七普 2020 年的 25.85%②。城镇人口所占比重逐年上升，从五普 2000 年的 54.99% 上升为七普 2020 年的 74.15%。在人口文化结构方面，"人口文化结构亦称人口文化程度结构或构成，是指总人口中具有不同文化程度的人口在人口总体中的组成状况和数量构成关系。本案例的人口文化结构按受教育程度划分，分为初等教育及以下、中等教育、高等教育。一般认为，受过高等教育的人口比重在 7% 以下为低水平文化结构，7%—14% 为中等水平文化结构，15% 以上为高水平文化结构③。"

（二）广东省社会经济发展稳步提升

对于广东省社会经济发展现状的研究主要从三次产业生产总值、农业现代化、工业企业数、国际贸易、生态环境五个方面进行研究④。

表 1-1 和图 1-1 显示了 2000—2020 年广东省生产总值、广东省三次产业产值及占比情况⑤。可见，生产总值逐年快速增长，其中第三产业产值增长迅速，于 2019 年超过第二产业产值占比，成为广东省产值占比最多的产业；第二产业产值稳步增长，但其产值占比近年来有下降的趋势；第一产业产值以较低的增速增长，其产值占比逐年降低⑥。这也与前文所描述的人口产业结构情况相吻合，广东省第三产业快速发展，产业结构已由以第一、第二产业为主转向以第二、第三产业为主⑦。

由图表可知，2000—2020 年，广东省的生产总值呈稳步增长的趋势。其中第一产业、第二产业和第三产业的占比也发生了变化。在 2000 年时，第一产业占比较高，而到了 2020 年，第三产业已经成为了主导产业，其产值超过了第一产业和第二产业产值之和。这表明广东省的经济结构正在逐渐优化升级，服务业的发展速度明显快于农业和工业。

---

① 史桂芬，李真. 流动人口助推地区经济增长的机制研究——基于长三角城市群的面板数据 [J]. 华东经济管理，2020（6）：10-18.
② 张利国，冷浪平. 流动人口与经济发展——基于城市面板数据的实证研究 [J]. 当代财经，2022（2）：16-27.
③ 张抗私. 就业问题：理论与实际研究 [M]. 北京：社会科学文献出版社，2007. 54-61.
④ 戴启文，杨建仁. 产业结构升级与人力资本水平关系的实证研究——以江西省为例 [J]. 江西社会科学，2007（12）：123-126.
⑤ 张若雪. 人力资本、技术采用与产业结构升级 [J]. 财经科学，2010（2）：17-22.
⑥ 杨爽，范秀荣. 产业结构升级中的人力资本适应性分析 [J]. 生产力研究，2010（4）：205-207.
⑦ 官华平，谌新民. 珠三角产业升级与人力资本相互影响机制分析——基于东莞的微观证据 [J]. 华南师范大学学报（社会科学版），2011（5）：95-102+160.

表 1-1　　　　　　　　2000—2020 年广东省地区生产总值表

年份	广东省地区生产总值							
	地区生产总值（亿元）	同比增速（%）	其中					
			第一产业（亿元）	占比（%）	第二产业（亿元）	占比（%）	第三产业（亿元）	占比（%）
2000	10810.21	—	986.32	9.12	5042.75	46.65	4781.15	44.23
2001	12126.59	12.18	988.84	8.15	5564.66	45.89	5573.09	45.96
2002	13601.89	12.17	1015.08	7.46	6209.06	45.65	6377.76	46.89
2003	15979.77	17.48	1072.92	6.71	7684.41	48.09	7222.44	45.20
2004	18658.34	16.76	1219.83	6.54	9191.71	49.26	8246.80	44.20
2005	21962.99	17.71	1395.23	6.35	11049.21	50.31	9518.55	43.34
2006	25961.24	18.20	1494.69	5.76	13158.01	50.68	11308.54	43.56
2007	31742.61	22.27	1663.49	5.24	16022.56	50.48	14056.56	44.28
2008	36704.16	15.63	1920.80	5.23	18519.40	50.46	16263.96	44.31
2009	39464.69	7.52	1945.95	4.93	19439.71	49.26	18079.03	45.81
2010	45944.62	16.42	2199.60	4.79	22917.43	49.88	20827.59	45.33
2011	53072.79	15.51	2553.17	4.81	26161.08	49.29	24358.54	45.90
2012	57007.74	7.41	2711.32	4.76	27346.12	47.97	26950.30	47.27
2013	62503.41	9.64	2876.42	4.60	29342.97	46.95	30284.02	48.45
2014	68173.03	9.07	3038.71	4.46	31930.37	46.84	33203.95	48.71
2015	74732.44	9.62	3189.76	4.27	33913.76	45.38	37628.92	50.35
2016	82163.22	9.94	3500.49	4.26	35499.24	43.21	43163.49	52.53
2017	91648.73	11.54	3611.44	3.94	38536.61	42.05	49500.68	54.01
2018	99945.22	9.05	3836.40	3.84	41398.45	41.42	54710.37	54.74
2019	107986.92	8.05	4350.61	4.03	43368.21	40.16	60268.10	55.81
2020	110760.94	2.57	4769.99	4.31	43450.17	39.23	62540.78	56.46

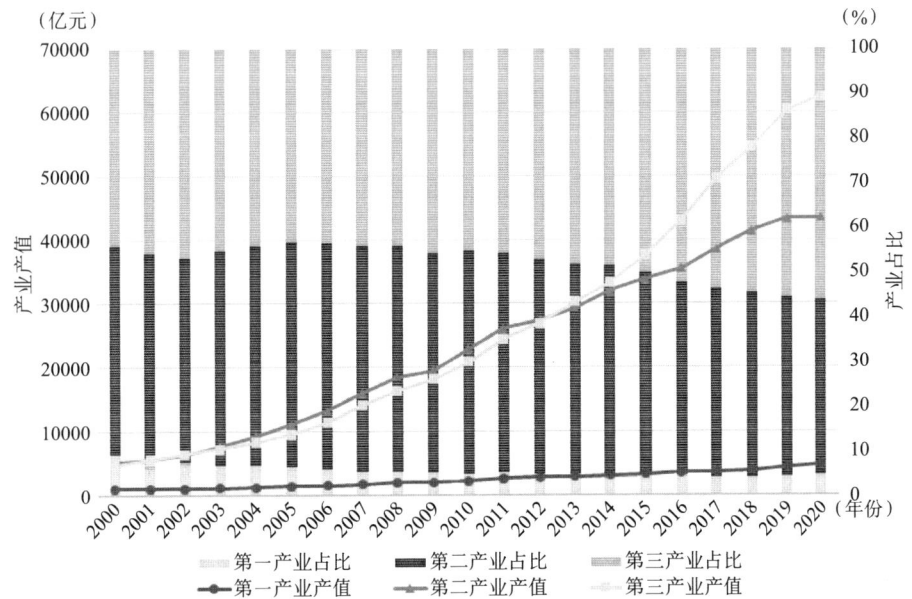

图 1-1　广东省生产总值发展趋势

资料来源：《广东省统计年鉴》。

在农业现代化方面,广东农业机械总动力在2000—2020年保持增长态势。2000—2010年,广东农业机械总动力从1763.9万千瓦上升到2253.4万千瓦,增长率为27.75%。2010—2020年,广东农业机械总动力从2253.4千瓦上升到2495.43万千瓦,增长率为10.74%(见图1-2)。

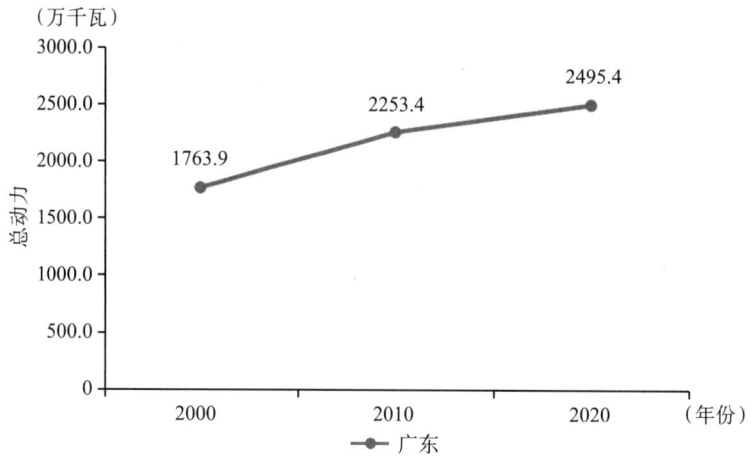

图1-2 2000—2020年广东农业机械总动力

资料来源:《广东省统计年鉴》。

在2000—2020年广东省规模以上工业企业单位数总体呈上升趋势,虽然在2010年曾被江苏和浙江超越,但在2020年成功反超。2000年广东省规模以上工业企业有19695个,比江苏省多1386个,比浙江省多4099个,比山东省多8016个。2010年广东省规模以上工业企业有53418个,比江苏省少10718个,比浙江省少10946个,比山东省多9381个,比河南省多33844个。2020年,广东省规模以上企业单位数为58504个,分别比江苏省、浙江省、山东省和河南省多8336个、10548个、28876个和38693个(见表1-2)。

表1-2   规模以上工业企业单位数   (单位:个)

省份	2000年	2010年	2020年
广东省	19695	53418	58504
江苏省	18309	64136	50168
浙江省	15596	64364	47956
山东省	11679	44037	29628
河南省	—	19574	19811

图1-3中显示了广东省、江苏省、浙江省、山东省和河南省的企业数量随时间的变化趋势。总体来看,这些省份的企业数量在这段时间内都有所增长,但增长速度和幅度有

所不同。其中,广东省的企业数量一直保持领先地位,且在 2015 年后增速明显加快;江苏省紧随其后,企业数量也呈现稳步上升趋势;浙江省、山东省和河南省的企业数量相对较少,但也呈现出逐年增长的态势。

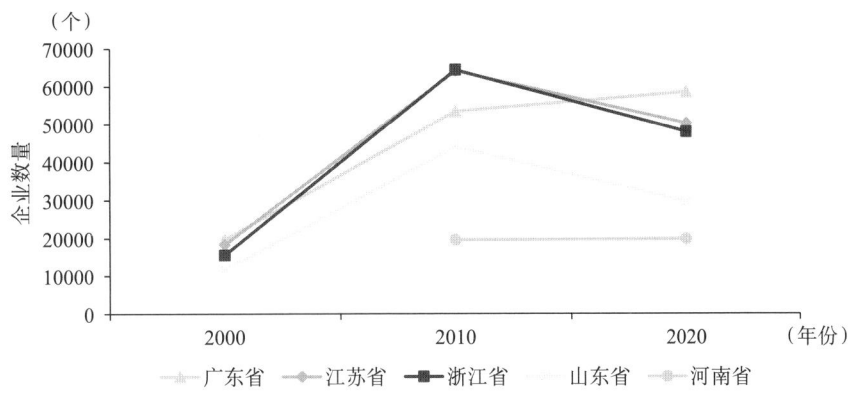

图 1-3 规模以上工业企业单位数折线图

资料来源:各省统计年鉴。

由表 1-3 可知,广东省为中国南大门,多年来进口总值和占比均全国最高,占全国五分之一以上,高于山东省、江苏省和河南省等,2000 年,广东进出口总值 1701.06 亿美元,其中比山东省高 1451.16 亿美元,比江苏省高 1244.68 亿美元。2010 年,广东进出口总值 7848.96 亿美元,其中比山东省高 5959.45 亿美元,比江苏省高 3191.03 亿美元。2020 年,广东进出口总值 10239.02 亿美元,其中比山东省高 7054.55 亿美元,比江苏省高 3811.27 亿美元。随着中国的国际贸易的发展,虽然广东省的进出口总值呈增长趋势,但是 2013 年后增长明显放缓,甚至有一定下降趋势,而其他省份如山东省和江苏省仍然保持较高增长态势,2020 年山东省的进出口总值占比高于 2019 年的,人口大省河南省的进出口总值虽然较少,但是增长势头猛,导致广东省进出口总值占比下降明显。

表 1-3   广东省进出口总值及全国占比情况

年份	广东省		山东省		江苏省		河南省		全国
	总值(亿美元)	占比(%)	总值(亿美元)	占比(%)	总值(亿美元)	占比(%)	总值(亿美元)	占比(%)	总值(亿美元)
2000	1701.06	35.9	249.90	5.3	456.38	9.6	22.75	0.5	4743
2001	1764.87	34.6	289.63	5.7	513.55	10.1	27.93	0.5	5096.5
2002	2210.92	35.6	339.42	5.5	703.05	11.3	32.04	0.5	6207.7
2003	2835.22	33.3	446.58	5.2	1136.7	13.4	47.16	0.6	8509.9
2004	3571.29	30.9	607.81	5.3	1708.57	14.8	66.13	0.6	11545.5

续表

年份	广东省 总值（亿美元）	占比（%）	山东省 总值（亿美元）	占比（%）	江苏省 总值（亿美元）	占比（%）	河南省 总值（亿美元）	占比（%）	全国 总值（亿美元）
2005	4280.02	30.1	768.89	5.4	2279.41	16.0	77.36	0.5	14219.1
2006	5272.07	29.9	952.88	5.4	2839.95	16.1	97.96	0.6	17604.4
2007	6340.35	29.1	1226.18	5.6	3496.71	16.1	128.05	0.6	21761.8
2008	6834.92	26.7	1581.42	6.2	3922.68	15.3	174.79	0.7	25632.6
2009	6111.18	27.7	1386.04	6.3	3388.32	15.3	134.38	0.6	22075.4
2010	7848.96	26.4	1889.51	6.4	4657.93	15.7	177.92	0.6	29740
2011	9133.34	25.1	2359.92	6.5	5397.59	14.8	326.42	0.9	36418.6
2012	9839.47	25.4	2455.45	6.3	5480.93	14.2	517.5	1.3	38671.2
2013	10918.22	26.3	2671.59	6.4	5508.44	13.2	599.57	1.4	41589.9
2014	10765.84	25.0	2771.16	6.4	5637.62	13.1	650.33	1.5	43015.3
2015	10227.96	25.9	2417.49	6.1	5456.14	13.8	737.81	1.9	39530.3
2016	9552.86	25.9	2342.07	6.4	5096.12	13.8	712.26	1.9	36855.6
2017	10066.8	24.5	2630.57	6.4	5911.39	14.4	776.13	1.9	41071.4
2018	10851.03	23.5	2923.91	6.3	6640.43	14.4	828.19	1.8	46224.2
2019	10365.78	22.6	2962.85	6.5	6294.7	13.8	824.45	1.8	45778.9
2020	10239.02	22.0	3184.47	6.8	6427.75	13.8	972.05	2.1	46559.1

对比其他发达省市和全国平均水平，2020年广东在生态环境方面总体较为优越。在大气环境方面，广东优于山东、江苏、北京和浙江四个省市，并且优于全国平均水平。广东PM2.5平均浓度为22微克每立方米，比山东低24微克每立方米，比江苏和北京低16微克每立方米，比浙江低3微克每立方米，比全国平均水平低11微克每立方米。在地表水环境方面，广东优于山东和全国平均水平，但略逊于江苏。具体而言，广东国控地表水考核断面优良水体比例达87.3%，比山东高16.2%，比全国平均水平高3.90%。在海洋环境方面，广东优于江苏和全国平均水平，但略逊于山东。广东近岸海域水质优良面积比例达89.5%，比江苏高52.9%，比全国平均水平高12.10%，比山东低2%（见表1-4）。

表1-4　　　　　　　　　　　广东生态环境状况

生态环境指标	广东	山东	江苏	北京	浙江	全国
PM2.5（微克/立方米）	22	46	38	38	25	33
国控地表水考核断面优良水体比例（%）	87.30	71.10	87.50	—	—	83.40
近岸海域水质优良面积比（%）	89.50	91.50	52.90	—	—	77.40

资料来源：各省生态环境状况公报。

三、广东省产业结构的两阶段变化

自改革开放以来,广东省产业结构的演进也同样遵循"三二一"发展趋势,产业结构升级成果显著,经济发展取得了举世瞩目的成绩。

纵观1978—2020年广东省三次产业变化图及三次产业产值所占比重图可以看出(见表1-5),广东省产业结构发展大致可以以2000年为分水岭将其分为两个阶段来进行考察。

表1-5　　　　　　　　历年广东省三次产业增加值占比　　　　　　　　(单位:%)

年份	第一产业增加值占比	第二产业增加值占比	第三产业增加值占比
1978	29.76	46.61	23.63
1979	31.82	43.78	24.39
1980	33.23	41.07	25.69
1981	32.48	41.45	26.07
1982	34.76	39.82	25.41
1983	32.88	41.29	25.83
1984	31.66	40.88	27.45
1985	29.77	39.80	30.43
1986	28.22	38.33	33.45
1987	27.42	39.02	33.57
1988	26.53	39.83	33.64
1989	25.46	40.11	34.42
1990	24.67	39.50	35.83
1991	21.97	41.34	36.69
1992	19.03	44.89	36.08
1993	16.10	49.07	34.82
1994	14.99	48.71	36.30
1995	14.55	48.85	36.59
1996	13.66	48.39	37.96
1997	12.55	47.66	39.79
1998	11.62	47.70	40.67
1999	10.86	47.19	41.94
2000	9.12	46.65	44.23
2001	8.15	45.89	45.96
2002	7.46	45.65	46.89

续表

年份	第一产业增加值占比	第二产业增加值占比	第三产业增加值占比
2003	6.71	48.09	45.20
2004	6.54	49.26	44.20
2005	6.35	50.31	43.34
2006	5.76	50.68	43.56
2007	5.24	50.48	44.28
2008	5.23	50.46	44.31
2009	4.93	49.26	45.81
2010	4.79	49.88	45.33
2011	4.81	49.29	45.90
2012	4.76	47.97	47.27
2013	4.60	46.95	48.45
2014	4.46	46.84	48.71
2015	4.27	45.38	50.35
2016	4.26	43.21	52.53
2017	3.94	42.05	54.01
2018	3.84	41.42	54.74
2019	4.03	40.16	55.81
2020	4.31	39.23	56.46

资料来源：《广东省统计年鉴》。

（一）第一阶段：1978—2000年三次产业结构变迁

在这一阶段，第一产业增加值所占比重逐渐下降，第二产业、第三产业增加值所占比重逐渐上升，且第二产业增加值所占比重占主导地位（见表1-5）。

改革开放以后，广东省三次产业取得了飞跃式发展，1978年三次产业产值分别为55.31亿元、86.62亿元、43.92亿元，2000年三次产业产值分别为986.32亿元、5042.75亿元、4781.15亿元，改革开放后，广东省三次产业迅速发展。1978—2000年，第一产业产值从55.31亿元增至986.32亿元，比重从29.8%降至9.1%；第二产业产值从86.62亿元增至5042.75亿元，比重基本持平；第三产业产值从43.92亿元增至4781.15亿元，比重从23.6%升至44.2%，显示出服务业的快速增长和经济结构的服务化趋势。这一时期，广东省的三次产业产值均呈现出快速增长的态势，反映了改革开放政策带来的巨大活力和经济潜能（见图1-4和表1-6）。

案例1 广东省人口变动与产业结构升级转型研究

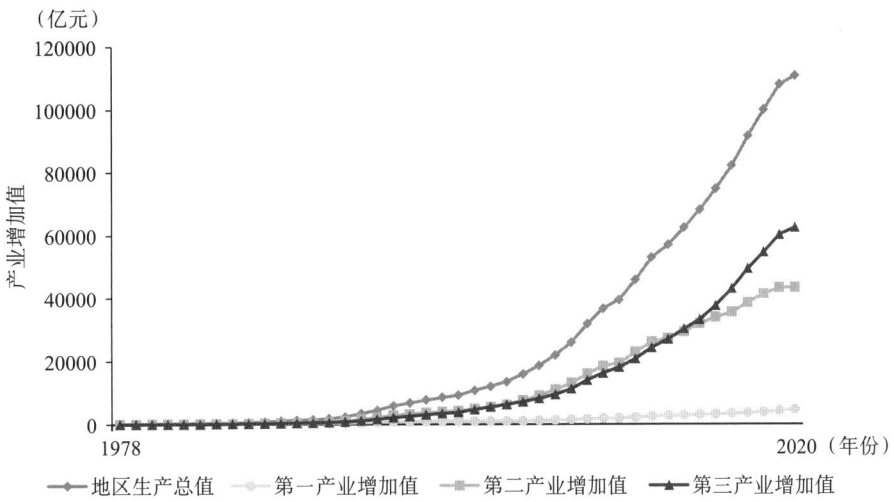

图1-4 历年GDP、三产增加值变动情况

表1-6 历年GDP、三产增加值变动情况 （单位：亿元）

年份	地区生产总值	第一产业增加值	第二产业增加值	第三产业增加值
1978	185.85	55.31	86.62	43.92
1979	209.34	66.62	91.65	51.06
1980	249.65	82.97	102.53	64.14
1981	290.36	94.3	120.34	75.71
1982	339.92	118.17	135.37	86.39
1983	368.75	121.24	152.27	95.24
1984	458.74	145.25	187.55	125.93
1985	577.38	171.87	229.82	175.69
1986	667.53	188.37	255.88	223.28
1987	846.69	232.14	330.35	284.2
1988	1155.37	306.5	460.17	388.7
1989	1381.39	351.73	554.13	475.53
1990	1559.03	384.59	615.86	558.58
1991	1893.3	416	782.67	694.63
1992	2447.54	465.83	1098.75	882.96
1993	3469.28	558.7	1702.46	1208.12
1994	4619.02	692.25	2249.99	1676.77
1995	5940.34	864.49	2901.99	2173.86
1996	6848.22	935.23	3313.55	2599.44
1997	7792.97	978.32	3713.92	3100.73
1998	8555.33	994.55	4080.96	3479.82

续表

年份	地区生产总值	第一产业增加值	第二产业增加值	第三产业增加值
1999	9289.64	1009.01	4384.22	3896.41
2000	10810.21	986.32	5042.75	4781.15
2001	12126.59	988.84	5564.66	5573.09
2002	13601.89	1015.08	6209.06	6377.76
2003	15979.77	1072.92	7684.41	7222.44
2004	18658.34	1219.83	9191.71	8246.8
2005	21962.99	1395.23	11049.21	9518.55
2006	25961.24	1494.69	13158.01	11308.54
2007	31742.61	1663.49	16022.56	14056.56
2008	36704.16	1920.8	18519.4	16263.96
2009	39464.69	1945.95	19439.71	18079.03
2010	45944.62	2199.6	22917.43	20827.59
2011	53072.79	2553.17	26161.08	24358.54
2012	57007.74	2711.32	27346.12	26950.3
2013	62503.41	2876.42	29342.97	30284.02
2014	68173.03	3038.71	31930.37	33203.95
2015	74732.44	3189.76	33913.76	37628.92
2016	82163.22	3500.49	35499.24	43163.49
2017	91648.73	3611.44	38536.61	49500.68
2018	99945.22	3836.4	41398.45	54710.37
2019	107986.92	4350.61	43368.21	60268.1
2020	110760.94	4769.99	43450.17	62540.78

资料来源：《广东省统计年鉴》。

但三次产业产值所占比重的情况却各有不同（见图1-5），三次产业产值比重也由1978年的0.298∶0.466∶0.236调整为2000年的0.091∶0.467∶0.442。

审视该阶段广东省产业结构的演进历程，其最大的特点是第二产业得到了空前的发展，第三产业也保持着快速发展的势头，但第二产业产值仍然超过第三产业产值，而第一产业发展缓慢，其产值所占全省比重呈快速下降趋势。在这一阶段，第一产业就业人数所占比重不断下降，第二、第三产业就业人数不断上升，三次产业就业人数占比由1978年的0.737∶0.137∶0.126转变为2000年的0.4∶0.279∶0.321（见图1-6）。

从图1-4中可以看出，该地区生产总值自1978年以来呈现快速增长趋势。在初期阶段，第一产业增加值相对较高，但随后逐渐下降并在后期保持稳定；第二产业增加值则呈现出波动增长的趋势，尤其在2000年后增速明显加快；第三产业增加值整体上呈上升趋势,特别是在近十几年来增长迅速。这些数据反映了该地区经济的快速发展以及产业结构的变化。

(二) 第二阶段:2000—2020 年三次产业结构变迁

此阶段第一产业增加值所占比重下降并趋于平缓,第三产业增加值所占比重首次超过第二产业所占比重,此后,第二、第三产业产值所占比重交替上升,形成第二、第三产业蓬勃发展格局。

2000 年广东省三次产业产值分别为 986.32 亿元、5042.75 亿元、4781.15 亿元,2020 年三次产业产值分别为 4769.99 亿元、43450.17 亿元、62540.78 亿元,在这个阶段内,第一产业产值所占比重转变为负增长,虽然第二、第三产业产值平均增速减缓,但由于基数大,增长值部分比第一阶段要大,总体呈现较为稳步增长。三次产业产值所占比重由 2000 年的 0.091∶0.467∶0.442 调整为 2020 年的 0.043∶0.392∶0.565 (见表 1-7)。

表 1-7　　　　　　　历年广东省三次产业增加值占比　　　　　　(单位:%)

年份	第一产业增加值占比	第二产业增加值占比	第三产业增加值占比
1978	29.76	46.61	23.63
1979	31.82	43.78	24.39
1980	33.23	41.07	25.69
1981	32.48	41.45	26.07
1982	34.76	39.82	25.41
1983	32.88	41.29	25.83
1984	31.66	40.88	27.45
1985	29.77	39.80	30.43
1986	28.22	38.33	33.45
1987	27.42	39.02	33.57
1988	26.53	39.83	33.64
1989	25.46	40.11	34.42
1990	24.67	39.50	35.83
1991	21.97	41.34	36.69
1992	19.03	44.89	36.08
1993	16.10	49.07	34.82
1994	14.99	48.71	36.30
1995	14.55	48.85	36.59
1996	13.66	48.39	37.96
1997	12.55	47.66	39.79

续表

年份	第一产业增加值占比	第二产业增加值占比	第三产业增加值占比
1998	11.62	47.70	40.67
1999	10.86	47.19	41.94
2000	9.12	46.65	44.23
2001	8.15	45.89	45.96
2002	7.46	45.65	46.89
2003	6.71	48.09	45.20
2004	6.54	49.26	44.20
2005	6.35	50.31	43.34
2006	5.76	50.68	43.56
2007	5.24	50.48	44.28
2008	5.23	50.46	44.31
2009	4.93	49.26	45.81
2010	4.79	49.88	45.33
2011	4.81	49.29	45.90
2012	4.76	47.97	47.27
2013	4.60	46.95	48.45
2014	4.46	46.84	48.71
2015	4.27	45.38	50.35
2016	4.26	43.21	52.53
2017	3.94	42.05	54.01
2018	3.84	41.42	54.74
2019	4.03	40.16	55.81
2020	4.31	39.23	56.46

资料来源：《广东省统计年鉴》。

从该阶段广东省产业结构的演进历程来看，2000—2020年广东省生产总值、广东省三次产业产值及占比情况。可见，生产总值逐年快速增长，其中第三产业产值增长迅速，于2019年超过第二产业产值占比，成为广东省产值占比最多的产业；第二产业产值稳步增长，而第二产业产值占比近年来有下降的趋势；第一产业产值以较低的增速增长，第一产业产值占比逐年降低。这也与前文所描述的人口产业结构情况相吻合，广东省第三产业快速发展，产业结构已由以第一、第二产业为主转向以第二、第三产业为主。

图1-5生动地描绘了自1978—2020年广东省三次产业增加值占比的变化趋势。从图中可以看出，代表农业的线条显示第一产业增加值占比持续下降，尤其在1995年后降幅更为显著，并在2003年后维持在较低水平。工业的线条则展现了第二产业增加值占比的

波动上升,尤其在20世纪90年代末至2011年达到顶峰,尽管后期有所回落,但仍保持较高比重。而代表第三产业增加值占比的线条则呈现出持续增长态势,特别是在2000年后增速加快,最终超越第一产业和第二产业,成为广东省经济的主体部分。这一变化过程揭示了广东省产业结构的优化升级,从以农业为主转向以服务业为主导的发展模式。

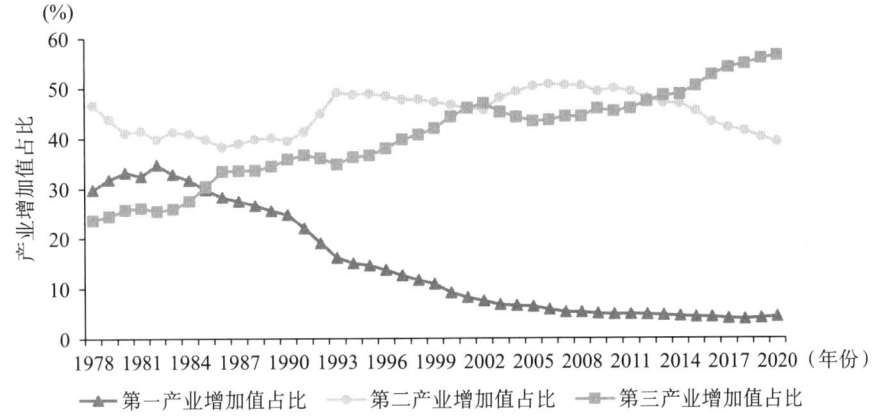

图1-5 历年广东省三次产业增加值占比

资料来源:《广东省统计年鉴》。

由表1-8可知,1978—2020年三次产业就业人数占比变化显著。如图1-6所示,横轴为年份,从1978年到2020年,间隔为3年;纵轴为比重,从0到80%,间隔为10%。图中有三根折线,分别代表第一产业就业人数占比、第二产业就业人数占比和第三产业就业人数占比。第一产业就业人数占比从1978年的大约80%持续下降至2020年的大约30%;第二产业就业人数占比从15%上下波动后上升至25%左右;第三产业就业人数占比则从小于5%增长至接近40%。

表1-8　　　　　　　　历年三次产业就业人数占比　　　　　　　　（单位:%）

年份	第一产业就业人数占比	第二产业就业人数占比	第三产业就业人数占比
1978	73.70	13.70	12.60
1979	72.00	16.50	11.50
1980	70.70	17.10	12.20
1981	70.10	16.90	13.00
1982	68.40	17.70	13.90
1983	67.30	17.90	14.80
1984	63.70	18.90	17.40
1985	60.30	22.50	17.20
1986	57.80	22.60	19.60

续表

年份	第一产业就业人数占比	第二产业就业人数占比	第三产业就业人数占比
1987	55.10	24.20	20.70
1988	53.70	24.80	21.50
1989	53.70	24.60	21.70
1990	53.00	27.20	19.80
1991	50.50	28.60	20.90
1992	47.30	30.50	22.20
1993	44.10	32.40	23.50
1994	42.30	33.60	24.10
1995	41.50	33.80	24.70
1996	40.70	33.40	25.90
1997	40.80	32.90	26.30
1998	41.10	32.10	26.80
1999	41.50	31.10	27.40
2000	40.00	27.90	32.10
2001	39.10	27.90	33.00
2002	38.00	29.10	32.90
2003	36.80	35.40	27.80
2004	34.70	36.90	28.40
2005	32.10	38.10	29.80
2006	30.20	38.90	30.90
2007	29.20	39.40	31.40
2008	27.90	39.70	32.40
2009	26.60	40.30	33.10
2010	24.40	42.40	33.20
2011	22.00	42.90	35.10
2012	20.10	42.60	37.30
2013	18.70	41.80	39.60
2014	17.30	40.50	42.20
2015	15.90	40.00	44.10
2016	14.70	39.00	46.30
2017	13.60	37.80	48.60
2018	12.40	36.00	51.60
2019	11.80	36.10	52.20
2020	10.90	35.90	53.20

资料来源：《广东省统计年鉴》。

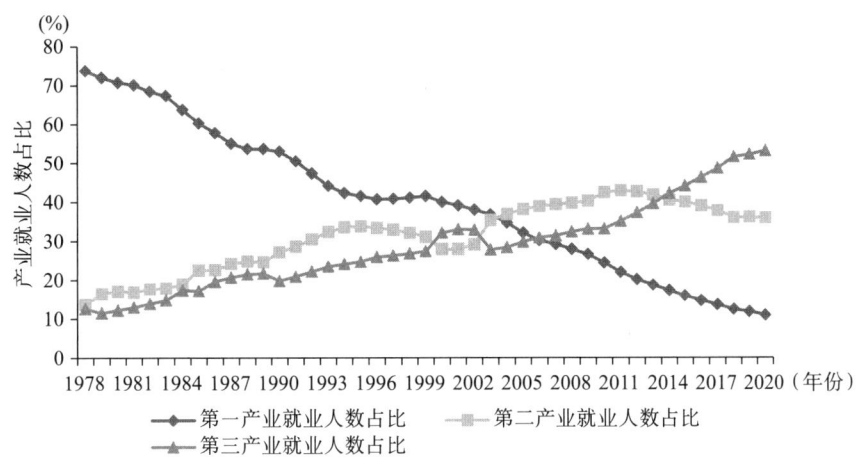

图1-6 1978—2020年三次产业就业人数占比变化

资料来源：《广东省统计年鉴》。

广东省作为我国改革开放的排头兵，产业结构发生了巨大变化，演进特征明显，总体可概括为以下三个方面：

（1）产业结构的演变历程基本符合现代经济发展趋势。这一产业结构变迁的路径，与配第-克拉克定理所揭示的经济增长与产业结构变动之间的规律性关系相契合。根据配第-克拉克定理，随着经济持续发展，三次产业产值在国内生产总值中的变化将会使第一产业产值所占比重下降，第二、第三产业产值所占比重持续上升。就总体来看，广东省产业结构演变基本符合现代经济发展趋势。

（2）非农化趋势明显，第二产业和第三产业的协同增长，构建了经济持续增长的双引擎模式。广东省拥有金融业、现代物流业、高新技术产业这三大支柱产业，第三产业产值也一直保持稳步提升的态势，形成了第二产业与第三产业并行发展的格局。

（3）产业体系不断优化与升级，从传统产业向现代产业演进。广东省产业体系正不断优化与升级，由现代技术产业和高新技术产业逐渐取代传统技术产业，由高技术、高附加值的现代产业体系取代低技术、低附加值的传统产业体系。产业结构的发展也更加注重技术密集型及知识密集型，更加注重质量与效益相结合。这种转变体现在现代技术产业和高新技术产业的快速发展，它们不仅在产值上占据了越来越大的比重，而且在推动经济增长方式转变、提升产业竞争力方面发挥着关键作用。

四、广东省人口变动与产业结构升级转型

本案例通过计量模型从人口结构变动角度，分析广东省人口结构对产业结构的影响，

分为人口规模变动、平均受教育年限变动、年龄结构与性别比变动。

(一) 模型设定

$$icu = \sum_{i=1}^{3} i \times y_1 = y_1 + 2y_2 + 3y_3 \quad (1-1)$$

其中，icu 为产业结构升级指数，y_i 为第 i 产业的产值占地区生产总值的比重。icu 的值越大，表明产业结构升级程度越高，反之则越低。此外，城镇化率、经济增长速度也会影响产业升级，本案例将城镇化率、经济增长速度作为控制变量。本案例设定以下模型检验人口变动对产业结构升级影响，豪斯曼检验选择面板随机效应模型：

$$icu_{it} = \alpha_i + \beta_0 edu_{it} + \beta_1 laodong_{it} + \beta_2 laolin_{it} + \beta_3 xingbie_{it} \\ + \beta_4 \ln ren_{it} + urban_{it} + \beta_6 \ln gdpi_{it} + \mu_t + \varepsilon_{it} \quad (1-2)$$

其中，i 表示地区截面；t 表示时间序列；α_i 表示不可观测的地区异质性；μ_t 为时间个体效应；ε_{it} 代表随个体和时间而变的随机扰动项。edu_{it} 表示平均受教育年限，$laodong_{it}$ 表示 15—64 岁年龄段人数，$laolin_{it}$ 表示 65 岁以上年龄段人数，$xingbie_{it}$ 表示男女性别比，$\ln ren_{it}$ 表示人口数量自然对数，$urban_{it}$ 表示城镇化率，$\ln gdpi_{it}$ 表示经济增长速度自然对数。对于个体效应存在与否以及是否与解释变量相关等问题，将通过一系列规范的假设检验加以判断，以在固定效应模型（单向或双向）、随机效应之间选择适当的方法加以估计，确保实证结论的准确性。为了减缓数据的波动性和异方差性，对人口规模经济增长速度变量取自然对数。

(二) 人口变动影响产业结构转型升级

本案例研究广东省人口变动对产业结构升级的影响，从表 1-9 估计结果来看，对于产业结构升级模型，平均受教育年限、人口规模、性别比、城镇化率、经济增长速度均对产业结构升级产生正向影响，且这种影响十分显著。15—64 岁以上人口比重产生负向影响，老年人口占比系数不显著。

表 1-9　　　　　　　　　　基准模型回归结果

变量	系数	标准误	T 值	p 值	95% 置信区间下限	95% 置信区间上限	显著性
edu	0.064	0.02	3.23	0.001	0.025	0.103	***
$laodong$	-0.54	0.174	-3.08	0.002	-0.877	-0.195	***
$laolin$	-0.43	0.558	-0.77	0.444	-1.522	0.667	
$xingbie$	-0.82	0.144	-5.67	0.000	-1.102	-0.536	***
$\ln ren$	0.072	0.017	4.16	0.000	0.038	0.106	***

续表

变量	系数	标准误	T值	p值	95%置信区间下限	95%置信区间上限	显著性
urban	0.541	0.087	6.24	0.000	0.371	0.711	***
lngdpi	0.073	0.028	2.59	0.01	0.018	0.127	***
constant	1.237	0.306	4.04	0.000	0.637	1.837	***
均值	2.279			因变量标准误		0.173	
总体 R^2	0.883			样本数		63	
卡方值	317.426			卡方检验 p 值		0.000	
组内 R^2	0.810			组间 R^2		0.933	

注：*** 代表 $p<0.01$，** 代表 $p<0.05$，* 代表 $p<0.1$。

（1）平均受教育年限对促进广东省产业结构升级显著为正。根据内生增长理论，知识积累和技术创新是经济增长的主要动力，而知识技术又内化于人力资本，因此，人力资本及其形成成为产业升级的创新基础。人口的教育结构反映了人力资本水平，改善人口教育结构中的问题，增加人力资本存量，促使产业进一步升级。对教育的重视程度越高、投入越多，就能促进人力资本存量的增加，进而提高产业体系的创新能力。因而，通过对人口教育结构的重视，大力进行教育投资，有利于促进人力资本作为关键性资源的人力资本密集型产业、高科技含量产业的发展，进而为广东省产业升级提供创新源泉。

（2）城镇化率与经济增速对促进广东省产业结构升级影响显著为正。广东省城市化进程不断加快，第一产业的发展受地域面积及农业生产本身特点的制约，导致以农业为主的第一产业产值增长缓慢。广东省借助香港制造业大规模北移进行生产的契机，大力引进发展"三来一补"的出口，使第二产业得到迅猛发展；之后随着高新技术产业的发展，形成了计算机及其软件、通信等高新技术产业群，工业迅猛发展，第二产业产值比重一直保持较高水平。第三产业内部各行业呈现新型化、多元化及高附加值的发展势头，而第二产业的繁荣发展也推动了第三产业的发展，一系列与制造业相匹配的行业也得到发展，如商贸业、物流业等。广东省拥有金融业、现代物流业、高新技术产业这三大支柱产业，第三产业产值也一直保持稳步提升的态势，形成了第二产业与第三产业并行发展的格局。1992年以来，随着城市用工需求的扩大和城乡二元体制的松动，城乡巨大的利益差距驱动着大批农民由农村流向城市，这些大批量的流动人口促进了地区产业的发展，同时，促使第一产业为主导的产业结构，向以第二产业为主导、第三产业并重的产业结构转移，推动产业结构的调整。

（3）人口规模、性别比对广东省产业升级显著为正，15—64岁人口所占比重显著为负。中国为应对巨大的人口压力，自1971年起开始实行计划生育政策，可以说该政策有效地控制了中国人口的增长。随后年增长率在逐步降低，可见我国人口正处于低速增长过程中。这种人口数量的增长促使经济高速增长,人口红利、改革红利、全球化红利推动过去三十年间的经济增长,这一劳动力优势,使国外企业把制造部门转移至中国,同时吸引了更多外商的投资,刺激了国内产业的发展。人口红利推动着产业的发展,特别是劳动密集型产业的发展,也因劳动力的充足才得以蓬勃发展。而15—64岁人口所占比重抑制产业升级,其原因可能在于15—64岁人口所占比重越多,推动产业发展,从而影响对高新技术产业的发展,但从长期来看虽然会对促进产业结构升级产生负面影响,但同时也会通过增加消费需求和加快人力资本积累等途径推动产业结构升级。

五、广东省人口结构与产业结构分析

2000—2020年广东省的人口规模不断扩大,逐年增长。广东省户籍人口数从2000年的7499万人增长到了2020年的9809万人,增长了30.8%,且在2017—2020年以较快的速度增长,相比上一年均增长了3%以上。广东省常住人口数也呈现快速增长的趋势,2009年突破1亿人,2020年达到1.26亿人。对于产业结构升级模型,平均受教育年限、人口规模、性别比、城镇化率、经济增长速度均对产业结构升级产生正向影响,且这种影响十分显著。15—64岁以上人口比重产生负向影响,老年人口占比重系数不显著。

本案例构建耦合协调模型探究广东省以及各市人口结构与产业结构的发展状况以及协调情况。耦合协调模型通过量化人口结构与产业结构之间的相互作用,能够有效评估两者的协调发展水平。

1. 耦合协调模型的基本框架

耦合协调模型由耦合度 C 和协调度 D 两个核心指标组成。

耦合度 C 用于衡量人口结构与产业结构之间的相互作用强度,耦合度的计算公式为:

$$C = \frac{T_1 \times T_2}{(T_1 + T_2)} \quad (1-3)$$

其中,T_1 和 T_2 分别代表人口结构和产业结构的得分。该公式表明了两者的协同作用越大,耦合度越高。

协调度 D 用于评价耦合系统的协调性,表示人口结构与产业结构之间的平衡状态。协调度的计算公式为:

$$D = \sqrt{C \times f(T_1, T_2)} \quad (1-4)$$

其中,$f(T_1, T_2)$ 为人口和产业结构之间的协调因子,通常根据两者的重要性和发展水平来确定。

2. 数据来源与计算方法

为实现对广东省及各市的人口结构与产业结构的定量分析，本案例选择了以下指标体系：

人口结构指标：包括年龄结构、教育水平、劳动力分布等。数据来源于广东省统计年鉴和各市统计公报。

产业结构指标：主要选取产业增加值、三次产业结构占比、产业分布等。数据来源同样来自统计年鉴、相关产业发展报告等权威数据来源。

通过对上述指标进行加权计算，分别得出人口结构得分 T_1 和产业结构得分 T_2，以此作为模型计算的基础。接下来，根据耦合度 C 和协调度 D 的结果，进一步对广东省及各市的耦合协调发展状况进行分类与分析。

通过耦合协调模型的分析，可以发现，全省人口结构和产业结构的综合得分呈现上升趋势，尤其是珠三角经济发达地区，其综合得分明显高于其他地区。全省人口结构与产业结构的耦合度均在0.9以上，表明广东省整体的人口和产业结构发展较为蓬勃。但在发展过程中，各市之间存在不均衡现象，尤其是粤港澳大湾区内城市的表现尤为突出（见表1-10）。

表1-10　　　　　　　　　　广东省及各市耦合协调度

耦合协调度		年份	云浮市					
	勉强协调发展	2000	0.563					
		2010	0.506					
		2020	0.598					
	初级协调发展	年份	汕头市	韶关市	河源市	梅州市	汕尾市	江门市
		2000	0.658	0.626	0.550	0.574	0.594	0.634
		2010	0.676	0.613	0.561	0.569	0.581	0.659
		2020	0.692	0.642	0.639	0.606	0.625	0.689
		年份	阳江市	湛江市	茂名市	肇庆市	清远市	潮州市	揭阳市
		2000	0.560	0.593	0.584	0.581	0.544	0.602	0.601
		2010	0.568	0.532	0.553	0.585	0.570	0.650	0.618
		2020	0.621	0.604	0.604	0.620	0.636	0.637	0.624
	中级协调发展	年份	广东省	佛山市	惠州市	中山市		
		2000	0.669	0.710	0.650	0.681		
		2010	0.705	0.772	0.694	0.764		
		2020	0.750	0.785	0.738	0.775		
	良好协调发展	年份	广州市	深圳市	珠海市	东莞市		
		2000	0.748	0.789	0.744	0.713		
		2010	0.800	0.830	0.792	0.794		
		2020	0.837	0.857	0.817	0.803		

六、广东省人口结构通过影响消费结构影响产业结构

在探究人口结构变动对产业结构的影响过程中,消费结构是其中的关键纽带。一般而言,人口结构的变化通过影响消费结构,进而对产业结构产生深远影响。为了分析这一关系,本案例采用了投入产出模型,该模型是用于探究消费结构与产业结构之间相互关系的常用工具①。投入产出模型能够分析经济部门间的相互依赖关系,帮助我们揭示消费需求变化如何推动产业结构的调整。

1. 投入产出模型在本案例中的应用

本案例将利用广东省 2002 年、2007 年、2012 年和 2017 年的投入产出表,结合中国家庭收入调查(以下简称 CHIP)2002 年、2007 年和 2013 年的家庭消费数据,从比较静态的角度研究广东省人口结构变化对产业结构的影响。具体来说,投入产出模型的应用具有以下几个目的:

分析消费需求对产业结构的影响:通过结合不同时期的家庭消费调查数据与投入产出表,能够深入分析不同年龄段家庭的消费结构规律,并量化其对各产业部门的需求拉动作用。不同年龄段的人口往往表现出不同的消费偏好,例如,年轻家庭更倾向于消费科技产品和服务,老年人口则更依赖于医疗和保健产业的服务。

评估人口结构变化对主要产业部门的影响:利用投入产出模型,本案例能够详细分析人口年龄结构变动对广东省主要产业部门(如制造业、服务业等)的需求影响。在广东省老龄化加速的背景下,不同年龄层的消费模式变化将直接影响服务业、制造业、医疗保健等领域的产业结构调整。

揭示产业部门间的关联性:投入产出模型还能够揭示各个产业部门之间的经济联系,帮助理解某一特定消费需求的变化如何通过供应链传导影响其他相关行业。例如,老年人口对医疗服务的需求增加,可能会带动医药、健康服务等相关行业的发展,进而影响其他产业部门。

2. 使用投入产出模型的理由

选择投入产出模型作为研究工具,主要基于以下几点理由:

全面性与系统性:投入产出模型是一种全面且系统的经济分析工具,能够有效描绘各经济部门之间的相互依存关系。通过该模型,可以同时观察消费结构变动和产业结构调整

---

① 倪红福,李善同,何建武. 人口结构变化对经济结构的影响——基于投入产出模型的分析 [J]. 劳动经济研究,2014,2(3):63-76.

之间的复杂互动。

动态适应性：虽然本案例采用的是比较静态的分析方法，但投入产出模型可以在不同年份的数据之间进行动态比较，帮助我们捕捉不同时期广东省人口结构变化对产业结构的不同影响程度。这种方法有助于揭示广东省产业结构如何随人口年龄结构变化而演变，特别是服务业、制造业等核心产业的变化轨迹。

现实应用广泛：投入产出模型已广泛应用于许多经济研究中，特别是在分析经济结构变化及其背后的驱动力时。通过结合消费数据和投入产出表，本案例能够为广东省的经济发展提供实证基础，有助于地方政府和企业在未来的产业规划中更好地应对人口结构变化带来的挑战。

综上所述，本案例通过投入产出模型的应用，结合不同时期的家庭消费数据，从静态角度探讨广东省人口结构变化对产业结构的深层次影响，尤其是对服务业、制造业等主要产业部门的需求拉动作用。

（一）广东省年龄结构影响消费结构

基于中国家庭收入调查（CHIP）数据，本案例从截面数据的角度，分析了不同年龄段家庭的消费支出结构。研究显示，不同消费类别的支出占比随着家庭年龄的变化呈现出不同的规律性特征。为便于分析，我们将家庭按照生命周期阶段划分为年轻家庭、中年家庭和老年家庭。

1. 食品、烟酒消费支出

食品、烟酒的消费支出占比表现出明显的年龄相关性。在家庭步入老年之前，食品和烟酒的消费支出比例随着家庭年龄的增加而逐渐上升。然而，进入老年阶段后，食品、烟酒的支出占比则呈现下降趋势。这一现象可能与老年家庭饮食结构和健康需求的变化有关。

2. 衣着消费支出

家庭的衣着消费支出占比随着年龄增长而逐渐减少。从年轻家庭到老年家庭，衣着消费支出在整个生命周期中的比重呈持续下降趋势。这与随着年龄增加，家庭在衣物更新上的需求减少密切相关。

3. 居住消费支出

居住消费支出在各个年龄阶段的占比变化不大，表现出相对稳定的趋势。无论是年轻家庭还是老年家庭，居住支出都占据家庭消费的较大比重，但未随年龄变化出现显著的波动。

4. 生活用品及服务消费支出

家庭在生活用品及服务上的消费支出占比呈现出明显的"U"形变化。年轻家庭的消费比例较高，随着年龄增长，中年家庭的支出占比下降，但当家庭步入老年阶段后，生活用品及服务的支出占比又有所回升。

5. 交通通信消费支出

交通和通信的消费支出占比随着家庭年龄的增长呈下降趋势。年轻和中年家庭在交通通信方面的消费相对较高，特别是出行和信息通信的支出，而老年家庭随着活动范围的缩小，交通和通信的支出占比明显减少。

6. 教育文化娱乐消费支出

教育、文化和娱乐消费支出占比呈现出"倒钟形"特征。年轻家庭由于子女教育、文化活动等需求较高，支出占比较大；而中年家庭由于子女成长及文化娱乐需求的变化，支出逐渐减少；老年家庭的教育文化娱乐支出占比进一步降低。

7. 医疗保健消费支出

医疗保健支出占比随家庭年龄的变化呈显著上升趋势。在年轻和中年阶段，医疗保健支出占比相对较小，变化不大；但进入老年阶段后，医疗保健支出随着年龄的增加显著上升。这反映了老年家庭对健康和医疗服务的需求急剧增加。

从时间序列的角度看，家庭食品烟酒和生活用品及服务消费支出占比随时间呈下降趋势；家庭居住、交通通信和教育文化娱乐的消费支出占比随时间呈上升趋势。

观察与对比家庭消费结构变化与投入产出模型中对应行业影响力程度的变化。家庭食品烟酒消费占比随时间推移呈下降趋势，第一产业、食品和烟草业与住宿和餐饮业的影响力程度的排名也呈下降趋势，家庭食品烟酒的消费支出占比在步入老年前随家庭年龄增长而增加，步入老年后随家庭年龄而减少，意味着人口老龄化对食品等行业有一定促进作用，但是当人口进一步老龄化时，会削弱食品等行业对经济的作用。

家庭衣着消费支出占比随家庭年龄下降明显，意味着人口结构年轻化对纺织品业、纺织服装鞋帽皮革羽绒及其制品业以及批发和零售业有促进作用。

（二）广东省年龄结构影响产业结构

通过研究广东省人口结构的变化，可以观察到不同家庭消费支出的趋势及其对各产业的影响。随着人口老龄化和年轻化的交替推进，各行业将面临不同的挑战与机遇。

1. 居住消费支出

虽然家庭居住消费支出占比随家庭年龄变化不大，但随着时间的推移，居住支出比例呈显著增长趋势。这种现象表明，电力、热力生产和供应业、燃气生产和供应业等基础设施相关行业的影响力显著提升，对广东省经济发展具有较强的促进作用。因此，应继续加大对这些基础设施行业的支持，推动其技术升级和产能扩展，以保持经济持续增长。

2. 生活用品及服务消费支出

家庭生活用品及服务的消费支出占比呈"U"形，即年轻家庭和老年家庭的支出较高，而中年家庭的支出相对较低。这种消费趋势表明，人口老龄化对相关行业的影响具有不确定性，既可能带动部分需求，也可能造成需求下降。因此，相关行业需要灵活应对不同年龄段的消费需求，通过创新产品和服务，维持行业的稳定增长。

3. 交通通信消费支出

随着家庭年龄的增长，交通通信消费支出占比逐渐减少。然而，交通运输设备业、通信设备、计算机和其他电子设备业、信息传输和软件信息技术服务业等行业的影响力呈上升趋势。这表明，人口结构的年轻化对这些行业的发展极为有利，尤其是在推动第三产业发展方面。为促进这些行业的进一步发展，广东省应加强对年轻消费群体的支持，推动相关技术和基础设施的升级。

4. 教育文化娱乐消费支出

家庭教育、文化和娱乐的消费支出呈"倒钟形"，支出峰值出现在中年家庭，这一群体是文化娱乐消费的主要力量。然而，随着人口进一步老龄化，文化、体育和娱乐行业可能面临消费群体缩小的挑战。为应对这种变化，相关行业需要调整其产品和服务内容，开发更多适合中老年群体的文化娱乐项目，以应对人口老龄化带来的市场转型压力。

5. 医疗保健消费支出

医疗保健支出随着家庭年龄的增长而不断增加，在老年家庭中表现尤为显著。随着人口老龄化趋势的加剧，卫生和社会工作业、公共管理、社会保障和养老服务业将得到显著推动。为了应对老龄化带来的持续需求增长，广东省需要进一步加强医疗健康、养老和社会保障体系的建设，提高这些行业的服务能力和覆盖范围。

6. 政策建议

总体而言，广东省应根据不同年龄段人口结构的特征，优化产业结构，促进基础设施、信息技术、医疗健康等关键行业的发展。在应对人口老龄化的同时，也要抓住年轻化趋势带来的机遇，以实现经济的可持续增长。相关政策应侧重于支持基础设施行业升级、提升信息技术产业竞争力、创新文化娱乐和生活服务行业，以及大力加强医疗保健和养老服务体系建设，以应对未来的人口结构变化带来的挑战与机遇。

七、对策建议

在产业转型升级过程中，逐步建立就业人口素质提高与产业结构转型升级的双向互促关系，将有助于广东省人口结构的不断优化，推动经济的高质量发展。根据广东省的实际情况，提出以下对策建议：

（一）教育结构与产业需求对接

分析：当前广东省面临产业升级需求与人才供给不匹配的问题，部分新兴产业缺乏高素质的管理人员、技术人员及服务业人才。

建议：调整教育结构，特别是职业教育，注重培养符合产业结构升级需求的管理、技术人才和高素质服务人员。通过发展多层次的职业教育，建立与新兴产业需求对接的人才培养机制，确保能够为产业转型提供有力的人才支撑。

（二）高技能人才的培养与引进

分析：广东省高技能人才流失现象严重，影响产业创新和发展。

建议：建立高技能人才"一对一"服务渠道，及时了解高技能人才的需求，提供个性化、精准的服务，提升人才的归属感和"根植性"。同时，加快培养和引进高技能人才，特别是在高新技术领域，确保这些人才能够长期留在广东并为产业创新贡献力量。

（三）发展生产性服务业

分析：生产性服务业是推动产业转型升级的重要支撑，其发展对于提升产业附加值和经济增长至关重要。

建议：政府应加大对生产性服务业的扶持力度，通过提供培训补贴、服务购买等方式，帮助企业加强从业人员的技能培训，提升整体从业人员的素质。这样不仅能够提升行业服务质量，还能为经济结构优化提供技术支撑。

（四）推进城市化进程

分析：研究表明，城市化水平与产业结构的合理化和高级化密切相关。城市化进程的加快能够为服务业和技术密集型产业提供良好的发展环境。

建议：加快推进城市化进程，特别是要积极培育和发展知识密集型和技术密集型服务业。这将有助于优化产业结构，提高产业的附加值和竞争力，推动经济的合理化和高级化。

（五）发挥产业优势，促进人才与经济协同发展

分析：广东省的第三产业对经济发展的推动潜力较大，但就业压力仍然存在，第二产业技术水平有待提升。

建议：大力发展第三产业，以缓解就业压力，增加就业机会。同时，积极提升第二产业的技术水平，推动技术创新和产业升级，完善产业体系中的薄弱环节，形成良性循环，既增加就业人口，又提升人才的整体素质。

（六）推动第三产业与制造业升级

分析：创新是推动制造业转型升级的关键，而广东省的制造业在经济中的支柱作用不可忽视。

建议：以创新为驱动，继续加强基础研究设施建设和研究能力提升，激发企业创新活力，推动传统制造业向高技术、绿色制造业转型。通过布局新兴产业，确保制造业在广东省经济中继续发挥重要的支柱作用。

（七）促进人口结构年轻化与银发经济发展

分析：人口结构年轻化有助于推动高技术行业和服务业发展，而人口老龄化带来银发经济市场的扩大。

建议：优化生育政策，降低生育成本，促进人口年轻化以推动高新技术产业和服务业发展。同时，积极应对人口老龄化，发展银发经济，推动老年市场的多元化，满足不同层次的消费需求，激发新的经济增长点。

（八）平衡珠三角与其他地区的发展

分析：广东省内部的区域发展不均衡，珠三角地区与粤东、粤西等地区之间存在较大差距，产业转型速度和人口结构优化程度各异。

建议：在保持珠三角作为广东省经济领头羊的同时，进一步优化其人口结构，并深化珠三角与粤东、粤西等地区的合作。通过产业转移、技术合作和支持欠发达地区产业升级，推动区域间的协调发展，缩小经济和社会发展的差距。

通过实施上述对策，广东省可以有效促进人口素质提升和产业结构转型升级的双向互动，推动经济的持续、健康发展。这些对策应在实施过程中定期评估其效果，以确保产业转型与人才培养的有效衔接，并根据实际情况进行相应的调整。

案例使用说明

一、教学目的与用途

1. 适用课程

本案例适用于《统计学》《统计综合案例分析》《学术规范与论文写作》等统计学专业课程。

2. 教学目标

本案例以广东省人口与产业结构转型升级为主线，重点描述了广东省在人口结构变动的背景下，如何应对产业结构的转型升级问题，最终实现了通过对人口和产业发展趋势的分析，为广东省产业转型提出战略建议。通过对该案例的分析，引导学生：

（1）学习理解人口结构变动如何推动产业结构的转型与调整。

（2）思考如何通过产业结构优化应对人口老龄化、劳动力短缺等挑战。

（3）通过案例思考未来人口变动如何影响不同产业的发展方向与区域经济的布局。

二、启发性思考题

为了激发学生的思考，培养学生的批判性思维和创新能力，以下是一些启发性思考题，供教师在课堂讨论或学生自主学习时参考。

1. 广东省人口和产业结构特点方面

（1）广东省目前人口结构有哪些特点？

（2）广东省目前产业结构有哪些特点？

2. 广东省人口结构与产业结构的协同发展方面

（1）人口结构对产业结构有哪些影响？具体是怎样影响的？

（2）广东省人口结构和产业结构发展是否协同匹配？各区域是否协同？

3. 思政融入

全面建设社会主义现代化国家的首要任务是高质量发展？

三、背景信息

1. 行业背景

中国目前正经历人口结构的显著变化,包括生育率下降、老龄化加剧以及地区间人口分布的不均衡。这些趋势要求我们全面理解并正确评估中国人口的新动态。针对这些变化,我国已经及时调整了生育政策,并采取了措施以促进人口的长期均衡发展,这些努力已经取得了显著的成果,并为实现社会主义现代化建设提供了坚实的基础。重要的是要意识到,人口是推动现代化进程的关键因素。

2. 制度背景

自改革开放以来,中国的产业结构经历了显著的调整和优化,遵循了产业演变的普遍规律。从"一二三"到"二三一",再到"三二一"的转变,反映了我国产业结构的演进趋势。展望"十四五"时期,中国经济的发展将进入一个新阶段,迈向更高质量的发展,产业结构将继续升级转型。在这一背景下,产业升级、城镇化进程和居民消费水平的提升等因素,都将影响广东省的产业结构。本案例将深入探讨广东省人口结构对产业发展的影响。

四、案例分析思路及要点

1. 分析思路

教师可以根据自己的教学目标(目的)来灵活使用本案例。这里提出本案例的分析思路,仅供参考。

(1) 首先选用文献研究与理论机制分析法对相关文献资料进行整理分析,以系统全面地了解与课题相关的理念与概念。通过搜集与整理研究相关领域的文献,在加以分析归纳之后形成新的认识,为研究内容的展开奠定理论基础。

(2) 再通过充分运用描述统计分析法结合第五至第七次人口普查数据以及广东省统计年鉴数据分析了广东省近三十年来人口数量与人口增长变动情况、受教育程度人口变化情况、人口自然变动情况、人口年龄结构指标变动、人口城镇化变动、人口密度变动、人口迁移变动情况等,且还从地区生产总值、农业、工业、国际贸易、生态环境角度分析了广东省经济发展现状,提高理论模型的可信度。

(3) 通过采用实地调研与实证分析相结合的方法,运用配第-克拉克定理分析1978—2020年广东省产业结构演变历程,从而提高理论模型的可信度。实地走访广东省进行调研考察，获取关于广东省更为真实的情况，运用计量经济学、投入产出模型等基本方法和最新成果，对人口变动与产业结构升级进行多角度剖析，分析人口变动和产业结构升级、各市人口和劳动力因素对地区产业发展的作用，以加强路径研究的规范性和科学性。

（4）最后充分运用综合分析法，立足广东省情况，对比借鉴国内外经验，以第七次人口普查数据为依据解读广东省人口结构与社会经济发展现状，找出其中的问题与不足；运用SPSS、MATLAB等软件对调查数据进行时空分析，找出人口变动与产业结构升级的问题与不足；然后选取指标，建立指标体系，并利用变异系数确定指标权重，使用耦合协调模型、投入产出模型和计量模型，建立人口结构与产业结构升级影响模型和人口变动与产业结构耦合协调度分析模型，力图展现各项指标的耦合协调关系，探索年龄结构等人口结构因素对产业结构的影响；最后依照数据分析结果，从人口与经济社会和谐发展的角度，为广东省实现人口结构合理化、各产业转型、经济与社会可持续健康发展提出建议（见图1-7）。

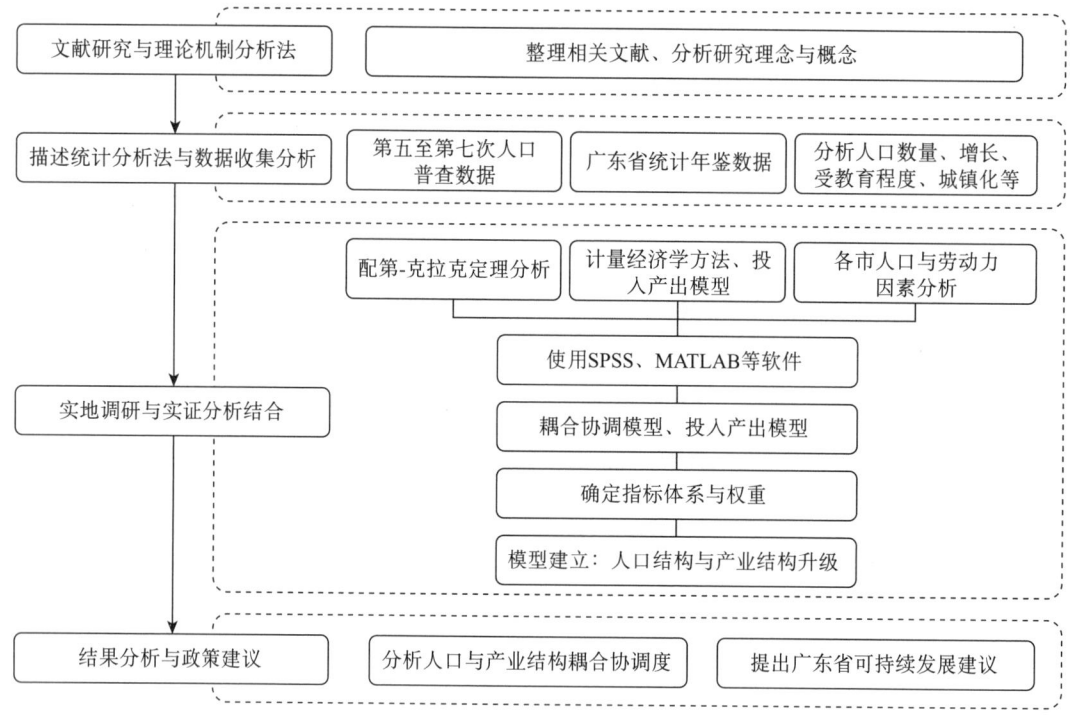

图1-7 案例分析框架

2. 覆盖的知识点

（1）描述性统计分析与数据运用。主要包括描述性统计分析、数据可视化、人口普查数据和统计年鉴的应用。运用描述性统计分析法，对人口普查数据和广东省统计年鉴中的人口及经济数据进行分析，揭示人口变化趋势、经济发展现状、区域差异等。统计工具有助于将复杂数据转化为有价值的研究信息。

（2）人口与产业结构演变的实证分析。主要包括实证分析方法，配第-克拉克定理，产业结构变化。结合配第-克拉克定理分析广东省产业结构的演变，探索产业结构转型升级的路径。使用实地调研与定量分析相结合的方式，对广东省过去几十年的产业发展进行深入剖析。

（3）耦合协调模型与指标体系构建。主要包括区域经济差异分析和可持续发展理论。从区域经济和社会可持续发展的角度，探索人口变动和产业结构调整的路径。分析不同地区在产业发展和人口结构方面的协调性，提出促进区域均衡发展的建议。

3. 能力训练点

（1）文献研究能力。培养学生搜集、整理、分析和归纳文献资料的能力。通过文献研究法，学生能够深入理解课题相关的理论背景，掌握相关领域的前沿研究动态，为后续研究工作提供理论依据。

（2）数据分析与统计能力。培养学生使用描述性统计分析方法对人口普查数据、统计年鉴数据等进行分析的能力。学生需要能够通过统计软件（如 SPSS、MATLAB 等）对数据进行有效处理，并从中提取出有价值的信息。这有助于培养学生的数据敏感性和数据解读能力。

（3）计量经济学方法应用能力。通过实证分析和计量经济学方法（如投入产出模型、回归分析等），学生将学习如何量化人口变化与产业结构之间的关系。学生可以通过运用计量模型分析经济现象，培养其解决实际问题的能力。

五、理论依据与分析

1. 人口转变理论

人口转变理论的早期发展受到马尔萨斯的《人口原理》和达尔文进化论的影响，强调人口增长与生活资料的矛盾，以及自然选择对人口发展的影响。20 世纪中叶，学者如弗兰克·诺特斯坦和沃伦·汤普森提出了现代人口转变理论，划分为三个阶段：传统阶段：以农业为主，生产力低，特点是高出生率、高死亡率和低自然增长率。高出生率源于传统观念和早婚习惯，高死亡率由贫困、疾病等因素造成。过渡阶段：随着工业化、城市化，经济快速发展，医疗条件改善，死亡率下降。但出生率仍维持较高水平，人口增长迅速。现代阶段：经济高度发达，服务业主导，知识经济和科技创新成为主要驱动力，出生率和死亡率均低，人口增长趋缓甚至停滞。人口转变理论为理解人口年龄结构变动提供了框架，广东省的人口转变经历了从高出生率、高死亡率的传统模式，逐步转变为低出生率、低死亡率、低自然增长率的现代模式，体现了这一理论的实际应用。

2. 人力资本理论

人力资本理论最早由英国经济学家威廉·配第提出，他认为劳动技能是创造商品价值的关键生产要素，教育提升劳动技能是其重要途径。18世纪，随着工业革命的推进，劳动者的知识和技能愈加重要。亚当·斯密在《国富论》中强调，教育和培训能提高劳动者技能，带来较高的回报，奠定了人力资本理论的基础。19世纪，萨伊提出"积累资本"概念，认为劳动者在教育培训上的投入是其劳动报酬的一部分，这对人力资本投资的理论发展具有重要影响。20世纪，舒尔茨系统地提出了人力资本理论，认为人力资本对经济增长的促进作用大于物质资本，是推动社会发展的决定性因素。贝克尔从微观角度补充了理论，提出人力资本投资与收益的均衡模型，丰富了研究视角。明赛尔用人力资本差异解释收入差距，丹尼森通过实证分析指出教育投资对美国经济的促进作用。人力资本理论为提升教育投资以促进经济发展提供了理论依据，并成为各国发展的重要目标。

3. 消费结构理论

通常，消费支出分为食品、衣着、居住、交通、教育、医疗等类别。随着经济发展和收入提高，食品支出比例下降，而教育、医疗等方面的支出比例上升。消费结构的变化受多种因素影响，包括经济发展、收入水平、价格水平、人口结构及消费观念等。经济增长促进消费结构升级，人们倾向于追求更高品质的商品和服务。收入增加改变消费支出，而人口结构变化（如老龄化、城市化）和消费观念（如环保、健康意识）也影响消费模式。消费结构理论对广东省人口变动和产业结构升级具有重要意义。它帮助理解不同群体的消费需求和观念变化，推动产业调整升级，指导政府和企业制定相关政策，并促进资源向重点领域流动。

4. 数据分析与方法

（1）计量模型分析。通过计量模型分析广东省人口结构对产业结构的影响，考虑人口规模、平均受教育年限、年龄结构和性别比等因素。结果表明，受教育年限、人口规模、性别比、城镇化率、经济增长速度等因素对产业结构升级有正向影响，而15—64岁人口比重对产业结构有负向影响。

（2）耦合协调模型分析。通过耦合协调模型分析广东省及各市的人口结构与产业结构协调性。模型中的耦合度反映了两者之间的相互作用强度，协调度衡量系统的协调性。分析显示，整体耦合度高于0.9，但各市之间发展不平衡。

（3）投入产出模型分析。利用投入产出模型探讨消费结构与产业结构的关系，结合家庭消费数据分析人口结构变化对产业的影响。结果表明，不同年龄段家庭的消费偏好差异影响产业发展，如年轻家庭更倾向于科技产品消费，老年家庭则偏向医疗保健服务，这些变化通过投入产出模型影响相关产业。

六、教学组织方式

本案例的计划安排课堂讨论时间为 50—60 分钟,建议课堂时间安排及提问逻辑如下:

1. 课前安排

发放案例正文文本及思考题(课前一周)。

2. 课中计划

(1)案例引入:询问大家对案例相关概念是否已经课前熟悉,简单总结概念并概述此次案例讨论的主旨(5 分钟)。

(2)小组讨论:将案例启发式问题投屏,分组自由讨论,老师走动交流;每个组将自己讨论出的答案进行总结列出框架(15 分钟)。

(3)班级讨论:按照各思考题,请各组进行总结发言;可以每个组随机要求回答不一样的问题,然后让其他组加入补充;老师在白板上记录各组发言的要点,并鼓励各组之间互动评价(20—30 分钟)。

(4)总结提升:将所利用的理论框架结合案例进行总结(10 分钟)。

3. 课后安排

个人反思报告,对案例讨论的收获和延展性的思考,以电子文档的方式发到课程微信群进一步分享交流,旨在深化学生的知识点记忆和进一步的思考(课后一周内)。

七、案例的后续进展

1. 人口结构与产业结构协同发展

在社会老龄化日益加剧、劳动力结构持续变化的形势下,社会发展需要重视人口结构变化对产业结构带来的影响。为推动产业结构转型升级,社会应形成鼓励劳动力接受培训和再教育的氛围,政府可出台相应政策,提升劳动力素质和适应能力。同时,考虑到人口规模和城镇化进程,支持大城市和新兴城市实现产业多元化发展的政策有利于优化区域间产业结构布局,避免产业过度集中,进而促进社会经济的均衡发展,使不同地区的居民都能从产业发展中受益。

2. 助力教育和技能培训提升

计量模型显示平均受教育年限对产业结构升级有积极作用,这意味着整个社会都需要重视教育和技能培训。政府加大对教育的投入,特别是在职业教育和技能培训方面,有助于劳动者适应新兴产业的需求,增强他们在高科技、绿色能源等领域的竞争力。完善教育体系，尤其是成人教育和终身学习体系，能提高整体人口的教育水平，使社会成员具备更强的适应能力，更好地应对产业结构变化带来的挑战，从而提升整个社会的发展活力和创新能力。

3. 推动产业协调发展

耦合协调模型显示人口结构和产业结构之间的协调性在不同地区有所不同。这提示社会发展要关注区域差异，政府应通过实施差异化政策促进不同地区产业平衡发展。例如，珠三角等经济发达地区发展高科技产业和现代服务业，其他地区发展特色产业，这种产业布局借助政策引导可促进不同产业间的融合与协同。这有利于不同地区发挥自身优势，减少区域间发展差距，提升整个社会的产业稳定性和可持续发展能力，创造更多的就业机会和社会财富，提升社会的整体福利水平。

八、其他教学支持材料

（1）中华人民共和国城乡规划法（主席令第七十四号）（www.gov.cn）。

（2）深圳市人民政府办公厅关于实施《深圳市城市总体规划（2010—2020年）》的意见—2011年第22期（总第746期）（sz.gov.cn）。

（3）中共中央、国务院印发《粤港澳大湾区发展规划纲要》_中央有关文件_中国政府网（www.gov.cn）。

案例 2

A 市适度人口规模与经济资源环境协调发展研究[①]

[①] 本案例改编自刘照德等撰写的《A 市适度人口规模与经济资源环境协调发展研究》,由莫品航、胡钰琳、钟嘉皓、吕文龙、赵欢和廖萧雨协助整理。

案例2 A市适度人口规模与经济资源环境协调发展研究

案例正文

本案例聚焦于A市的适度人口规模与经济资源环境协调发展问题，旨在通过综合运用可能—满意度方法（P-S法）、耦合协调模型等多种方法，深入探索与分析A市适度人口规模与经济资源环境的协调程度。研究首先基于P-S法，结合城市发展规划和土地资源利用情况，确定了A市的适度人口规模范围。在此基础上，利用耦合协调模型，详细分析了人口、经济、资源、环境等系统间的相互作用和协调程度，揭示了人口规模对城市经济资源环境协调性的重要影响。

研究结果表明，通过优化城市人口规模、促进经济资源环境的协调发展，A市有望实现更加可持续的城市发展。这一研究不仅丰富了人口和城市发展理论，还为A市政府制订更加科学、合理的城市发展规划提供了有力的理论支持和科学依据。本案例不仅为A市适度人口规模的确定提供了科学依据，还为其经济资源环境的协调发展提供了有益的建议。同时，研究也为其他城市的可持续发展提供了可借鉴的经验和启示。未来，应进一步拓展研究范围、深化研究方法、加强实证研究，以验证研究结果的普遍性和适用性，为城市可持续发展提供更加全面和深入的理论支持。

一、研究背景

A市坐落于广东省珠江口东岸，不仅是中国近代史的开篇地与改革开放的先锋，还被列为第一批国家新型城镇化综合试点地区。作为粤港澳大湾区的核心成员，凭借强大的制造业实力，被誉为"广东四小虎"之首及全球知名的"世界工厂"，同时担当着广东交通枢纽与外贸窗口的关键角色。目前，A市陆域面积为2460.38平方千米，海域面积为78.5平方千米。气候方面，A市属亚热带季风气候，长夏无冬，光照充足，热量丰富，气候温暖，温度变幅小，雨量充沛，干湿季明显。地貌方面，地势东南高、西北低，地质构造属于罗浮山断裂带南部边缘的博罗大断裂。

近年来，A市人口规模持续扩大，截至2021年末已突破千万，A市常住人口为1048.53万人，方言包括粤方言和客家方言，其中城镇常住人口971.91万人，城镇人口占比高达92%，成为我国14个特大城市之一。经济总量也迈上新台阶，GDP超过万亿元，统计数据显示：2021年A市实现地区生产总值10855.35亿元，比上年增长8.2%，同比增长显著，标志着A市正式步入"双万"城市行列，成为地区生产总值过万亿元、人口超千万的城市，成为广东第四个"万亿市"，成为广东经济发展的新引擎。

然而，随着人口激增与经济快速发展，A 市也面临着人口与资源环境之间的紧张关系，以及外部环境的不确定性和内部产业升级的迫切需求。在此背景下，如何科学调控人口规模，促进其与经济、资源、环境和谐共生，成为 A 市政府面临的重要课题。针对上述问题，A 市政府需采取综合性策略，包括但不限于：优化人口结构，提高人口素质，通过政策引导合理控制人口流动；加强资源节约与环境保护，提高资源利用效率，降低环境污染；推动产业结构优化升级，发展绿色经济，提高经济质量与效益。通过这些措施，旨在实现人口、经济、资源、环境的协调发展，为 A 市的可持续发展奠定坚实基础。

二、研究目的

本案例的研究目的主要在于探讨和分析 A 市在面临人口激增与经济快速发展所带来的多重挑战下，如何科学有效地调控人口规模，以实现人口、经济、资源、环境四者之间的和谐共生与可持续发展。

具体而言，构建人口、经济、资源、环境指标体系，采用 P-S 法分析 A 市适度人口规模及人口政策，识别影响人口规模的关键因素。运用耦合协调模型和重心法，评估 A 市人口与经济资源环境的协调度。实证分析影响人口规模的因素与机理，提出促进 A 市人口与经济资源环境协调发展的政策建议，以最大化人口普查资料效能，实现人口规模适度与可持续发展。

三、研究意义

（一）理论意义

以适度人口规模为切入点，通过利用 P-S 法、耦合协调模型和重心法等方法探索与分析 A 市适度人口规模与经济资源环境协调程度，有利于理顺各层面各领域间的复杂关系，能为地方政府行政管理提供清晰的目标导向，提高公共政策的科学性、逻辑性和有效性，起到提纲挈领、高屋建瓴的作用。本案例结合人口学、地理学和经济学理论，从理论上探索和分析 A 市适度人口规模与经济资源环境的空间分布及差异、演变历程和协调情况，从多个角度探索对适度人口规模的影响机理与程度，丰富了人口和城市发展理论。

（二）现实意义

第一，有利于落实相关国家战略。优化 A 市适度人口规模发展，促进 A 市高质量健康可持续发展，有助于推动城市经济资源环境全面优化，建设连接国内国际双循环的现代化枢纽城市，着力增创高质量发展新优势，切实提升人民群众生活品质。

第二，有助于 A 市因地制宜制定政策。基于人口学、地理学和经济学等理论，结合 A 市本地情况和 A 市人口普查等数据，运用多种符合当地实际情况的研究方法对 A 市的适度人口规模与经济资源环境进行研究，找出其中问题并提出相应的政策建议，对 A 市促进适度人口规模与经济资源环境协调发展有现实意义。A 市作为粤港澳大湾区重要城市，多年来探索高质量高速发展的道路，A 市的发展经验对于其他地区来说，有着十分重要的借鉴意义。

四、案例分析

（一）人口现状

由表 2-1 可知，近十年来，A 市常住人口总量增加了近 200 万人，十年涨幅接近 25%，从增长速度来看呈现出"先升后降"的趋势。从迁入率上看，近十年 A 市常住人口在 2010—2015 年增长保持在 10% 左右，而在 2015 年之后迁入率均超过 20%，并在 2018 年达到顶峰，迁入率为 74.99%，随后增长放缓，但在 2020 年迁入率仍然超过 40%，而迁出率则保持稳定，长期在 5% 左右波动；同时，根据图 2-1 可以知道 A 市户籍人口数量一直在不断稳定增长，2020 年末 A 市户籍人口已达到 263.88 万人。在人口机械增长方面，A 市迁入率一直大于迁出率，且迁入率在近十年增长幅度不断加大，迁出率维持低位状态且呈现略微下降趋势。在人口自然增长方面，A 市出生人数一直远高于死亡人数，人口自然增长率居全省前列。

表 2-1　　　　　　　　　　　A 市历年主要人口指标

年份	常住人口（百万人）	户籍人口（百万人）	迁入率	迁出率	净迁移率	户籍出生率	户籍死亡率	自然增长率
2010	8.224	1.817	15.70	3.66	12.04	10.90	4.68	6.23
2011	8.766	1.847	15.49	4.02	11.47	10.92	4.79	6.13
2012	9.245	1.870	11.07	4.45	6.62	13.32	5.22	8.10
2013	9.625	1.889	9.96	5.84	4.12	11.79	4.61	7.18
2014	9.957	1.913	13.34	5.62	7.72	11.20	5.37	5.83
2015	9.995	1.951	11.10	3.32	7.78	11.34	4.93	6.41
2016	10.165	2.094	21.77	3.30	18.47	13.92	5.28	8.64
2017	10.382	2.131	34.01	3.40	30.61	22.22	4.84	17.38

续表

年份	常住人口（百万人）	户籍人口（百万人）	迁入率	迁出率	净迁移率	户籍出生率	户籍死亡率	自然增长率
2018	10.437	2.359	74.99	3.50	71.48	18.35	4.60	13.75
2019	10.455	2.506	68.47	3.11	65.36	16.69	4.38	12.31
2020	10.483	2.688	40.61	3.42	37.20	13.38	4.29	9.08

数据来源：A市统计年鉴。

图2-1展示了2010—2020年A市常住人口、户籍人口、迁入率以及迁出率的变化趋势。数据通过折线图和具体的数值点来表示。

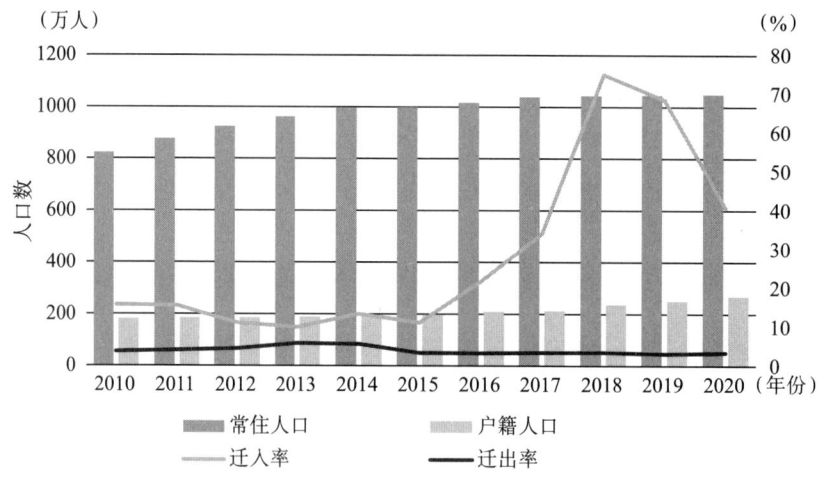

图2-1　A市常住人口数与户籍人口数

（二）经济资源环境发展现状

1. 经济资源分析

A市在2000—2020年经济实现了显著增长，由表2-2可知，其GDP从821.13亿元跃升至9756.77亿元，增速高于同期广东省平均水平，A市在过去20年间所展现出的GDP年均增长率持续为正的现象，标志着其经济体系长期处于一个稳健的扩张阶段。这一积极的经济增长态势，不仅反映了A市在产业结构优化、投资环境改善、消费市场活力增强以及创新驱动发展战略实施等多个方面的显著成效，还彰显了其宏观经济政策的科学性和有效性。居民生活水平显著提升，根据表2-2可以知道城镇和农村人均可支配收入分别增长了4.1倍和4.6倍，显示出居民购买力和生活质量的显著提升。同时，A市的固定资产投资持续增长，特别是在2002—2004年，增速超过40%，反映出强大的生产潜力和经济发展动力。

案例2 A市适度人口规模与经济资源环境协调发展研究

表2-2 A市历年主要经济指标

年份	地区生产总值（亿元）	GDP增长率（%）	城镇常住居民人均可支配收入（千元）	农村居民人均可支配收入（千元）	固定资产投资（亿元）	财政收入（亿元）	财政支出（亿元）	进出口总额（亿美元）
2000	821.13	22.95	14.142	8.484	102.891	30.473	33.610	320.452
2001	993.48	20.99	16.938	9.383	125.494	45.016	47.864	344.545
2002	1189.05	19.69	16.949	10.178	191.574	55.293	64.960	442.470
2003	1454.7	22.34	18.471	11.033	319.388	67.446	76.519	521.062
2004	1809.61	24.40	20.526	11.941	454.869	72.195	94.155	645.177
2005	2189.46	20.99	22.882	13.076	597.244	103.960	117.047	743.715
2006	2635.62	20.38	25.320	14.313	705.451	128.945	147.895	842.210
2007	3169.26	20.25	27.025	15.747	841.207	186.446	193.096	1068.729
2008	3715.68	17.24	30.275	16.904	944.342	209.224	218.262	1132.997
2009	3816.83	2.72	33.045	18.098	1094.075	231.155	232.621	941.545
2010	4339.85	13.70	35.690	20.486	1114.982	277.840	289.830	1213.377
2011	4887.26	12.61	39.513	22.842	1079.314	313.063	351.917	1352.238
2012	5190.20	6.20	42.944	24.944	1180.349	356.324	385.584	1444.158
2013	5740.44	10.60	46.594	27.214	1383.935	409.289	444.658	1530.716
2014	6174.83	7.57	36.764	22.327	1427.109	455.211	457.681	1625.304
2015	6665.34	7.94	39.793	24.225	1446.518	517.968	581.241	1676.733
2016	7260.92	8.94	43.096	26.526	1557.458	544.754	599.289	1723.135
2017	8079.2	11.27	46.739	29.078	1712.829	592.068	667.646	1811.730
2018	8818.11	9.15	50.721	32.277	1812.173	649.911	765.405	2033.311
2019	9474.43	7.44	55.156	35.905	2129.303	673.266	863.013	2001.511
2020	9756.77	1.86	58.052	38.827	2406.112	694.750	840.325	1920.910

A市的居民消费能力显著提升，具体体现在以下几个方面：

消费能力提升：农村居民的消费能力持续增强，表明农村经济在持续发展，居民收入水平也在逐步提高。城镇居民在经历了一段时间的消费下降后，现已恢复增长，这反映了城镇经济复苏和居民信心的回升。

贫富差距合理：贫富差距保持在合理范围内，为实现共同富裕目标奠定了基础。均衡的收入分配有助于社会的稳定与经济的可持续发展。

政府财政收支平衡：A市的财政收入和支出均稳步增长，尽管支出的增幅略高于收入，但这表明政府在公共服务和基础设施建设方面的持续投入。这种投入对于提升居民生活质量和推动经济发展至关重要。

外部挑战与经济影响：A市的进出口业务近年受到外部挑战，2009年金融危机导致A市首次出现进出口负增长，但随后迅速恢复，显示出其经济的韧性。而在2019—2020年，全球疫情和中美贸易战的双重夹击,导致 A 市的进出口业务再次出现负增长。这一波动突出显示了全球经济环境对地方经济的深远影响,促使 A 市在应对外部挑战时需采取灵活的政策措施,以保持经济的稳定与增长。

综上所述,A 市在消费能力增强和政府财政稳健的背景下,仍面临外部经济波动的挑战,未来的发展需更加注重内外部环境的协调与应对。此外,A 市居民消费能力也有所增强,农村居民的消费能力稳步上升,城镇居民在经历短暂下降后也恢复增长。贫富差距保持在合理区间,为实现共同富裕目标奠定了基础。在政府财政方面,收支均稳步增长,尽管支出增幅略高于收入,但这显示出政府在公共服务和基础设施建设上的持续投入。然而,近年来 A 市进出口业务遭遇外部挑战。2009 年金融危机导致其首次进出口负增长,后迅速恢复。然而,2019—2020 年因全球疫情与中美贸易战的双重冲击,进出口再度负增长,凸显了全球经济环境对地方经济的影响。

A 市历年 GDP 及增长率如图 2-2 所示,由图可知,地区生产总值显示逐年稳步增长态势,尤其在 2010 年后增长较为显著。GDP 增长率呈现出波动性,尤其在 2008 年金融危机和 2020 年疫情影响下,增长率出现下降。从整体来看,地区生产总值不断上升,而 GDP 增长率则受外部经济因素影响,波动较大。在 2009 年和 2020 年,增长率明显低于其他年份,反映出经济环境的变化对地区经济的影响。

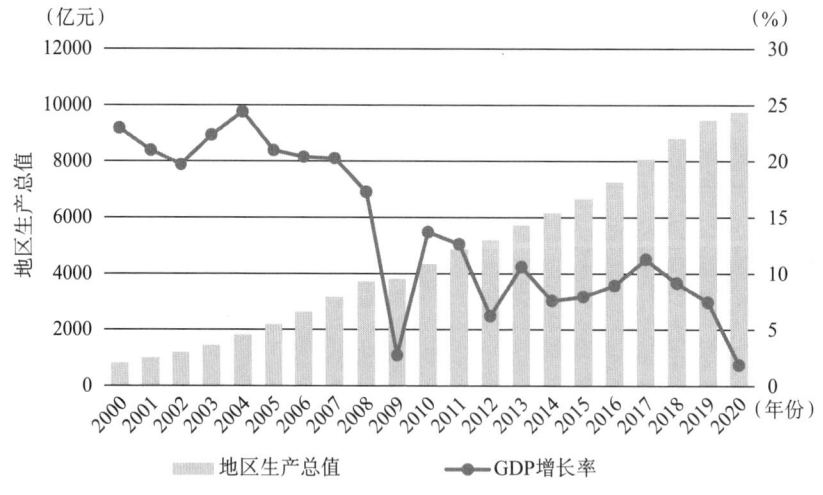

图 2-2 A 市历年 GDP 及增长率

A 市历年居民人均收入如图 2-3 所示,由图可知,2000—2020 年城镇居民的平均收入稳步增加,整体呈上升趋势且增幅较大,尤其在 2010 年后,增长速度加快。农村居民的平均收入虽然也在增长,但增速相对较慢,整体水平低于城镇居民,且在 2016 年和 2017 年期间出现轻微停滞。

图 2-3　A 市历年居民人均收入

整体来看，城镇居民与农村居民的收入差距逐渐扩大，城镇居民的收入水平明显高于农村居民。这张图有效地反映了城乡收入差距的变化及其趋势，突出显示了城市经济发展的优势。

2. 环境发展分析

本案例选取耕地面积作为代表农业资源的指标，选取能源消耗总量（规模以上工业）、全年用电量作为代表工业和居民生活资源消耗的指标（见表 2-3）。可以看出人口增长且耕地减少，使 A 市人均耕地下降，反映了 A 市工业优先发展策略对农业资源的挤压。同时，工业能耗减少而 GDP 增长，彰显能源利用效率提升与技术进步。全年用电量增长，则体现经济活力与民生改善。

表 2-3　A 市历年主要资源指标

年份	耕地面积（万亩）	人均耕地面积（亩）	能源消耗总量（规模以上工业）（万吨标准煤）	人均能源消耗总量（规模以上工业）（吨标准煤）	全年用电量（千万千瓦时）	人均全年用电量（千瓦时）
2010	57.69	0.07	1496.06	1.82	5619.996	6835
2011	57.19	0.07	1482.56	1.69	5860.652	6685
2012	56.43	0.06	1385.42	1.50	6042.842	6537
2013	56.09	0.06	1452.58	1.51	6225.139	6468
2014	55.42	0.06	1448.37	1.46	6609.853	6638
2015	55.05	0.06	1329.38	1.33	6668.438	6671
2016	54.62	0.05	1388.87	1.37	7020.063	6906
2017	54.28	0.05	1422.24	1.37	7606.805	7327
2018	53.88	0.05	1109.29	1.06	8066.430	7728
2019	13.87	0.01	1399	1.34	8507.151	8137
2020	13.68	0.01	1355.75	1.29	8738.966	8336

根据表2-4可以知道A市2010—2020年的环境数据，选取了森林覆盖率与公园绿地面积作为衡量绿地环境的关键指标，同时以空气质量达标天数作为评估大气环境质量的重要依据。数据显示，A市的森林覆盖率保持稳定，表明该市对森林资源保护工作的重视，确保了自然生态的稳定与健康；公园绿地面积及人均占有量不断提升，表明A市关注居民的绿地生活质量，积极适应人口规模增长背后的居民环境需求；空气质量达标天数呈现"U"形形态变化，体现了A市在大气治理上的努力与成效，特别是在2015年后，成功平衡了经济发展与环保，恢复了2010年的空气质量水平，体现了绿色发展理念与生态文明建设的实践。

表2-4　　　　　　　　　　A市历年主要环境指标

年份	森林覆盖率（%）	空气质量达标天数	公园绿地面积（千万平方米）	人均公园绿地面积（平方米）
2010	36.70	357	9.075	11.04
2011	36.90	358	9.837	11.22
2012	37.10	326	9.956	10.77
2013	37.30	266	10.075	10.47
2014	37.40	254	10.459	10.50
2015	37.40	307	11.535	11.54
2016	37.40	319	14.455	14.22
2017	37.40	301	15.745	15.17
2018	37.40	301	16.478	15.79
2019	37.40	285	18.629	17.82
2020	36.40	334	19.339	18.45

（三）人口与经济资源环境发展特点

1. 人口发展特点

常住人口规模与人口增速趋势：截至2020年末，A市常住人口为1048万人，2021年末全市常住人口增至1053.68万人，成为特大城市之一。但A市人口增速有所放缓，在常住人口增速方面，2011—2020年，A市人口年增长率呈现下降趋势。

人口结构变化：从性别结构看，2020年A市各镇（街道）人口性别比为130.06，男女性别比例较为平衡。从年龄结构看，非劳动人口比重上升，劳动人口比重下降，劳动人口抚养比增加，且各镇（街道）之间抚养比显著不平衡。

人口城镇化变化：A市人口城镇化水平大幅提升。2020年A市城镇常住人口接近970

万人,比2010年增加了240万人,十年增幅近34%。A市人口素质大幅改善。十年间,A市人口受教育程度明显提升。A市在教育事业中的投入力度逐步加大,教育普及成效显著,A市人口受教育程度持续改善。

劳动人口变化:A市的制造相关产业吸纳了超过半数的劳动人口,其中多为劳动密集型产业,现代服务业的劳动人口仅占总体的4%,由此可知,劳动人口在产业中分布不均,现代服务业就业人口不足。

地区人口变化:A市的人口密度在十年内稳步提升,2016年后增长率趋于平稳且处于较低水平,这说明A市的人口密度正在逼近A市资源所能承受的人口平台期上限。由此说明,A市人口密度趋于稳定。

2. 经济民生发展特点

居民生活水平提高:2000—2020年A市的GDP稳步上升,2000年A市的GDP为821.14亿元,2020年的GDP为9650.19亿元,较20年前增长了10.75倍,年均增长441.45亿元。

创新发展实现新跨越:2021年A市实现地区生产总值10855.35亿元,同比增长8.2%。A市目前是由20万家工业企业、1.2万家规模以上工业企业、7387家国家高新技术企业、234家专精特新企业和19家超百亿企业、3家千亿企业等组成的先进制造体系强市。

A市要牢牢把握"绿水青山就是金山银山"理念,坚定不移走"生态优先、绿色发展"道路,坚定扛起打好打赢污染防治攻坚战的政治责任。2020年,A市空气质量优良天数比例为91.3%,比2017年改善了19.3%,6项大气污染因子全部达标。

(四) A市适度人口规模测算

为了科学系统地评估未来人口发展的适宜性,本案例引入P-S法。由可能度和满意度并合得到的可能—满意度则可以表示各指标同时满足客观的可能性和主观的满意性时的人口容纳能力,可能—满意度水平与城市适度人口规模的关系为:可能—满意度水平越高,说明居民的城市生活水平越好,则城市能够容纳的适度人口规模越小。同时,该模型作为一种多因素综合评价工具将可能度(P)与满意度(S)两个维度量化于[0,1]区间内,公式如下:

$$\omega(\partial) = \begin{cases} \dfrac{-r_B + \partial S_B}{(r_A - r_B) - \partial(S_A - S_B)}, & 0 < \omega < 1 \\ 1, & \omega \geq 1 \\ 0, & \omega \leq 0 \end{cases} \quad (2-1)$$

当 $0 < \omega < 1$ 时,将上式稍作变形,得到下式:

$$\partial = \frac{\omega(r_A - r_B) + r_B}{\omega(S_A - S_B) + S_B} \quad (2-2)$$

其中，ω 表示可能—满意度；α 表示适度人口规模；r_A、r_B、S_A、S_B 分别表示可能目标和满意目标的下限值和上限值。

本案例聚焦于构建基于 P-S 模型的适度人口规模估算模型，以 2030 年和 2050 年为关键节点，旨在提供精准全面的数据支持。从经济、资源和环境三个方面选取九个核心评估指标，覆盖人口发展的关键维度，确保评估的全面性与科学性，为城市规划与管理提供了更为全面和精准的决策支持。

针对多因素合并的综合处理，本案例考虑了两种情景分析方案。方案一：采用最小值原理（木桶理论），在诸多因素中取目标最小值。方案二：全面考虑各种因素的制约，按照 9 个因素的权重（各取 1/9）进行合并。

研究结论显示（见表 2-5），A 市 2030 年适度人口目标在方案一中为 1123.45 万上限，最优 1068.02 万；方案二则宽松至 1149.72 万上限，最优 1114.44 万。展望 2050 年，方案一的人口上限为 1274.09 万，建议最优 1191.59 万以内；方案二则预测 1358.93 万上限，建议最优 1292.52 万以内。

表 2-5　　　　　　　　　　A 市适度人口目标值　　　　　　　　　　（单位：万人）

可能—满意度	2030 年		2050 年	
	方案一	方案二	方案一	方案二
0.6	1123.45	1149.72	1274.09	1358.93
0.7	1103.12	1137.04	1276.02	1337.62
0.8	1084.73	1125.43	1235.39	1315.14
0.9	1068.02	1114.44	1191.59	1292.52

（五）A 市人口与经济资源环境耦合协调度分析

A 市正处于蓬勃发展阶段，人口规模、经济体量、产业规模、资源环境等正不断发展壮大，但是各个方面的发展是否协调？为了进一步探究人口与经济资源环境是否协调发展，本案例将使用耦合协调模型探索 A 市各镇街人口与经济资源环境的协调情况。

1. 指标体系建立

通过结合经济学、人口学等理论，遵循目的性、科学性、统一性、可操作性、数据可获得性等原则，构建人口、经济、资源环境指标体系。其中，人口系统指标体系包括年末户籍人口数、人口密度、城市化水平、人口自然增长率、净迁入率和性别比合理度；经济系统指标体系包括地区生产总值（GDP）、第一产业产值占比、第三产业产值占比、工业增加值、固定资产投资总额、社会消费品零售总额、地方财政收入、进出口总额和投入产出比;资源环境系统根据数据的可获得性包括农业资源、能源资源、社会资源和环境污染。

而耦合度是指两个或两个以上的系统或者运动形式通过各种相互作用相互影响的程度,数值越大则表示各系统之间形成越良性的共振耦合,系统越趋向新的有序结构。协调度是测度运动过程中各系统之间相互协调的水平和综合发展水平,有别于耦合度,耦合度侧重于刻画系统相互影响程度的特性,而协调度侧重于刻画这种作用关系紧密配合的程度。

耦合度与协调度的计算公式如下:

$$C = \left[\frac{(u_1 \cdot u_2 \cdot u_3 \cdots u_m)^{\frac{1}{n}}}{\prod (u_i + u_j)} \right] (i \neq j) \quad (2-3)$$

$$D = (C \times T)^{\frac{1}{2}} \quad (2-4)$$

$$T = \partial \times u_1 + \beta \times u_2 + \gamma \times u_3 \quad (2-5)$$

其中,u_i 为第 i 个系统的综合得分,C 为耦合度,D 为协调度,T 为人口与经济资源环境发展综合指数,α、β、γ 为待定系数,本案例认为两系统的重要性相同故都取 1/3。根据林发照(2020)关于福建省人口、资源环境与经济耦合协调研究可以知道,对于协调度,一般划分为 [0,0.5) 为失调衰退,[0.5,0.6) 为勉强协调发展,[0.6,0.7) 为初级协调发展,[0.7,0.8) 为中级协调发展,[0.8,0.9) 为良好协调发展,[0.9,1] 为优质协调发展。

2. A 市人口、经济和资源环境耦合度分析

由表 2-6 可知,2020 年 A 市各镇(街道)在人口、经济与资源环境系统的耦合度评估中,普遍存在高度耦合的情况[所有镇(街道)耦合度均超 0.9],甚至有 19 个镇(街道)的耦合度超过了 0.95。说明 A 市经济系统、人口系统和资源环境系统之间存在很强的相互作用,三个系统之间相互影响,相互作用,形成良性共振耦合,有序地朝着前进方向发展。

表 2-6　　　　　A 市各镇(街道)人口、经济资源环境耦合度 C

镇(街道)	2010年	排名	2015年	排名	2020年	排名	镇(街道)	2010年	排名	2015年	排名	2020年	排名
麻涌镇	0.841	30	0.960	19	0.996	1	企石镇	0.864	29	0.918	28	0.953	17
沙田镇	0.874	27	0.958	21	0.995	2	道滘镇	0.867	28	0.913	29	0.951	18
厚街镇	0.983	7	0.997	1	0.987	3	虎门镇	0.964	10	0.985	7	0.950	19
洪梅镇	0.756	31	0.839	31	0.979	4	桥头镇	0.934	16	0.971	13	0.944	20
东城街道	0.957	11	0.994	3	0.976	5	大朗镇	0.993	1	0.982	9	0.944	21
茶山镇	0.949	13	0.968	14	0.975	6	樟木头镇	0.932	17	0.974	11	0.943	22

续表

镇（街道）	2010 年	排名	2015 年	排名	2020 年	排名	镇（街道）	2010 年	排名	2015 年	排名	2020 年	排名
凤岗镇	0.954	12	0.985	6	0.973	7	石龙镇	0.919	24	0.931	26	0.941	23
常平镇	0.990	2	0.996	2	0.972	8	寮步镇	0.984	5	0.972	12	0.941	24
中堂镇	0.922	22	0.928	27	0.970	9	万江街道	0.922	23	0.962	18	0.939	25
塘厦镇	0.932	18	0.966	16	0.968	10	横沥镇	0.931	19	0.952	22	0.928	26
南城街道	0.985	4	0.976	10	0.965	11	望牛墩镇	0.909	25	0.908	30	0.925	27
清溪镇	0.989	3	0.991	4	0.964	12	东坑镇	0.924	20	0.962	17	0.922	28
大岭山镇	0.983	6	0.982	8	0.963	13	谢岗镇	0.639	32	0.694	32	0.922	29
莞城街道	0.948	14	0.967	15	0.963	14	长安镇	0.947	15	0.959	20	0.920	30
黄江镇	0.971	9	0.988	5	0.957	15	高埗镇	0.923	21	0.938	25	0.917	31
石排镇	0.896	26	0.946	24	0.955	16	石碣镇	0.978	8	0.948	23	0.913	32

3. A 市人口、经济和资源环境协调度分析

2020 年 A 市各镇（街道）在人口、经济与资源环境系统的协调度评估中，普遍展现出积极态势，所有镇（街道）协调度均超 0.5，避免了失调衰退，且未出现显著的两极分化。依据协调度模型（见表 2-7），长安镇、南城街道等六大镇（街道）脱颖而出，其协调度突破 0.7，达到中级协调发展水平，其中长安镇的协调度为 0.761，预示着可能发展为良好协调发展（0.8）。另外，寮步镇、凤岗镇等十余镇（街道）仍处于初级协调发展阶段。其余镇（街道）处于勉强协调发展状态，如东坑镇、谢岗镇、道滘镇、望牛墩镇和企石镇。

表 2-7　　　　　　A 市各镇（街道）人口、经济资源环境协调度 D

镇（街道）	2010 年	排名	2015 年	排名	2020 年	排名	镇（街道）	2010 年	排名	2015 年	排名	2020 年	排名
长安镇	0.610	4	0.651	3	0.761	1	沙田镇	0.420	29	0.512	23	0.620	17
南城街道	0.638	1	0.664	1	0.748	2	茶山镇	0.450	23	0.510	25	0.615	18
东城街道	0.621	2	0.659	2	0.738	3	清溪镇	0.483	16	0.556	16	0.614	19
虎门镇	0.583	5	0.646	4	0.723	4	横沥镇	0.461	21	0.515	21	0.611	20
塘厦镇	0.578	6	0.618	7	0.704	5	樟木头镇	0.542	9	0.538	18	0.610	21
厚街镇	0.551	7	0.638	5	0.701	6	石碣镇	0.465	20	0.541	17	0.609	22
寮步镇	0.539	11	0.620	6	0.685	7	东坑镇	0.433	26	0.498	27	0.597	23
凤岗镇	0.541	10	0.607	8	0.683	8	桥头镇	0.465	19	0.510	24	0.584	24
大岭山镇	0.506	15	0.575	12	0.667	9	洪梅镇	0.399	32	0.457	32	0.579	25
常平镇	0.517	14	0.605	10	0.665	10	谢岗镇	0.420	28	0.482	30	0.578	26
大朗镇	0.477	18	0.572	13	0.657	11	中堂镇	0.447	24	0.501	26	0.576	27
麻涌镇	0.482	17	0.538	19	0.656	12	石排镇	0.428	27	0.512	22	0.576	28

续表

镇（街道）	2010年	排名	2015年	排名	2020年	排名	镇（街道）	2010年	排名	2015年	排名	2020年	排名
万江街道	0.525	13	0.568	14	0.633	13	高埗镇	0.459	22	0.533	20	0.570	29
莞城街道	0.614	3	0.606	9	0.632	14	道滘镇	0.413	30	0.472	31	0.563	30
石龙镇	0.554	7	0.582	11	0.626	15	望牛墩镇	0.404	31	0.494	28	0.538	31
黄江镇	0.530	12	0.566	15	0.624	16	企石镇	0.436	25	0.490	29	0.531	32

4. A市耦合协调度重心分析

本案例采用重心法分析各种属性重心的演变轨迹，探索区域发展的差异。重心这个概念最早出现在物理学中，根据牛顿经典力学的定义，任何物体受到重力作用时，物体内部会产生一个合力的作用点，在该点各个方向上的力保持平衡，这个点就是物体的重心，重心究竟位于物体上哪个位置与此物体的形状和质量密切相关。如果把重心的概念运用到地区差异问题的研究中，就产生了区域重心模型。模型假设有一个均质的空间，里面存在这样一点，空间的某种属性（如人口、经济等）在该点前后左右各个方向上的力量达到平衡，该点就是该属性在空间上的重心。与物体一样，空间重心的位置也是由所研究区域的形状及其属性所决定的。例如，研究的对象是一个国家，由于国家的版图在短时间内是不会改变的，那么国家某种属性的重心及重心移动的路径就能代表该属性在国家上空间分布的情况及其变动情况。

由表2-8可知，从经纬度来看，近十年以来，A市的耦合协调重心变化不大，从东经113.866°、北纬22.9825°变到了东经113.864°、北纬22.9825°，耦合协调重心均落在了寮步镇；从重心偏移情况来看，近十年以来A市的耦合协调重心均位于A市行政中心的东南方向12km处，即A市的中部区域，说明位于A市中部的镇（街道）的各系统的耦合性、协调性相较于其他镇（街道）更高，是耦合协调性的"高密度区"，而重心偏移距离呈现下降的趋势，说明A市各镇（街道）耦合协调度的差异程度呈现缩小的趋势；从重心移动情况来看，A市耦合协调重心一直往西南方向移动，具体见图2-4，说明近年来寮步镇西南方向上的镇（街道）耦合协调性发展速度相对较快，且发展速度的差异程度呈扩大的趋势。

表2-8　　　　　　A市耦合协调重心及其偏移和移动情况

年份	经度	纬度	偏移距离（km）	偏移方向	移动距离（km）	移动方向
2010	113.866	22.9825	12.97	东南	—	—
2015	113.865	22.9829	12.86	东南	0.11	西南
2020	113.864	22.9825	12.77	东南	0.13	西南

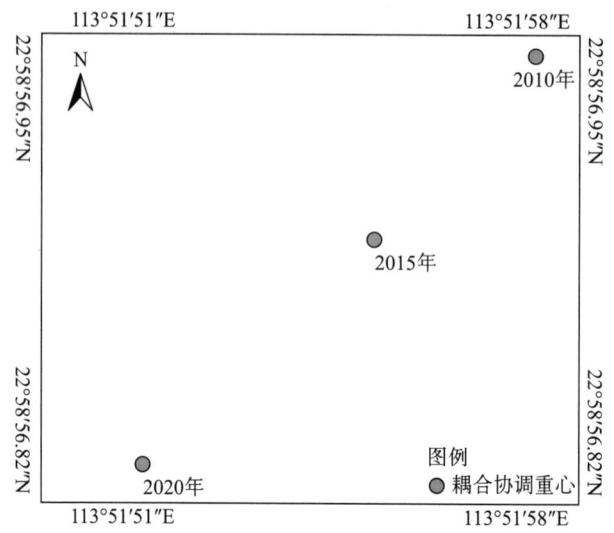

图 2-4　A 市耦合协调重心移动情况

从上述分析可以看出，A 市的耦合协调重心均偏向 A 市行政中心的东南方向，落于 A 市中部地区的寮步镇，且人口重心偏移距离最大，资源环境系统偏移距离最小，说明 A 市中部地区各系统协调发展，形成了良性的共振耦合，同时西北—东南方向上人口系统差异最大，资源环境系统差异最小，西北地区的镇（街道）应出台相应政策吸引人才，优化人口结构，缓解 A 市各地区之间不均衡情况。

五、结论与政策建议

（一）结论

人口现状分析可以知道 A 市常住人口总量增加了近 200 万人，十年涨幅接近 25%，截至 2020 年末常住人口总量达到了 1050 万人，增长速度呈现"先升后降"的趋势。

通过经济资源环境发展分析可以知道 A 市 GDP 从 821.14 亿元跃升至 9650.19 亿元，增速高于同期广东省平均水平，城镇和农村人均可支配收入分别增长了 4.1 倍和 4.6 倍，相对应的 A 市的森林覆盖率保持稳定，公园绿地面积及人均占有量不断提升，空气质量达标天数呈现"U"形形态变化，体现了 A 市在大气治理上的努力与成效。

通过可能—满意度模型利用发现，A 市在 2030 年和 2050 年的适度人口规模会受到多种因素的影响，包括经济、资源和环境等方面的瓶颈制约以及综合考虑全部因素后的结果。随着可能—满意度的提高，适度人口规模呈现下降的趋势，这反映了居民对生活质量的追求和对城市环境承载力的关注。由耦合度与耦合协调度模型可知，A 市各镇（街道）的经济、人口和资源环境系统之间存在高度的耦合度，为了实现更加协调的发展，各镇（街道）应继续加强政策引导、优化产业结构、提升环境质量，以实现人口、经济与资源环境的可持续发展。

（二）政策建议

根据以上研究结论，为推动 A 市全面协调可持续发展提出以下综合策略：

第一，构建人口发展综合体系，通过监测评估机制实时掌握人口动态，优化结构。秉持公平、公正的理念，构筑生育福利、生育安全、生育关怀等公共生育政策和家庭支持政策体系，完善生育支持、幼儿养育、青少年发展、老人赡养、病残照料等家庭发展政策，切实减轻生养子女负担；实施财政激励、人才吸引政策，强化生育支持，提升教育与家庭服务水平，培养高素质人才；加强区域人才交流，融入大湾区知识链，激发创新活力，促进区域协同发展。

第二，聚焦经济高质量发展，精准调控投资，优化结构，拓宽融资渠道，强化招商引资，聚焦高端产业。加速新型城镇化，完善城市基础设施与服务，巩固制造优势，推动产业升级与绿色低碳转型；构建清洁低碳能源体系，促进绿色产业与绿色金融融合，引领可持续发展潮流；进一步优化投资结构，优化传统基础设施的投资，推动新一轮投资战略布局，把握未来，推动招商引资，建立完善功能更丰富、智能化水平更高、匹配性更强的招商引资平台，助力高端产业发展。

第三，发挥 A 市产业特色，深化绿色发展，打造高品质城乡环境，满足多元休闲需求。聚焦制造业核心竞争力，构建千亿级产业集群，强化品牌影响力；坚持低碳发展，制订碳达峰计划，构建绿色产业生态，促进人与自然和谐；贯彻绿色发展理念，打造休闲旅游胜地，全面提升城乡人居环境，打造公园城市，提升城市品质。

第四，把握国家发展战略，深度融入大湾区与"一带一路"，拓宽国际贸易，实施乡村振兴，打造美丽乡村。加快交通建设，推进轨道交通互联互通，提升区域交通一体化；紧跟数字时代，推动产业数字化与数字产业化，建设数字经济高地，引领经济社会跨越发展，这一系列措施将为 A 市乃至其他地区提供可持续发展的宝贵经验；对接"一带一路"，扩大进出口贸易，A 市是粤港澳大湾区的重要城市，位于广深港黄金走廊中，要大力发展现代物流业，升级港口，全面推进 A 港、虎门港以及保税区等建设，抓住中欧班列的机遇，大力发展跨境电商，扩大对外贸易，深度融入"一带一路"。

案例使用说明

一、教学目的与用途

1. 适用课程

本案例适用于《统计学》《统计综合案例分析》《市场调查与分析》《学术规范与论文写作》等统计学专业课程。

2. 教学目的

本案例旨在辅助教师针对"A市人口规模与经济资源环境协调发展"案例进行深入教学。通过对A市的人口增长、经济发展、资源环境保护等方面的分析，本案例的教学目的主要有：

（1）了解耦合协调度模型，可能—满意度方法（P－S法）的应用。

（2）理解人口、经济与资源环境之间的相互作用。

（3）培养综合分析能力、政策制定能力以及掌握解决复杂问题的能力。

（4）通过本案例，进行思政融入。

二、启发性思考问题

为了激发学生的思考，培养学生的批判性思维和创新能力，以下是一些启发性思考题，供教师在课堂讨论或学生自主学习时参考。

1. 人口增长的双刃剑

人口增长是经济发展的重要驱动力之一，但也可能带来资源短缺、环境污染等问题。你如何看待A市人口增长的正反两面？

2. 耦合协调度模型的改进和应用

在这种模型的构建中，指标选取的主观性可能会带来哪些问题？如何通过数据驱动方法（如主成分分析或聚类分析）优化指标体系？

3. 绿色发展的挑战与机遇

在推动经济发展的同时，应该如何实现资源的高效利用和环境的保护？A市有哪些成功的绿色发展模式值得借鉴？

4. 耦合协调模型的应用

在 A 市的案例中，耦合协调度模型揭示了哪些关键问题？

5. 思政融入

怎样理解全面建设社会主义现代化国家的首要任务是高质量发展？

三、背景信息

1. 行业背景

（1）粤港澳大湾区是中国最具活力的经济区域之一，涵盖了广东省的九个城市和香港、澳门两个特别行政区。这一区域以其开放的经济结构、高效的资源配置能力和强大的创新能力而闻名。A 市作为大湾区的重要组成部分，与广、深等城市联系紧密。制造业十分强盛，是广东重要的交通枢纽和外贸口岸。同时外来人口多，人口规模较大。因此，其发展不仅关系到自身的经济繁荣，也对整个区域的协同发展具有重要影响。

（2）随着全球化的深入发展，A 市的产业结构正在经历转型升级，以适应国际市场的变化和国内经济发展的新要求。同时，A 市也在积极发展现代服务业和高新技术产业，以实现经济的多元化发展。所以，对 A 市的研究不仅有利于理解其自身的发展现状与趋势，还有利于对整个粤港澳大湾区的发展提供理论基础以及实践指导。

2. 制度背景

（1）环境政策。党的十八大以来，以习近平同志为核心的党中央高度重视生态环境保护，坚决向污染宣战。习近平总书记明确强调，打好污染防治攻坚战是关系 14 亿多中国人民切身利益的大事，也是建设美丽中国的必然选择。2021 年 11 月，《中共中央 国务院关于深入打好污染防治攻坚战的意见》发布，该政策强调了到 2025 年实现生态环境质量持续改善的目标，并对实现碳达峰、碳中和任务提出了具体要求。这一政策的提出，意味着 A 市必须在追求经济增长的同时，加强环境保护和资源节约，以实现可持续发展。

（2）新型城镇化政策。2022 年 7 月，《"十四五"新型城镇化实施方案》发布。该方案明确了"十四五"时期城镇化发展的目标任务和政策举措，包括优化城镇化空间布局、提升城市可持续发展能力等。对于 A 市而言，作为粤港澳大湾区的重要城市，该方案的实施将促进其城镇化水平的进一步提升，增强其区域竞争力。

（3）人口发展政策。近年来，随着人口老龄化的加剧和劳动力市场的变化，中国的人口政策从 2016 年的二孩生育政策转变为 2021 年的三孩生育政策。三孩政策的重大意义概括为四个"有利于"：有利于改善人口结构，落实积极应对人口老龄化国家战略；有利于保持人力资源禀赋优势，应对世界百年未有之大变局；有利于平缓总和生育率下降趋势，推动实现适度生育水平；有利于巩固全面建成小康社会成果，促进人与自然和谐共生。这一政策变化为 A 市提供了更多的劳动力资源，同时也增加了教育、医疗和住房等公共服务的需求。

四、案例分析思路及要点

1. 分析思路

本案例主要构建以下分析框架：

（1）理论基础。以可持续发展理论、人口迁移理论、区域经济理论等为基础，构建案例分析的理论框架，探索了人口规模与经济资源的协调发展。

（2）指标体系构建。根据案例特点和研究目的，选取合适的指标构建人口、经济、资源环境系统的评价指标体系。这些不同的指标分别对这三个系统有着正向或负向的影响。使用极差法对指标数据进行正向化和标准化，并利用变异系数对指标进行赋权。最后相加得到各系统的综合评分。以此来全面反映各系统的状态和变化趋势。

（3）模型选择与结果分析。采用耦合协调度模型、重心法等方法对 A 市人口、经济、资源环境等系统进行了深入的量化分析和定性描述，以此来揭示各系统之间的相互作用关系和协调发展程度，为 A 市经济政策的制定提供了参考依据。

分析思路如下：

本案例分析的核心目标是系统评估 A 市在人口增长、经济发展和资源环境保护三者之间的协调性，并基于实证分析提出促进其可持续发展的政策建议。首先，理解 A 市在粤港澳大湾区中的区域角色和战略地位至关重要，对 A 市人口发展现状需要进行全面审视，包括人口规模、增长趋势、结构变化及其对经济社会的影响。然后分析人口与劳动力市场的关系，评估劳动力供需状况和人口素质，同时考察 A 市 GDP 增长、产业结构变化及其对就业和人口吸引的影响。资源环境承载力分析也是案例分析的重要组成部分，包括资源消耗结构、能源利用效率、环境质量现状、污染治理效果和生态保护措施。通过耦合协调度模型，定量分析 A 市在不同区域的人口、经济与资源环境之间的协调性，揭示不同区域的经济发展与资源环境之间的差异性。构建一个科学合理的指标体系，运用该模型进行量化分析，是评估 A 市协调发展状况的关键步骤。基于模型分析结果，制定具体的政策建议，包括通过住房补贴和税收优惠吸引高技能人才，鼓励高污染产业的转型升级，增加清洁能源使用，推动绿色经济发展，并制定差异化的区域资源管理和环境保护政策。

在教学应用方面，通过此案例，学生可以掌握如何通过数据分析、模型应用和政策制定解决复杂的实际问题，特别是在城市规划和区域协调发展中的实际应用。通过结合实际

案例 2　A 市适度人口规模与经济资源环境协调发展研究

数据和模型结果，学生可以模拟政策制定的过程，并评估政策效果，从而培养解决实际问题的能力（见图 2-5）。

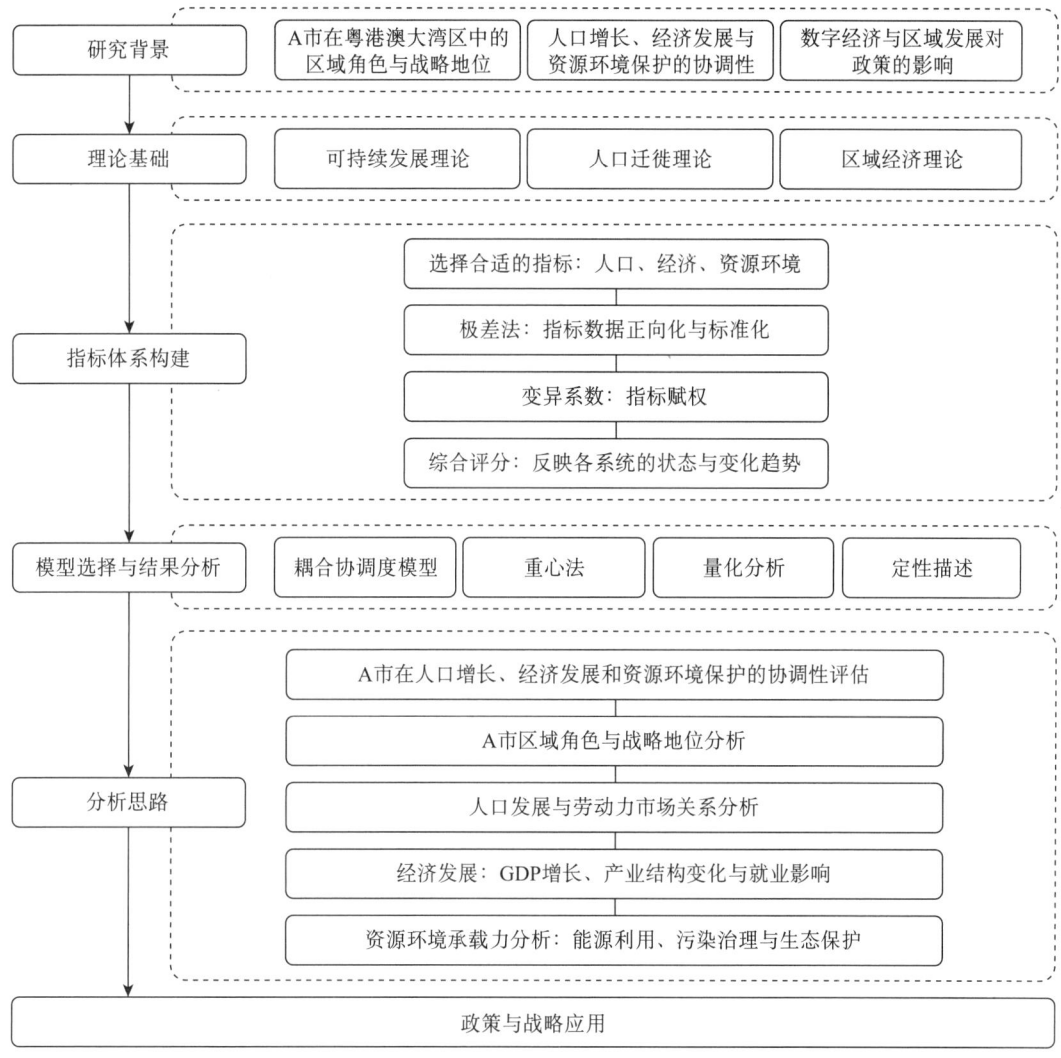

图 2-5　案例分析

2. 覆盖的知识点

（1）A 市人口现状和趋势分析：详细分析了 A 市的人口规模、人口结构（性别、年龄、城乡分布、文化水平等）、人口迁移和空间分布特点。

（2）统计建模方法：回归分析：掌握岭回归、多元回归的基本原理及其在应对多重共线性问题中的应用。时间序列分析：学习灰色系统 GM（1，1）模型、Logistic 模型在趋势预测中的应用，理解组合预测方法如何提高预测精度。

（3）耦合协调度模型：学习如何通过构建耦合协调度模型，量化经济、人口、资源环境系统之间的协调关系,揭示其动态变化趋势。了解模型在实际分析中的应用流程,包括数据处理、模型参数估计与结果解读。

(4) 数据可视化与统计沟通:学习如何通过可视化技术(如时间序列折线图、热力图)清晰呈现人口、经济和资源环境的协调发展结果。提升统计沟通能力,将复杂的分析结果转化为清晰、易懂的政策建议。

3. 能力训练点

(1) 将人口学、经济学和环境科学理论应用于 A 市案例分析中,旨在培养学生理论联系实际的能力。

(2) 在提出问题后,指导学生使用数据进行定量分析与定性分析,并寻找合适的模型评估,旨在训练学生分析问题和解决问题的能力。

(3) 基于分析结果,培养学生评估现有政策的能力,识别政策缺口,并且能够有针对性地提出具体的政策建议,以促进 A 市的协调发展。

五、理论依据与分析

(1) 人口与发展理论。人口与发展理论是研究人口数量、结构和分布对经济社会发展影响的学科。它涵盖了人口增长、人口迁移、人口老龄化、人口城镇化等多个方面的内容,以及这些因素如何影响经济资源的分配和利用。在 A 市的案例中,理论背景强调了人口增长与经济发展之间的相互作用,揭示了人口结构变化对劳动力市场和社会保障体系的潜在影响。有利于 A 市资源配置问题的研究。

(2) 经济资源环境协调理论。经济资源环境协调理论探讨了如何在促进经济增长的同时,保护和合理利用自然资源,实现经济、社会和环境的可持续发展。这一理论框架强调了资源的有限性、环境的承载力以及人类活动对生态系统的影响,常用于制定经济政策、资源管理战略和环保措施。A 市作为粤港澳大湾区的关键城市,其发展策略需要在追求经济效益的同时,考虑到资源的可持续利用和环境的保护。

(3) 可持续发展理论。可持续发展理论提供了一个全面的视角,它涵盖了经济、环境、社会可持续性以及代际公平等内容,用以评估和指导人类活动对经济、社会和环境的影响。其中特别强调了代际公平(不仅关注当代人的福祉,还关注未来世代的生存条件)、资源效率和环境保护的重要性。A 市的发展策略需要基于可持续发展的原则,平衡经济增长、社会福利和环境保护之间的关系。

六、教学组织方式

本案例的计划安排课堂讨论时间为 50—60 分钟，建议课堂时间安排及提问逻辑如下：

1. 课前安排

发放案例正文文本及思考题（课前一周）。

2. 课中计划

（1）案例引入：询问大家对人口老龄化概念是否已经课前熟悉。简单总结人口老龄化的概念，包括其在我国及 A 市的发展现状和对经济社会的潜在影响，并概述此次案例讨论的主旨，即通过分析 A 市人口老龄化的趋势及其对区域经济的影响，探讨应对人口老龄化的有效策略（5 分钟）。

（2）小组讨论：将案例启发式问题投屏，分组自由讨论，老师走动交流；每个组将自己讨论出的答案进行总结并列出框架（15 分钟）。

（3）班级讨论：按照各思考题，请各组进行总结发言；可以每个组随机要求回答不一样的问题，然后让其他组加入补充；老师在白板上记录各组发言的要点，并鼓励各组之间互动评价（20—30 分钟）。

（4）总结提升：将所利用的理论框架结合案例进行总结（10 分钟）。

3. 课后安排

个人反思报告，对案例讨论的收获和延展性的思考，以电子文档的方式发到课程微信群进一步分享交流，旨在深化学生的知识点记忆和进一步的思考（课后一周内）。

七、案例后续进展

基于当前对 A 市人口老龄化问题的分析，为进一步改进预测方法和提升分析深度，建议采用以下方法和理论进行后续研究，以获得更精确和全面的结果：

1. 引入门槛效应模型

人口老龄化对经济的影响可能呈现非线性特征，不同老龄化阶段的影响存在差异。通过门槛效应模型，可以检测出低、中、高老龄化水平对经济的差异性影响，从而更准确地捕捉到老龄化对经济增长的不同效应。

2. 优化耦合协调模型

A 市的人口结构和经济发展协调关系是一个动态过程。可以进一步优化耦合协调模型，细化指标体系，增强模型对区域人口经济关系的刻画能力。例如，增加与劳动力参与率、技术创新率等相关的经济指标，以更好地理解人口结构变化对经济发展的长期影响。

3. 改进组合预测模型

目前使用的灰色系统 GM（1，1）、岭回归、Logistic 模型和 BP 神经网络模型各自具有不同的优缺点。可以进一步改进组合预测方法，增加加权平均或机器学习优化等技术，以提高预测的精度和稳定性。

通过这些方法和理论的改进，案例的后续研究可以更好地应对 A 市人口老龄化带来的复杂挑战，为决策提供更可靠的依据。这将为 A 市的社会经济规划和政策制定带来新的视角，有助于其实现人口结构与经济发展的协调、可持续发展目标。

八、其他教学支持材料

1. 计算机支持

利用 Excel、Stata 软件进行数据统计和分析，指导学生如何整理和分析案例数据，如何运用 Excel、Stata 进行耦合协调度模型的计算，以提高学生的量化分析能力。

2. 视听辅助手段

收集相关的新闻报道和案例视频，作为教学的辅助材料。

3. 教学资源包

（1）文献资料：整理相关的学术文献、政策文件和研究报告，供学术深入研究。

（2）在线资源：推荐相关在线课程、学术论坛和数据库，以拓展学生的学习资源。

案例 3

B 市经济转型升级与提质增效研究[①]

[①] 本案例改编自刘照德等撰写的《B 市经济转型升级与提质增效研究》,由洪骏楠、张颢严、钟明睿、祝文轩、王浩滨和肖林霖协助整理。

案例正文

本案例基于B市第三次全国经济普查数据和2014年广东统计年鉴，采用数据包络分析模型、因子分析法和聚类分析等方法，对B市经济转型升级与提质增效的现状、影响因素及区域性差异进行了综合评估。案例发现，B市第三产业呈现快速发展态势，与此同时，B市也面临关键资源要素流失和外部需求疲软等挑战。结论显示，B市经济转型升级与提质增效能力在各区县间存在显著差异，并建议B市政府应继续推动以自主创新为中心的产业结构调整，坚持以建设低碳经济和转变经济发展方式为目标的产业转型升级，加强泛珠江三角区域内合作，支持和引导民营、外资经济的发展，构建开放合作新格局。具体措施包括引进和培养创新人才、通过创新驱动提高经济发展质量、建设服务型政府、大力发展服务业以及加大政策扶持力度，以实现B市经济的持续健康发展。

一、引言

在中国经济新常态的背景下，B市作为广东省的一个地级市，正处于由传统产业向现代产业转型的关键时期，这一转型不仅关系到B市经济的可持续发展，也是响应国家对区域经济发展模式转变的战略要求。B市经济在持续高增长情况下，积累了结构不合理、产业模式落后、经济发展质量不高、经济效益低下等问题，这些问题严重制约了B市经济的健康发展和社会的全面进步。

B市在经济转型升级的过程中面临的主要问题包括：工业企业成本的逐步攀升、工业生产增速的持续回落、第三产业作为新经济增长点的潜力尚未充分挖掘、以及区域经济发展的不平衡性。此外，B市在国际国内环境变化中如何把握机遇、应对挑战，实现产业的转型升级和经济的提质增效，也是亟待解决的问题。为了全面评估B市经济转型升级与提质增效的现状，本案例采用了多种研究方法。首先，利用数据包络分析（DEA）模型对B市工业研发效率进行了测算，以评价各区县的提质增效流程。其次，通过因子分析法构建了转型升级与提质增效的指标体系，并进行了综合评价。最后，运用聚类分析对B市各区县的经济转型升级与提质增效能力进行了分类。选择这些方法的原因在于，DEA模型作为一种非参数的相对效率评价方法，适用于多投入、多产出情况下的决策单元效率评价，能够全面反映B市工业研发效率的区域性差异。因子分析法能够从多个相关变量中提取出几个代表性的因子，为构建转型升级与提质增效的指标体系提供科学的方法论。聚类分析则能够根据各区县的经济转型升级与提质增效能力进行分类，揭示不同区域之间的差异性。这些方法的综合运用，为 B 市经济转型升级与提质增效提供了一个多维度、系统性的研究框架，有助于更准确地识别问题、分析原因并提出解决方案。

本案例对 B 市经济发展水平、模式、经济结构、产业布局和就业结构进行了深入分析，旨在找到支持 B 市经济转型升级与提质增效的路径，并通过定量分析和定性评价，揭示 B 市在经济转型升级过程中的优势和不足，为 B 市进一步制定与实施相关政策措施提供了科学依据。

二、研究意义

（一）理论意义

一方面，案例通过实证分析 B 市的经济转型升级实践，验证和丰富了经济转型升级的理论模型。它提供了一个实际案例来展示如何应用现有的经济理论来解决现实世界中的问题，从而为经济转型升级的理论研究提供了新的视角和深入的见解。通过构建一个综合评估框架，结合 DEA 模型、因子分析法和聚类分析，本案例为评估其他地区经济转型升级的效果提供了一个可复制的方法论。这种方法论的提出，为经济学研究者提供了一个强有力的工具，以便更准确地衡量和分析经济活动的效率和效果。另一方面，案例揭示了 B 市不同区域在经济转型升级过程中的差异性，这有助于理解区域经济发展的非均衡性，并为区域经济理论提供了实证支持。这种对区域差异的深入分析，有助于推动区域经济理论的发展。

（二）现实意义

本案例深入分析了 B 市经济转型升级与提质增效的现状、影响因素和路径选择，为 B 市政府制定相关政策措施提供了科学依据，并推动 B 市经济实现高质量发展。案例提出的产业结构转型升级路径，包括自主创新、低碳经济、传统产业向新兴产业转型升级等，有助于 B 市产业结构优化升级。同时，案例还分析了经济转型升级与提质增效的影响因素，并提出引进创新人才、创新驱动发展、建设服务型政府、发展服务业、加大政策扶持力度等措施，推动 B 市经济提质增效。此外，本案例也为其他地区提供了经济转型升级与提质增效的经验和教训，推动其他地区经济实现高质量发展。

三、案例分析

(一) 法人单位基本情况及行业分布

2013 年年末，B 市第二产业和第三产业发展迅速，法人单位数量比 2008 年增长了 73.4%，达到 12888 个，产业活动单位总数也增长了 47.6%，达到 17715 个。个体经营户数量也增长了 41.8%，达到 63430 个。制造业、批发和零售业、公共管理、社会保障和社会组织成为法人单位数量排名前三的行业，其中批发和零售业的增长速度最快，达到了 263.86%。从业人员数量也呈现类似趋势，比 2008 年增长了 27.6%，达到 396036 人。制造业、教育、公共管理、社会保障和社会组织成为从业人员数量排名前三的行业，其中，批发和零售业的增长速度最快，达到了 149.24%。这些数据表明，B 市第二产业和第三产业发展迅速，服务业增长尤为突出（见表 3-1）。

表 3-1　2013 年年末 B 市法人单位数和法人单位从业人员行业分布增长率

行业	法人单位数（个）	较 2008 年增长率（%）	法人单位从业人员（人）	较 2008 年增长率（%）
合 计	12888	73.42	396036	25.58
采矿业	316	88.1	9304	33.91
制造业	1527	53.16	161333	24.02
电力、热力、燃气及水生产和供应业	609	42.62	9541	3.41
建筑业	364	86.67	20240	3.99
批发和零售业	2638	263.86	27381	149.24
交通运输、仓储和邮政业	204	75.86	9209	-7.6
住宿和餐饮业	244	76.81	9738	35.23
信息传输、软件和信息技术服务业	149	-14.37	4058	24.67
金融业	45	28.57	2057	-64.08
房地产业	550	85.81	9994	46.15
租赁和商务服务业	898	184.18	7505	89.86
科学研究和技术服务业	454	159.43	4828	83.3
水利、环境和公共设施管理业	192	74.55	3772	31.61
居民服务、修理和其他服务业	142	118.46	1437	76.1
教育	1344	28.86	44949	15.18
卫生和社会工作	235	8.29	15096	34.28
文化、体育和娱乐业	209	154.88	3113	45.67
公共管理、社会保障和社会组织	2768	15.53	52481	29.85

（二）工业和服务业的变动分析

1. 工业企业法人单位、从业人员基本情况

2013年年末，B市工业企业法人单位数量达到2452个，从业人员18.02万人，分别比2008年年末增长了72.7%和22.9%。内资企业占据了主导地位，数量为2167个，占比88.4%，其中私营企业数量最多，达到1041个，占比49.1%。在从业人员中，内资企业占比43.5%，港、澳、台商投资企业占比45.3%，外商投资企业占比11.2%。这表明B市工业企业发展迅速，且以内资企业为主，私营企业成为发展的重要力量（见表3-2）。

表3-2　　　　　　　　　B市工业法人单位、从业人员基本情况

企业类型	企业法人单位（个）	从业人员（人）
合计	2452	180178
内资企业	2167	78404
国有企业	71	5847
集体企业	91	875
股份合作企业	26	326
联营企业	14	896
有限责任公司	597	33382
股份有限公司	29	3085
私营企业	1041	30070
其他企业	297	1923
港、澳、台商投资企业	243	81635
外商投资企业	42	20139

2. 服务业情况及变动

2013年年末，B市服务业发展迅速，批发和零售业、房地产业在法人单位数、从业人员数量和资产总计方面占据绝对优势，成为服务业发展的主要力量。租赁和商务服务业虽然规模相对较小，但其增长率远超其他行业，表明B市对科学研究和技术服务业发展的重视（见表3-3）。

表3-3　　　　　　　　　B市服务业变动情况

行业	法人单位数（个）	较2008年增长率（%）	从业人员（人）	较2008年增长率（%）
批发和零售业	2638	264	27381	249
交通运输、仓储和邮政业	204	75.8	9209	41.3

续表

行业	法人单位数（个）	较2008年增长率（%）	从业人员（人）	较2008年增长率（%）
住宿和餐饮业	244	89.1	9738	35.4
信息传输、软件和信息技术服务业	149	-0.6	4058	36.1
金融业	45	36.3	2057	62.4
房地产业	550	85.8	9994	46.1
租赁和商务服务业	898	272.6	7505	170.1
科学研究和技术服务业	454	384.6	4828	244.4
居民服务、修理和其他服务业	142	208.6	1437	143.1

3. 规模以上工业企业R&D活动情况

2013年，B市规模以上工业企业研发活动活跃，开展研发活动的企业数量比2008年增长了35.7%，达到19个，占全部规模以上工业企业法人单位的4.4%。研发经费支出大幅增长，达到20368万元，是2008年的7.3倍，但研发经费投入强度仅为0.19%。专利申请数量也显著增加，达到137件，其中，发明专利申请39件，分别比2008年增长了6.6倍和2倍，但发明专利申请所占比重有所下降（见表3-4）。

表3-4　　　　　　　　B市工业企业R&D活动情况

行业	R&D经费支出（万元）	R&D经费投入强度（%）
合计	20368	0.19
一、采矿业	0	0.00
二、制造业	20368	0.23
酒、饮料和精制茶制造业	300	0.14
印刷和记录媒介复制业	48	0.08
医药制造业	1152	0.55
非金属矿物制品业	2971	0.62
有色金属冶炼和压延加工业	348	0.23
金属制品业	110	0.08
电气机械和器材制造业	5029	0.84
计算机、通信和其他电子设备制造业	10410	0.35
三、电力、热力、燃气及水生产和供应业	0	0.00

4. 高新技术产业（制造业）活动情况

2013年年末，B市高新技术产业（制造业）企业发展迅速，企业数量达到56个，占规模以上制造业的14.9%。研发投入强度较高，达到0.35%，比规模以上制造业平均水平高 0.16 个百分点。专利申请量也较为可观，达到 48 件，其中，发明专利申请 14 件，占比 29.2%。这表明 B 市高新技术产业发展势头良好，科技创新能力不断提升（见表 3-5）。

表 3-5　　　　　　　　　　　B 市制造业活动情况

行业	R&D 经费支出（万元）	R&D 经费投入强度（%）
高新技术产业（制造业）	11562	0.35
一、医药制造业	1152	0.55
二、航空、航天器及设备制造业	0	0
三、电子及通信设备制造业	10410	0.36
四、计算机及办公设备制造业	0	0
五、医疗仪器设备及仪器仪表制造业	0	0

（三）B 市经济状况与粤东西北地区的比较

1. 经济总量

2013 年，全市实现地区生产总值（GDP）680.33 亿元，比上年增长 12.0%，增速分别比全国、全省快 4.3 个和 3.5 个百分点，居全省各地区第 8 位。同期，可以看出 B 市地区生产总值远远低于粤东西北地区（见图 3-1）。

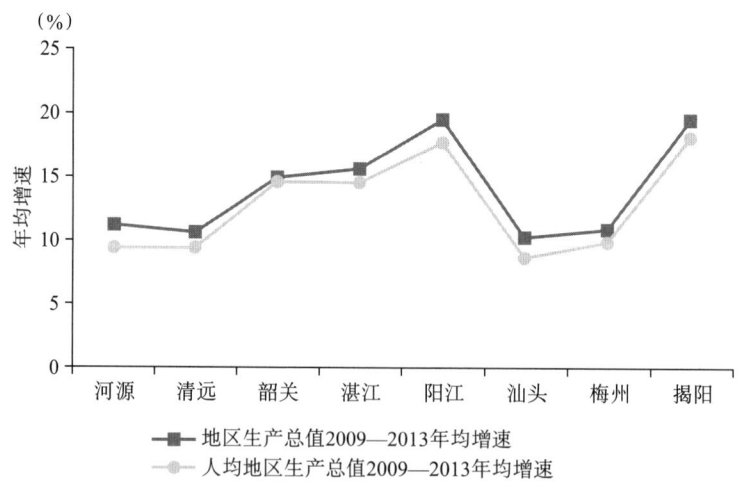

图 3-1　B 市与粤东西北地区人均 GDP 增速对比

资料来源：2014 年广东统计年鉴。

从近五年的 GDP 的增速发展来看，除了汕头、梅州地区经济生产总值的增速略低于 B 市外，其他地区都高于 B 市，由此可见，B 市的发展情况并不容乐观，B 市经济发展水平还有很大空间，总体有待提升。

2. 工业和建筑业

(1) 工业。

根据图 3-2 和图 3-3 可知，B 市 2013 年全部工业的增长速度为 16.1%，规模以上工业的增速为 17.3%，相对其他地区属于适中水平。利润总额增长了 47.9 个百分点，除了低于阳江的 115.45%，综合来讲，B 市工业发展相比于粤东西北的发展相对靠前。

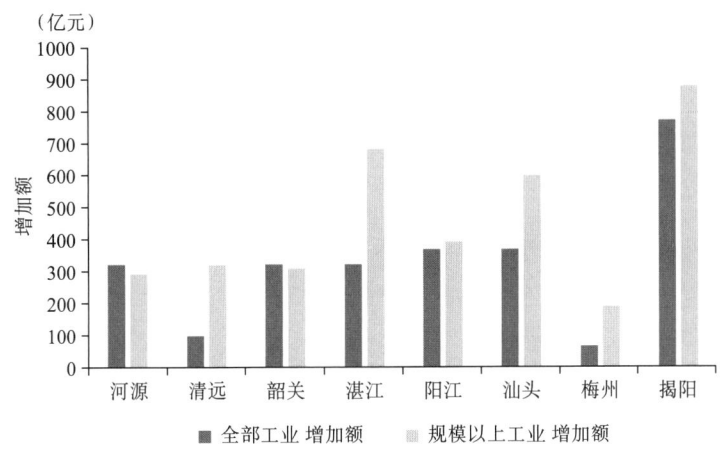

图 3-2　工业增加额比较

资料来源：2014 年广东统计年鉴。

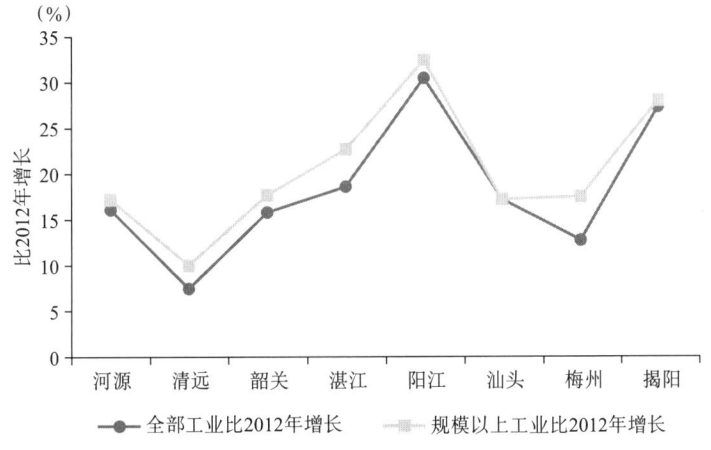

图 3-3　工业增速比较

资料来源：2014 年广东统计年鉴。

(2) 建筑业。

从图 3-4 来看，B 市 2013 年建筑业的增速为 14 个百分点，除了高于梅州、清远的 9.26%、13.14%，相对粤东西北的其他地区，增速还是较低，建筑业发展还是不足，建筑业的增长对 B 市经济也会有积极的作用，应大力支持。

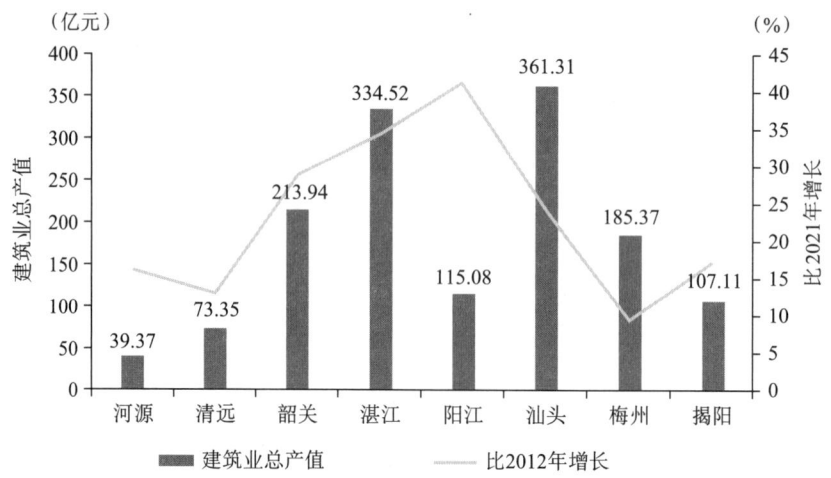

图 3-4 建筑业总产值及增速比较

资料来源：2014 年广东统计年鉴。

（四）B 市产业转型升级与提质增效的影响因素分析

1. 国际国内环境分析

产业转型升级必须充分认识国际环境的深刻变化、我国发展新的阶段性特征和面临的风险挑战，坚持创新驱动发展战略，突出改革创新，促进经济保持中高速发展、产业转型升级，实现经济可持续发展、提质增效升级。

（1）国际环境。

在和平与发展的时代背景下，世界正经历着多极化、经济全球化、文化多样化和社会信息化的深刻复杂变化，这些变化推动着国际产业分工和全球投资贸易规则的新突破，多个发展中心在世界各地区逐渐形成，国家间的相互联系和依存程度也前所未有地加深。尽管国际环境总体上朝着建立公正合理的国际政治经济新秩序方向发展，但经济增长乏力成为新常态，市场需求稀缺，保护主义抬头，地缘政治风险居高不下。世界经济虽呈温和复苏态势，但增速缓慢，且金融危机的后续影响和深层次结构性矛盾依然存在。新技术和新产业革命正对世界经济结构产生重大影响，推动产业结构变革和国际生产分工调整，而全球贸易投资规则的变化则提高了发展中国家进入世界市场的门槛。此外，欧亚和中东地区的地缘政治矛盾和动荡持续，对相关国家的经济和经贸往来构成威胁，甚至可能影响全球石油供应安全。

（2）国内环境。

中国经济进入新常态，正在向形态更高级、分工更复杂、结构更合理的阶段演化：经济增速虽然放缓，但实际增量依然可观；经济增长更趋平稳，增长动力更为多元；经济结构优化升级,发展前景更加稳定;政府大力简政放权,市场活力进一步释放。同时,经济发展处于"三期"叠加阶段,即增长速度换挡期、结构调整阵痛期和前期刺激政策消化期叠加,这导致了一系列结构性矛盾和周期性挑战的出现,如产能过剩、房地产调整、劳动力成本上升等问题。面对这些问题,全面深化改革显得尤为重要与迫切,通过稳步推动各项改革举措的落地生根,使得"改革红利"逐步释放,为广大经济主体注入了强大的创新动力与发展活力。

2. 国际国内环境变化对B市经济转型升级与提质增效的影响

(1) 发展机遇。

在当前和平、发展、合作、共赢的国际环境下,B市迎来了新的发展机遇。随着经济全球化和多极化的深入发展,B市能够更好地利用外部资金、技术、资源和全球市场;同时,全球科技和产业革命为B市新技术和新产业发展提供了新的空间。在国内经济呈现新常态的背景下,B市通过优化资源配置、提高经济发展质量和效益,以及简政放权等改革措施,可以激发新的内生动力。

此外,"一带一路"战略的建设为B市开辟了新的发展空间,通过与沿线国家的合作,B市能够将经济互补性转化为发展推动力,实现"一加一大于二"的叠加效应,推动B市企业走出去,实现本土化生产和国际市场的拓展。

(2) 面临挑战。

B市在经济发展过程中面临多项挑战:首先,关键资源要素缺失与流失问题突出,包括技术、金融、人才等资源的稀缺,以及土地价格上涨、环境保护成本增加和人才流失现象;其次,外部需求难有明显回升,受世界经济低速增长和国际市场竞争激烈影响,全球贸易增长放缓,B市稳定和扩大国际市场份额面临困难;最后,外贸竞争优势难以为继,劳动力成本快速上涨导致劳动密集型产业竞争力下降,新兴产业虽发展迅速,但缺乏国际市场经验和政策支持,加之新型贸易方式发展受阻,B市出口潜力未能充分释放。

(五) B市经济转型升级与提质增效综合评价研究

B市经济转型升级与提质增效,主要通过产业的转型升级来实现,故下面主要就B市产业转型升级与提质增效问题进行分析。

1. 产业转型升级水平测度

(1) 产业转型升级方向的测度。

在经济发展过程中,产业转型升级总是沿着一定方向变动,对于测度方向的变动,产业结构超前系数是较好的测度工具。产业结构超前系数是测定某一产业结构增长相对于整个经济系统增长趋势的超前程度,计算公式为:

$$E_i = a_i + (a_i - 1)/R_i \tag{3-1}$$

其中，E_i 表示第 i 部门的结构超前系数，a_i 表示第 i 部门报告期所占份额与基期所占份额之比，R_i 表示同期经济系统平均增长率。

通过对结构超前系数的计算，从表 3-6 可以看出，B 市经济发展重点向第二产业，特别是向第三产业倾斜，表明产业结构正在逐步优化。2000—2013 年，B 市第一产业的结构超前系数均小于 1，第二产业的结构超前系数在 2003—2012 年均大于 1，第三产业的结构超前系数除 2005 年和 2006 年外均大于 1，且在 2013 年达到最大 1.862，这表明 B 市第三产业发展势头强劲，产业结构得到了优化。

表 3-6　　　　　　　　2000—2013 年 B 市三大产业结构超前系数

年份	第一产业	第二产业	第三产业
2000	1	1	1
2001	-0.031	0.829	1.393
2002	-0.766	0.781	1.597
2003	-1.289	1.258	1.204
2004	-1.397	1.462	1.012
2005	-1.403	1.632	0.834
2006	-1.838	1.674	0.880
2007	-2.122	1.612	1.004
2008	-2.119	1.602	1.014
2009	-2.526	1.412	1.299
2010	-2.613	1.512	1.211
2011	-2.581	1.423	1.298
2012	-2.741	1.197	1.569
2013	-3.033	0.976	1.862

（2）产业转型升级速度的测度。

选择 Moore 值测定方法对产业转型升级速度进行测度。Moore 值测定方法是运用空间向量的原理，以向量空间中的夹角为基础，将国民经济的每一个产业当作一个空间向量，那么当某个产业在国民经济中的份额发生变化时，它与其他产业的夹角会发生变化，把所有夹角的变化累计，就可以得到整个经济系统中各产业的结构变化情况。

$$M_t^+ = \frac{\sum_{i=1}^{n}(w_{i,t0} \times w_{i,t1})}{\left(\sum_{i=1}^{n} w_{i,t0}^2 \times \sum_{i=1}^{n} w_{i,t1}^2\right)^{1/2}} \tag{3-2}$$

其中，$w_{i,t0}$，$w_{i,t1}$ 表示第 i 产业产值在基期、报告期所占经济系统产值的比例，且定义矢量之间变化的总夹角为 θ，如果 θ 越大，表明产业结构变化越快；如果 θ 越小，则产业结构变化越慢。

从表 3-7 来看，2000—2013 年，B 市都经历着产业转型升级的变化，特别是在 2005 年以来，B 市产业结构变化加快。这与结构超前系数计算得到的结果也是相符合的，说明 B 市正在积极地实现经济结构转型升级。

表 3-7　　　　　　　　B 市 Moore 结构变化值及矢量夹角角度表

年份	Moore 结构变化值	矢量夹角角度
2001	0.9995	1.86
2002	0.9988	2.82
2003	0.9992	2.28
2004	0.99867	2.98
2005	0.9977	3.91
2006	0.9972	4.29
2007	0.9973	4.22
2008	0.9974	4.15
2009	0.9978	3.82
2010	0.9975	4.05
2011	0.9977	3.90
2012	0.9975	4.09
2013	0.9962	5.00

2. 转型升级与提质增效指标体系构建及评价

（1）指标体系的构建。

根据科学性原则、系统性原则、可行性原则、可比性原则和扩展性原则选择评价指标，从经济发展、产业结构、经济质量效益、科技创新、民生水平以及生态环境 6 个方面建立了指标体系，全面反映 B 市经济转型升级与提质增效情况（见表 3-8）。

表 3-8　　　　　　　　　转型升级与提质增效指标体系

转型升级与提质增效水平	产业升级	经济质量效益	民生水平	生态环境
GDP 增长率	第二产业产值比重	固定资产投资占 GDP 比重	城镇化率	万元 GDP 能耗
人均 GDP	第三产业产值占 GDP	人均财政收入占比	城镇居民收入与人均 GDP 之比	万元 GDP 电耗
出口贸易依存度	高新技术产品出口额占出口总额比重	全社会劳动生产率	城镇单位职工年平均工资	万元 GDP 废水排放
进口贸易依存度	—	总资产贡献率	—	自然保护区面积
城镇调查失业率	—	—	—	环保节能支出占比

(2) 数据来源以及数据处理。

本案例以《B市统计年鉴2014》《B市第三次全国经济普查数据公报》为依据,在主营业务收入、总资产贡献率、全员劳动生产率上均采用规模以上工业企业的相关数据。在此基础上,对原始数据进行标准化处理,消除各指标之间的计量单位和数量级的差异。

(3) 因子分析法的应用。

因子分析法是一种降维技术,将多个指标降维为少数几个综合因子,这些因子可以解释大部分的数据变异性。同时计算每个区县在各因子上的得分,并进行排序和聚类分析,找出各区县在经济转型升级与提质增效方面的差异。

在构建经济转型升级的指标体系时,因子分析法可以帮助简化复杂数据,识别关键的影响因素。在经济管理中,因子分析法有助于政策制定者和管理者识别和集中关注那些对经济转型升级影响最大的关键因素。通过这种方法,可以更有效地分配资源和设计政策,以促进经济的高质量发展。

①因子是否旋转的确定。

旋转后因子载荷阵中的元素绝对值向0、1分化比初始因子载荷阵明显,所以选用旋转后因子进行综合评价可以得到比初始因子更好的效果。旋转后因子载荷阵通常用于提高因子的解释性(见表3-9)。

表3-9　　　　　　　　　　旋转后因子载荷矩阵

因子	因素1	因素2	因素3	因素4
$x1$	0.014	-0.071	0.529	0.84
$x2$	0.969	-0.163	-0.126	0.127
$x3$	0.558	-0.755	0.085	0.268
$x4$	0.829	-0.485	0.183	0.142
$x5$	-0.198	0.209	-0.003	-0.938
$x6$	0.215	0.139	-0.962	-0.091
$x7$	0.471	-0.298	0.808	0.175
$x8$	0.956	-0.216	0.121	-0.046
$x9$	0.443	-0.835	0.273	0.165
$x10$	-0.552	0.709	0.352	0.238
$x11$	-0.604	0.169	-0.701	-0.321
$x12$	-0.206	0.873	-0.183	-0.09
$x13$	0.943	-0.14	0.241	0.094
$x14$	-0.855	0.109	0.475	-0.14
$x15$	0.8	-0.212	0.434	0.149

续表

因子	因素1	因素2	因素3	因素4
$x16$	-0.133	0.931	-0.031	-0.306
$x17$	0.051	0.842	-0.213	0.121
$x18$	-0.887	0.146	-0.228	-0.37
$x19$	-0.646	-0.686	-0.091	0.318
$x20$	-0.835	-0.024	0.293	0.426

②因子个数的确定与命名。

因子个数的确定：取显著水平为5%，前4个初始因子与变量显著相关，且因子的累计方差贡献率为96.23%，故因子个数 $k=4$（见表3-10）。

表3-10　　　　　　　　　　　　因子命名

因子	与因子显著相关的指标及其载荷	命名
$F1$	人均GDP（0.969）、进口贸易依存度（0.829）、高新技术产品出口额占出口总额比重（0.956）、城镇化率（0.943）、城镇居民收入与人均GDP之比（-0.855）、城镇单位职工年平均工资（0.8）、节能环保支出占比（-0.835）、万元GDP废水排放（-0.887）	经济依赖因子
$F2$	出口贸易依存度（-0.755）、固定资产投资占GDP比重（-0.835）、人均财政收入占比（0.709）、总资产贡献率（0.873）、万元GDP能耗（0.931）、万元GDP电耗（0.842）、自然保护区面积（-0.686）	生产成本因子
$F3$	第二产业产值占GDP比重（-0.962）、第三产业产值占GDP比重（0.808）、全社会劳动生产率（-0.701）	产业转型因子
$F4$	GDP增长率（0.84）、城镇调查失业率（-0.938）	经济增长因子

因子正向化与命名：采用方差最大法对因子载荷矩阵实施正交旋转以使因子具有命名解释性，分析结果如表3-9所示。结合旋转后因子载荷阵，对因子命名，结果如表3-10所示。

③计算因子得分（见表3-11）。

表3-11　　　　　　　　　　　　因子得分

因子	$F1$	$F2$	$F3$	$F4$
$x1$	-0.021	0.071	0.056	0.349
$x2$	0.129	0.028	-0.089	0.062
$x3$	0.027	-0.129	-0.046	0.057
$x4$	0.084	-0.051	0.017	-0.007
$x5$	-0.003	-0.039	0.168	-0.477

续表

因子	F1	F2	F3	F4
x6	0.055	0.01	-0.35	0.124
x7	0.034	-0.004	0.261	-0.075
x8	0.123	0.007	0.032	-0.075
x9	0.004	-0.159	0.042	-0.035
x10	-0.042	0.174	0.125	0.133
x11	-0.062	-0.046	-0.198	-0.029
x12	0.03	0.193	-0.023	0.059
x13	0.122	0.041	0.057	-0.015
x14	-0.121	-0.024	0.221	-0.135
x15	0.093	0.025	0.121	-0.023
x16	0.045	0.199	0.072	-0.077
x17	0.063	0.218	-0.075	0.17
x18	-0.11	-0.059	-0.006	-0.133
x19	-0.14	-0.19	-0.101	0.135
x20	-0.132	-0.014	0.051	0.185

运用 SAS 软件可以写出以下因子得分函数：

$$F1 = -0.021x_1 + 0.129x_2 + 0.027x_3 + 0.084x_4 - 0.003x_5 + 0.055x_6 + 0.034x_7 \\ + 0.123x_8 + 0.004x_9 - 0.042x_{10} - 0.062x_{11} + 0.03x_{12} + 0.122x_{13} - 0.121x_{14} \\ + 0.093x_{15} + 0.045x_{16} + 0.063x_{17} - 0.11x_{18} - 0.14x_{19} - 0.132x_{20} \quad (3-3)$$

$$F2 = 0.071x_1 + 0.028x_2 - 0.129x_3 - 0.051x_4 - 0.039x_5 + 0.01x_6 - 0.004x_7 + 0.007x_8 \\ - 0.159x_9 + 0.174x_{10} - 0.046x_{11} + 0.193x_{12} + 0.041x_{13} - 0.024x_{14} + 0.025x_{15} \\ + 0.199x_{16} + 0.218x_{17} - 0.059x_{18} - 0.19x_{19} - 0.014x_{20} \quad (3-4)$$

$$F3 = 0.056x_1 - 0.089x_2 - 0.046x_3 + 0.017x_4 + 0.168x_5 - 0.35x_6 + 0.261x_7 + 0.032x_8 \\ + 0.042x_9 + 0.125x_{10} - 0.198x_{11} - 0.023x_{12} + 0.057x_{13} + 0.221x_{14} + 0.121x_{15} \\ + 0.072x_{16} - 0.075x_{17} - 0.006x_{18} - 0.101x_{19} + 0.051x_{20} \quad (3-5)$$

$$F4 = 0.349x_1 + 0.062x_2 + 0.057x_3 - 0.007x_4 - 0.477x_5 + 0.124x_6 - 0.075x_7 - 0.075x_8 \\ - 0.035x_9 + 0.133x_{10} - 0.029x_{11} + 0.059x_{12} - 0.015x_{13} - 0.135x_{14} - 0.023x_{15} \\ - 0.077x_{16} + 0.17x_{17} - 0.133x_{18} + 0.135x_{19} + 0.185x_{20} \quad (3-6)$$

综合因子为：

$$F_{综} = 0.4125F1 + 0.2586F2 + 0.1659F3 + 0.1253F4 \quad (3-7)$$

④样品值排序。

通过因子得分函数与综合因子的计算可得 2010 年和 2013 年的综合能力指数（见表 3 - 12）。

表 3-12 综合能力指数

区域	2013 年	排名	2010 年	排名
源城区	0.7829	1	0.9147	1
东源县	-0.7519	6	0.2578	2
和平县	0.39902	2	-0.4416	6
龙川县	-0.1577	4	-0.3297	5
紫金县	-0.1663	5	-0.2647	4
连平县	-0.106	3	-0.1366	3

⑤因子分析与聚类分析。

因子分析：主要关注变量之间的相关性，将多个指标降维为少数几个综合因子，虽然简化了分析，但也可能丢失部分信息。

聚类分析：关注数据点之间的相似性或距离，揭示各地区之间的差异，将数据点分组，使得同一组内的数据点尽可能相似，而不同组之间的数据点尽可能不同。

两者结合可以更全面地了解 B 市经济转型升级与提质增效的现状。同时在制定政策方面，因子分析可以帮助政府和企业识别影响经济转型升级与提质增效的关键因素，聚类分析可以帮助政府和企业制定更有针对性的政策措施，针对不同类型的地区采取不同的扶持政策。

随后对 2013 年 B 市各县区进行聚类分析，聚类结果如图 3-5 所示。

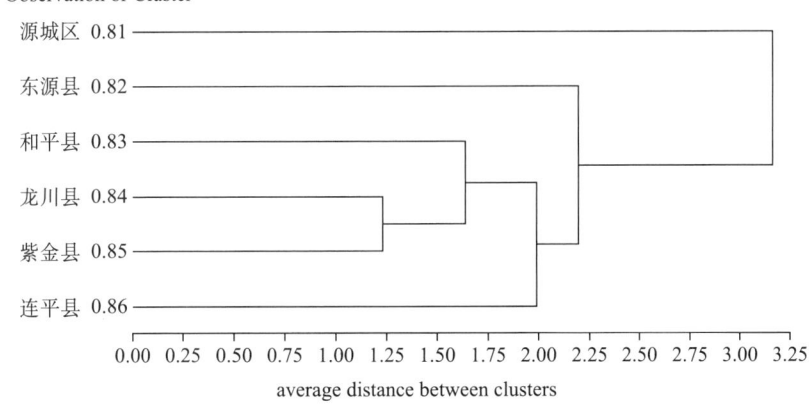

图 3-5 聚类结果

根据聚类结果，根据阈值为 1.729，可将 B 市五县一区分成 4 类：

第一类：源城区；

第二类：东源县；

第三类：和平县、龙川县、紫金县；

第四类：连平县。

⑥结果分析。

从因子分析中，可以观察到经济转型升级提质增效与经济水平密切相关，主要体现在经济稳定与增长和经济质量效益相关的指标与因子的相关系数较大；产业升级水平的高低影响经济转型升级提质增效的成效；民生水平和生态环境是经济转型升级提质增效的重要保障。

再结合聚类分析的结果可以验证，说明了经济水平发达的地区，经济转型升级提质增效的能力就越强，究其原因是经济发展就能吸引更多的人才，政府和企业就能提供更多的研发经费，继而推进经济转型升级提质增效。

B市经济的转型升级与提质增效能力逐步提高且具有长期趋势，经济结构与经济增长的质量得到了明显的优化。

（六）B市与省内各地区工业研发效率与提质增效分析

1. DEA模型介绍

DEA模型可以分析B市在研发活动中的投入与产出关系，评估其研发效率是否达到最优状态。在经济管理中，DEA模型可以帮助识别生产过程中的效率损失，揭示资源配置的不合理性，从而为改进管理实践和提高资源使用效率提供依据。通过DEA模型，管理者可以比较不同单位之间的效率，找出效率低下的原因，并采取相应的改进措施。

在本案例中用于测算广东各地区工业研发效率，并比较B市与省内其他地区的研发效率差异。

在DEA理论中，效率通常包括：技术效率（technical efficiency）、规模效率（scale efficiency）和配置效率（allocative efficiency）。假设有n个决策单元$DMU_j(j=1,2,\cdots,n)$，分别使用m种投入生产出s种产出。特别地，对于$DMU_j(j=1,2,\cdots,n)$，其投入、产出分别用$x_{ij}(i=1,2,\cdots,m)$和$y_{rj}(r=1,2,\cdots,s)$表示，且$x_{ij} \geq 0$和$y_{rj} \geq 0$。

$$D\begin{cases} \min[\theta - \varepsilon(\sum_{i=1}^{m} s_i^- + \sum_{r=1}^{s} s_r^+)] \\ s.t. \sum_{j=1}^{n} \lambda_j x_{ij} + s_i^- = \theta x_{i0}, i=1,\cdots,m \\ \sum_{j=1}^{n} \lambda_j y_{rj} - s_r^+ = Y_{r0}, r=1,\cdots,s \\ \lambda_j \geq 0, j=1,\cdots,n \\ s_r^+ \geq 0, s_i^- \geq 0 \end{cases} \quad (3-8)$$

在上述模型的最优解中，若$\theta^* < 1$，则称第j_0个DMU_{j0}为非DEA有效；若$\theta^* = 1$，但

存在某个松弛变量 $s_i^- \neq 0$ 或者 $s_r^+ \neq 0$，则称 DMU_{j0} 为弱 DEA 有效；若 $\theta^* = 1$，但所有松弛变量 $s_i^- = s_r^+ = 0$，则称 DMU_{j0} 为 DEA 有效。

2. DEA 模型在广东各地区研发效率比较中的应用及评价

（1）投入产出指标。

为了了解 B 市与省内各地区规模以上工业企业研发效率的有效性，根据 B 市和广东省"三经普"数据，选择我省 21 个地区作为绩效评价的同类决策单元。考虑到研发活动的投入和产出具有一定的时滞，选择的投入指标数据是 2012 年数据，而产出指标数据是 2013 年的（见表 3-13）。

表 3-13　　　　　　　　　　　　　　投入产出指标

指标类别	评价指标	指标符号	指标单位
投入指标	规模以上工业企业研究与试验发展经费支出	RD	万元
	规模以上工业企业研究与试验发展人员全时当量	QS	人年
产出指标	规模以上工业企业新产品销售收入	XS	万元
	规模以上工业企业专利申请数	ZL	件
	规模以上工业企业有效发明专利数	FM	件

（2）B 市与省内各地区的 DEA 效率评价。

本案例对上述投入产出指标进行 DEA 运算，规模报酬是用来衡量投入与产出的增加状态，技术效率是用来衡量投入产出的效率，计算结果表明：广东省 21 个市中，只有深圳、珠海、汕头、惠州、汕尾共 5 个城市是 DEA 有效的，综合效率、技术效率和规模效率都为 1，在非 DEA 有效的城市中，除了东莞、中山、佛山和广州是规模报酬递减以外，B 市等其余城市都是规模报酬递增。随后检验广东各地区的投入冗余与产出亏空情况，根据投入冗余与产出亏空情况判断是否是由其造成的 B 市非 DEA 有效。

投入冗余部分分为投入 1 和投入 2，分别代表规模以上工业企业 R&D 经费支出和规模以上工业企业 R&D 研发人员全时当量。产出亏空部分分为产出 1、产出 2 和产出 3，分别代表规模以上工业企业新产品销售收入、规模以上工业企业专利申请数和规模以上工业企业有效发明专利数。

由表 3-14 可知，在非 DEA 有效的城市中，B 市、阳江和东莞不需要通过减少投入或者增加产出来达到 DEA 有效，因为这 3 个城市是纯技术有效的，纯技术效率都为 1。由表 3-15 可知，这三个城市非 DEA 有效的原因不在于投入冗余和产出过剩，而是因为它们的生产规模与其投入产出不匹配。B 市规模报酬递增，可以通过扩大生产规模而达到 DEA 有效。

表 3-14　　　　　　　　　　广东各地区投入冗余与产出亏空情况

地区	投入冗余		产出亏空		
	投入 1	投入 2	产出 1	产出 2	产出 3
广州	0	1836.227	0	0	3322.687
深圳	0	0	0	0	0
珠海	0	0	0	0	0
汕头	0	0	0	0	0
佛山	0	0	0	0	1002.802
韶关	11461.34	0	0	101.282	0
河源	0	0	0	0	0
梅州	0	0	42002.45	0	58.715
惠州	0	0	0	0	0
汕尾	0	0	0	0	0
东莞	0	0	0	0	0
中山	0	95.591	0	0	879.391
江门	6328.365	0	0	0	1027.813
阳江	0	0	0	0	0
湛江	0	0	0	0	64.891
茂名	0	0	0	0	9.056
肇庆	0	650.412	0	16.133	0
清远	0	0	0	0	10.442
潮州	0	0	0	0	125.294
揭阳	0	0	0	0	33.477
云浮	0	0	76788.52	96.711	66.776

表 3-15　　　　　　　　　　B 市单样本结果

Results for firm：7

Technical efficiency = 1.000

Scale efficiency = 0.615（irs）

PROJECTION SUMMARY：

变量	原始价值	径向移动	松弛移动	预期价值
输出 1	171328.2	0	0	171328.2
输出 2	137	0	0	137
输出 3	90	0	0	90
输入 1	12712	0	0	12712
输入 2	1213.9	0	0	1213.9

LISTING OF PEERS：

peer	λ weight
7	1.000

无论从投入来说,还是从产出来说,B 市都没有出现过剩,但是 B 市样本单元的 Technical efficiency = 1.000,在当前的投入水平下,B 市的工业研发活动已经达到了生产前沿,即没有多余的投入或不足的产出。而 Scale efficiency = 0.615,这表明 B 市的工业研发活动在规模上存在一定的低效。

综上所述,B 市规模以上工业企业研发活动的技术效率达到最佳状态,但规模效率还有提升空间。B 市可以考虑继续扩大研发投入规模,以提高产出水平,实现规模经济。

四、结论与建议

(一) 研究结论

案例针对 B 市经济发展中的结构不合理、产业模式落后、经济效益低等问题,深入探讨了 B 市经济转型升级与提质增效的现状、路径与对策。通过结合 B 市第三次全国经济普查数据和 B 市 2014 年广东统计年鉴,本案例对 B 市经济发展的基本情况、结构类型、产业布局、发展效益及重要行业发展状况进行了全面分析,得出以下结论。

1. B 市经济发展面临转型升级的迫切需求

B 市经济在持续高增长的背后,积累了一系列问题,如主要经济指标增速回落、经济发展后劲不足等。特别是工业企业成本逐步攀升、工业生产增速持续回落,而第三产业成为经济发展新引擎。这表明 B 市经济正处于转型升级的关键时期,需要通过产业结构调整和提质增效来保持经济的平稳发展。

2. B 市产业转型升级与提质增效取得一定成效

案例结果显示,B 市在产业转型升级方面已经取得了一定成效。通过产业结构超前系数的计算,可以看出 B 市经济发展重点向第二产业、特别是向第三产业倾斜,产业结构正在逐步优化。同时,B 市在产业转型升级速度上也表现出色,产业结构年均变化率在广东省位于前列。此外,B 市政府也采取了一系列政策措施,推动经济转型升级与提质增效。

3. B 市经济转型升级与提质增效仍面临挑战

尽管 B 市在产业转型升级方面取得了一定成效,但仍面临诸多挑战。一方面,关键资源要素的缺失与流失、外部需求难有明显回升等问题制约了 B 市经济的进一步发展。另一方面,B 市在技术创新、人才引进等方面仍存在不足,需要加强政策支持,提升自主创新能力。

(二) 路径选择与对策措施

B 市经济转型升级与提质增效的路径选择与对策措施:

(1) 坚持以自主创新为中心的产业结构调整,加强科技创新和人才引进,提升产业核心竞争力。

（2）坚持以建设低碳经济和转变经济发展方式为目标的产业转型升级，推动产业链向研发、服务、价值链高端发展。

（3）创新驱动传统产业向新兴产业转型升级，培育新的经济增长点。

（4）加强区域合作，构建开放合作新格局，推动 B 市经济融入全球产业链和价值链。

（5）坚持民营经济和外资经济融合发展，充分利用国内外资源和市场，推动 B 市经济持续健康发展。

案例使用说明

一、教学目的与用途

1. 适用课程

本案例适用于《统计学》《统计综合案例分析》《学术规范与论文写作》等统计学专业课程。

2. 本案例教学目标

本案例以 B 市经济转型升级与提质增效为主线，重点描述了对 B 市经济转型升级的评估。通过对该案例的分析，引导学生：

（1）让学生熟悉评估经济转型升级的方法，帮助学生更好地理解经济转型升级的复杂性和挑战；

（2）学会相关的案例分析方法，通过对 B 市经济转型升级的过程进行评估和探讨，并提出对 B 市进一步产业转型升级和提质增效的建议；

（3）掌握数据包络分析（DEA）模型的使用和因子分析法；

（4）提高学生的综合分析能力、政策制定能力以及解决复杂问题的能力；

（5）提高学生对时政的分析能力，加深对新时代高质量发展阶段的理解。

二、启发性思考题

为了激发学生的思考，培养学生的批判性思维和创新能力，以下是一些启发性思考题，供教师在课堂讨论或学生自主学习时参考。

1. 数据分析结果

（1）简述 B 市经济状况与粤东西北地区的比较结果。

(2) 简述国际国内环境对 B 市经济转型升级与提质增效所带来的机遇和挑战。

2. 模型分析结果

简述因子分析的步骤并概括对 B 市的因子分析结果。

3. 思政融入

新质生产力是我国经济发展的新动能,新质生产力和经济转型升级有什么关系?

三、背景信息

1. 行业背景

(1) 产业结构不合理:B 市经济虽然持续增长,但长期以来积累了产业模式落后、经济发展质量不高、经济效益低等结构性问题。产业结构存在不合理之处,特别是工业企业成本上升、工业生产增速持续回落等挑战。

(2) 第二产业和第三产业的地位:B 市的经济支柱主要由第二产业(制造业)和第三产业构成,但近年来,制造业面临成本上涨、增速放缓等问题,而第三产业逐步成为新的经济增长引擎,显示出服务业在 B 市经济中的重要性日益增加。

(3) 服务业的崛起:服务业的发展势头迅猛,批发和零售业、制造业、公共管理等行业是法人单位集中分布的主要领域。在服务业中,批发和零售业、租赁和商务服务业、房地产业等表现出显著的增长,成为 B 市服务业发展的重点方向。

(4) 产业转型升级的需求:B 市正处于工业化后期,迫切需要通过产业结构的升级与调整来实现经济高质量发展,推动从资源密集型向创新驱动型经济模式的转变。

(5) 区域合作与发展策略:加强与粤港澳大湾区等经济发达区域的合作,是 B 市实现经济结构优化和推动增长动力多元化的重要途径。通过区域合作,B 市可以吸收先进的技术、资金和管理经验,加快自身的经济转型升级步伐。

2. 制度背景

(1) 经济"新常态"政策:在国家整体经济进入"新常态"的背景下,B 市的经济增速从高速增长转向中高速稳定增长,要求更加注重经济发展质量和效益。国家政策鼓励地方通过优化经济结构和创新驱动来实现经济的可持续增长。

(2) "一带一路"战略带来的机遇:国家提出的"一带一路"战略以及广东省的区域发展规划,为 B 市在国际和国内市场中的发展提供了新机遇。通过融入"一带一路"倡议,B 市有机会加强与沿线国家的经贸合作,推动企业"走出去",从而实现产业升级。

(3) 政府政策支持:中央和广东省政府积极推动"放管服"改革,简政放权,减少对市场的直接干预,提高政府服务效率。同时,环保和低碳经济政策的落实为 B 市在产业结构调整过程中提供了政策支持,鼓励发展高效、环保的新兴产业。

(4) 创新驱动与制度挑战:B 市在制度层面面临着如何引进、培养和留住创新人才的挑战,尤其是随着新型城镇化的推进,土地价格上升、生活成本增加,这些都影响了创新人才的吸引力。此外,产业扶持政策需要进一步细化,以支持新兴产业和现代服务业的发展。

(5) 应对措施与政策实践:为了应对上述制度挑战,B 市政府提出了多项政策措施,包括:加强对创新人才的引进、培养和激励,加大对服务业和现代产业的政策扶持力度,努力建设服务型政府,提高政府服务效率,构建高效、透明、创新友好的营商环境,帮助企业在创新和发展中取得更大突破。

四、案例分析思路及要点

1. 分析思路

首先,基于 B 市的实际情况,应用产业结构调整理论、技术创新理论、区域经济合作理论等,分析 B 市经济转型升级与提质增效的机制,重点探讨产业结构调整、技术创新驱动、区域合作的作用。

其次,根据 B 市的经济特点和研究目的,选取能反映产业结构、技术创新、人才培养等方面的指标,构建评价 B 市转型升级与提质增效水平的指标体系。

最后,采用动态面板数据模型、DEA 模型等方法,分析政策支持、产业结构升级、科技创新对 B 市转型升级与提质增效的影响效果,探讨政府政策和市场机制在其中的角色(见图 3-6)。

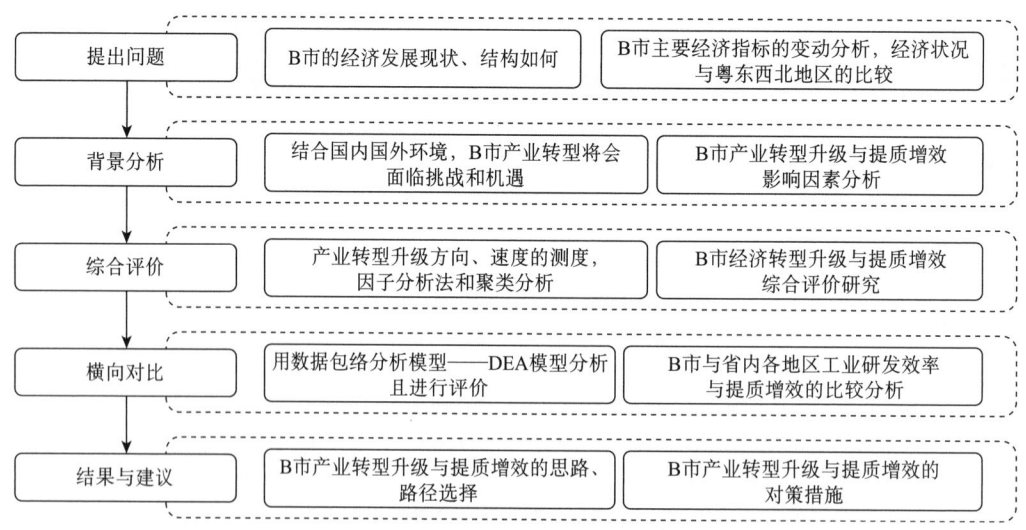

图 3-6 案例分析框架

2. 覆盖的知识点

利用 B 市统计年鉴、广东省统计年鉴、相关经济普查数据等，从 2000—2015 年，收集 B 市及其区域的经济、技术、人才等方面的数据，构建 B 市经济转型升级与提质增效的分析数据库。同时，对 B 市的经济数据进行系统性处理，包括计算各区县的产业结构调整率、技术创新投入强度、人才流动性等指标，使用 DEA 模型测算 B 市的研发效率，分析 B 市经济提质增效的内在逻辑。

3. 能力训练点

本案例分析 B 市经济转型升级的路径与挑战，并提出相应的政策建议。研究分为理论分析、实证分析和政策建议三个部分。

（1）基于产业结构调整、技术创新、区域经济合作等理论，构建 B 市经济转型升级的理论框架，分析其对产业升级、科技创新、区域发展的促进作用。

（2）利用 2000—2015 年 B 市及其区域的面板数据，构建动态面板数据模型，选取经济发展水平、产业结构升级、技术创新、人力资本等作为自变量，评估各因素对 B 市经济转型升级的影响。

（3）根据实证分析结果，提出支持 B 市经济转型升级的政策建议，如鼓励技术创新、完善产业链条、加大人力资源培养力度，推动 B 市实现高质量经济发展。

五、理论依据与分析

1. 理论依据

（1）数据包络分析模型。

数据包络分析（Data Envelopment Analysis，DEA）模型是一种非参数化的运筹学方法，主要用于评估多个相似决策单元的相对效率。DEA 模型适用于评估具有多输入和多输出特征的决策单元，尤其适用于无法预先设定生产函数的情况。通过线性规划，DEA 模型可以确定每个决策单元相对于"最佳实践"的相对效率得分。

本案例中，DEA 模型用于测算 B 市各县区的工业研发效率差异。通过分析不同区域在研发活动中的资源投入（如资金、人力、技术）与产出（如专利数量、科技成果），DEA 可以帮助发现资源利用的不足和优势，为政府提供改进和资源配置优化的依据。

（2）因子分析法。

因子分析法是一种多变量统计分析方法，用于从多个相关变量中提取出少数几个"公共因子"，以减少变量的复杂性和冗余性。因子分析的目标是通过这些公共因子来解释原始数据的主要变异，从而简化分析过程。它使用因子载荷矩阵来描述每个观测变量与各因子的关系,通过主成分提取和因子旋转,因子分析能够有效地发现变量之间潜在的结构性联系。

本案例中,因子分析用于对 B 市的经济质量进行综合评价。通过提取不同经济指标中的主要因子,如"经济依赖因子""生产成本因子"等,因子分析帮助揭示各县区经济发展的关键影响因素,便于对不同区域经济特征的全面评估和比较。

(3) 聚类分析法。

聚类分析法是一种无监督学习方法,旨在根据数据的相似性或距离将样本划分为不同的组别,以便发现数据中的自然模式。聚类分析不需要预先对数据进行分类标签,而是通过计算样本间的距离来进行分组。最常见的聚类方法包括 K-means 算法和层次聚类法,这些方法可以有效地将相似的样本归为一类,使组内的样本尽可能相似,而组间样本差异尽可能大。

本案例中,聚类分析用于对 B 市不同县区的经济特征进行分类。这种分类帮助揭示各区域在经济发展中的共性与特性,为制定适应性政策提供依据。通过聚类,可以识别哪些区域在经济转型中具有相似的挑战和机遇,以此支持针对性的发展规划。

(4) 产业结构超前系数模型。

产业结构超前系数模型用于量化某一产业相对于整体经济增长的超前或滞后情况。该模型通过比较某产业的增长率与整个经济系统的平均增长率,评估该产业是超前发展还是相对滞后。结构超前系数是用于判断各产业在不同阶段发展过程中与经济整体同步性的指标,主要用于理解产业间的结构差异和动态演变。

本案例中应用产业结构超前系数模型来评估 B 市的不同产业在经济系统中的表现,帮助政府判断哪些产业处于超前发展状态,哪些产业滞后,从而制定精准的产业扶持政策,促进经济结构优化升级。

(5) Moore 结构变动值模型。

Moore 结构变动值模型是一种用于分析经济系统中各产业在不同时期的变化幅度的模型。它基于向量空间的原理,将每个产业看作向量,通过计算各产业份额的变化夹角来量化经济结构的调整程度。Moore 结构变动值可以揭示经济系统中不同产业结构的动态变化情况,是一种用于评估产业结构调整的工具。

本案例中通过 Moore 结构变动值模型评估 B 市的各县区在产业结构上的调整和变化幅度。通过量化不同产业在不同时期的变化,模型可以帮助判断经济转型是否朝着预期方向发展,揭示产业结构调整的力度和效果,为政府的决策提供可靠的依据。

(6) Lilien 指数模型。

Lilien 指数模型是一种度量产业结构变动速度的指标,用于评估经济系统内各产业份额变化的相对强度。Lilien 指数的计算基于各产业份额在不同时期的变化，用于衡量整个经济系统内的产业调整和演变程度。高 Lilien 指数表明经济结构中的产业份额变动较大，产业结构调整较快；反之则表示产业结构调整较为平稳。

本案例中，Lilien 指数被用来分析 B 市产业结构在 2000—2013 年的调整情况。通过该指数，可以对各产业的相对变化进行量化，帮助政府了解产业结构调整的力度是否达到政策目标，从而判断经济结构是否朝着更为合理和高效的方向发展。

2. 理论分析

（1）数据包络分析模型（DEA 模型）。

DEA 模型擅长在多输入和多输出的环境中评估决策单元的相对效率。对于 B 市各个县区工业研发效率的评估，涉及资金、人力、技术等多种投入，以及科技成果、专利数等多种产出，DEA 模型能够很好地量化这些投入与产出之间的关系。DEA 模型不需要预先假设生产函数的形式，这使它特别适合用于存在多种不确定性的研发活动效率测算。

本案例采用了 DEA 模型的分解方法，将整体效率分解为技术效率和规模效率两个部分，这种分解不仅能够衡量整体效率，还能深入了解每个县区的低效率究竟来源于技术水平不足还是规模效应的缺失，从而为政府提供更具体的改进方向。

（2）因子分析法。

B 市经济的转型升级涉及多种经济变量，因子分析法能够将这些变量归纳为少数几个公共因子，以揭示影响 B 市经济质量的主要方面，降低了数据分析的复杂性，使研究结论更为清晰。因子分析法能够帮助提取和解释经济数据中隐藏的结构关系，从而找到那些最能反映经济特征和发展趋势的关键变量。

本案例中，因子载荷矩阵经过正交旋转后进行因子命名。通过这种旋转方式，不仅使提取的因子具有更好的可解释性，而且通过命名和解读这些因子，能够更加清晰地理解 B 市经济发展中的关键驱动因素和瓶颈问题。

（3）聚类分析法。

聚类分析法适合将 B 市不同县区按经济特征进行分组。通过对县区进行聚类，可以识别哪些区域在经济发展中具有相似的特征和挑战，这对区域经济的差异化发展政策制定非常有帮助。通过聚类，各个区域的经济特点可以被直观地分为几类，从而帮助分析每一类区域的共性和个性，这为政策制定提供了数据驱动的基础。案例采用了动态聚类方法，不仅对各县区进行静态分类，还考虑了时间维度上的变化。这种创新可以更好地捕捉 B 市经济特征随时间变化的动态过程，帮助政府了解区域经济在不同时间点上的演变和特征。

（4）产业结构超前系数模型。

超前系数模型能够量化某个产业在整体经济中的超前或滞后程度。这对理解 B 市各个产业在推动经济增长中所处的地位非常重要，帮助政府明确哪些产业处于领先位置，哪些需要政策支持。通过这种量化评估，政府可以更有针对性地调整对不同产业的政策支持，推动经济的协调发展。

本案例中，超前系数的计算是基于长时间的产业数据，通过引入时间序列，模型可以动态追踪各个产业在不同阶段的表现，分析产业超前与滞后的长期趋势。这种动态监测使政策制定更具前瞻性。

（5）Moore 结构变动值模型。

Moore 结构变动值模型用于衡量经济系统中各产业在不同时期的结构变化幅度，适合分析 B 市在经济转型升级中的产业变化情况，它可以帮助判断经济结构是否在向预期目标演进。Moore 值能够通过夹角变化来直观衡量各产业间的调整情况，判断结构调整的方向和幅度，为政府干预提供依据。

本案例中，通过将 Moore 值的结果进行可视化，将不同时期产业变化的方向和幅度展示出来。这种图示方法使复杂的结构调整信息更易于理解和解读，为政策讨论提供了直观的参考。

（6）Lilien 指数模型。

Lilien 指数模型是一种衡量经济系统中各产业份额变化速度的指标，能够量化产业结构调整的快慢。这对于评估 B 市在产业转型升级过程中各行业的表现十分重要。通过分析 Lilien 指数，政府可以了解经济转型的进度，判断各阶段经济结构调整是否达到政策目标。

本案例将 Lilien 指数与经济绩效（如 GDP 增长率、就业率等）进行关联分析，揭示了产业结构变化与经济发展之间的关系。这种创新方法不仅能够评估产业调整的速度，还能判断这些调整对整体经济的实际影响。

六、教学组织方式

本案例的计划安排课堂讨论时间为 50—60 分钟，建议课堂时间安排及提问逻辑如下：

1. 课前安排

发放案例正文文本及思考题（课前一周）。

2. 课中计划

（1）案例引入：询问大家对经济转型升级的概念和 B 市目前的经济发展状况是否已经课前熟悉。针对学生的回答，教师对经济转型升级的概念及其在经济增长、产业优化、技术创新等方面的重要性进行简要总结，以便学生更好地理解本次讨论的主旨（5 分钟）。

（2）小组讨论：将案例启发式问题投屏，分组自由讨论，老师走动交流；每个组将自已讨论出的答案进行总结列出框架（15分钟）。

（3）班级讨论：按照各思考题，请各组进行总结发言；可以每个组随机要求回答不一样的问题，然后让其他组加入补充；老师在白板上记录各组发言的要点，并鼓励各组之间互动评价（20—30分钟）。

（4）总结提升：将所利用的理论框架结合案例进行总结（10分钟）。

3. 课后安排

个人反思报告，对案例讨论的收获和延展性的思考，以电子文档的方式发到课程微信群进一步分享交流，旨在深化学生的知识点记忆和进一步的思考（课后一周内）。

七、案例的后续进展

在现有案例研究的基础上，学生可以撰写一篇分析报告，深入探讨B市经济转型升级与提质增效的未来发展趋势及其对区域经济和社会价值的影响。报告可以选择性地包含以下内容：

（1）政策优化与支持机制的效果评估：系统性地评估政府出台的各项政策对不同产业和企业的影响。通过建立量化模型或使用定性分析方法，对比政策实施前后企业的表现，如创新投入、生产效率、市场竞争力等指标的变化。

（2）高新技术产业发展与传统产业转型的动态监测：构建长期跟踪数据库，持续记录高新技术产业的成长轨迹以及传统产业在转型升级过程中的变化。关注新技术的应用情况、产业链条的优化重组、区域间合作模式等。

（3）创新驱动机制与技术成果转化的效能提升：探究如何提高技术创新活动的成功率和技术成果转化为实际生产力的速度。研究内容可涵盖科技管理体制改革、知识产权保护制度完善、科技成果评价标准设立等方面。

（4）人才引进与培养体系的适应性改进：探索当前人才政策是否能满足快速变化的市场需求，特别是随着新兴产业的发展，对于新型技能人才需求的增长。研究可以通过调查问卷、访谈等方式收集企业和教育机构的意见反馈。

八、其他教学支持材料

1. 文献资料

（1）整理相关的学术文献、政策文件和研究报告，供学术深入研究。

（2）《广东省产业转型升级政策文件》（https：//www.gd.gov.cn/）。

（3）《产业结构调整指导目录》（https：//www.ndrc.gov.cn/）。

2. 在线资源

（1）推荐相关在线课程、学术论坛和数据库，拓展学生的学习资源。

（2）Coursera—产业经济学与创新驱动（https：//www.coursera.org/）。

（3）学术论坛—经济转型与创新论坛（http：//www.cenet.org.cn/）。

（4）中国社会科学院经济研究所数据库（http：//www.cass.net.cn/）。

第二部分 竞赛作品类案例

案例 4

心灵探寻踏浪间，情绪旅游绵延

——Z 世代情绪旅游行为分析和营销策略组合[①]

[①] 本案例改编自"正大杯"第十四届全国大学生市场调查与分析大赛本科组二等奖作品：《心灵探寻踏浪间，情绪旅游绵延——Z 世代情绪旅游行为分析和营销策略组合》（指导老师：马岚、聂普焱、孙红英。队员：郑行、王绮琳、王文凤、周芷颖、黄静恩），由刘荃、曾墑仪、杨倩、叶焕晴和刘晓春协助整理。

案例正文

Z世代,即"网生代",是指1995—2009年出生的一代人,他们自幼沉浸在数字信息技术和社交媒体环境中,网络文化对其消费观念和行为模式产生了深远影响。近年来Z世代在旅游领域的消费行为呈现出新的特点和趋势,带动了情绪旅游的热潮,也为旅游行业带来了新的机遇与挑战。因此,分析Z世代情绪旅游消费行为并提出相应的营销策略,对了解当代年轻人消费心理、促进旅游市场创新具有重要意义。本案例以全国Z世代为调查对象,采用多阶段抽样方法,在第一阶段对我国31个省、市、自治区进行分层抽取,在第二阶段使用简单随机抽样选取地级市样本,调查结合线上线下发放问卷,共发放810份,回收769份,有效回收率约为95%。在分析阶段,首先,录入和清洗问卷调查数据,进行个人特征分析、情绪旅游偏好分析及其影响因素分析。其次,采用K-means聚类得到四类Z世代情绪旅游游客画像,并通过多层感知机模型预测情绪旅游游客忠诚度,情况反馈较好。接着,基于马斯洛需求层次理论、S-O-R模型等,建立结构方程模型探讨Z世代情绪旅游行为机制,并用逻辑回归模型分析情绪旅游意愿的显著影响因素。最后,综合各个模型所得结论,针对四类群体消费需求,提出相应的营销策略。

一、引言

近年来,随着疫情防控政策的逐步放松,我国文旅市场迎来了快速复苏,尤其在年轻群体中,旅游消费呈现出强劲增长势头。Z世代,也称"网生代""互联网世代",作为新时代的一股主流年轻力量,助推了这一增长趋势,也逐渐成为文旅消费的主力军,他们的消费观念和行为方式给旅游行业带来了深远影响。同时,传统的物质消费逐渐被情绪消费所取代,体验经济逐渐成为主导,这种转变不仅影响了消费者的需求结构,也为旅游产业的创新和发展带来了新的机遇。

情绪旅游,作为体验经济的重要组成部分,近年来备受关注。它不仅注重游客在旅游过程中的物质需求,还聚焦于情感体验和心理满足,成为Z世代旅游消费的一大亮点。旅游也不再是简单的景点打卡或商品消费,而更多地体现为一种情感释放和自我实现的过程。Z世代尤其注重旅游中的情感价值,他们在选择旅游产品时,往往倾向于追求独特性、个性化以及与自身情感需求相契合的体验。而社交媒体的普及使这一代消费者在旅游过程中不仅是体验者,还扮演着分享者和传播者的角色,他们通过平台展示自己的旅游经历,进一步推动了情绪旅游的传播和发展。

在这一背景下，研究 Z 世代情绪旅游消费行为具有重要的现实意义。随着 Z 世代逐步成为旅游市场的主力，了解他们的情绪消费需求、心理机制和行为特征，对于旅游企业的市场定位、产品设计和营销策略至关重要。本案例旨在深入探讨 Z 世代情绪旅游的消费特点，揭示其背后的情绪需求和心理动因。同时，为旅游企业提供有针对性的产品创新和市场开发策略，期望能够为旅游行业的发展提供新的视角，帮助企业更精准地把握 Z 世代的消费趋势，优化产品和服务供给，从而更好地适应和引领未来旅游市场的变革与发展。

二、相关背景

（一）文旅复苏与青年消费崛起

随着防疫政策的调整，2023 年我国文旅市场复苏势头强劲，国内旅游人数不断攀升，同比增速达 90.6%。单从国内旅游人次上看，2023 年全年恢复度为疫情前的 80%—90%。从消费群体来看，据相关数据，年轻消费者逐渐成为旅游消费的主力军。在 2023 年出游人群中，"00 后"和"90 后"占比达到了 68%。Z 世代的崛起，不仅改变了消费市场的格局，更对旅游行业产生了深远的影响。

（二）情绪旅游兴起

宏观经济的向好发展带来了居民个人消费结构与需求的转型升级，体验经济逐渐成为主导型经济形态。在以往的服务经济下，我国居民的旅游方式偏向对旅游商品和服务的物质追求。而体验经济作为对服务经济的延伸，注重旅游消费行为之后所获得的体验感和回忆。情绪旅游作为一种天然的体验经济在近期得到广泛的关注，诸多热门旅游概念出圈的关键是抓住"情绪价值"这一消费动力对旅游产品进行推陈出新。可见，情绪旅游不仅实现了对传统旅游的继承，还创新了传统旅游的基础功能属性。

情绪旅游注重游客在旅游消费中的情绪价值，将传统旅游建立的"人—物"交互关系过渡到"人—地"情感纽带，进一步在旅游过程中达到自我实现，从而形成"人—人"的交互关系。这与 Z 世代拥有的独特价值观和消费观不谋而合。他们在旅游过程中不局限于物质的消费，而更看重商品或服务所能带来的情感体验。

（三）Z 世代情绪旅游消费特点

Z 世代独特的消费特点和趋势为旅游市场带来了无限的可能和挑战。具体来说，其情绪旅游消费行为呈现以下三个显著特点：

第一，体验导向。与以往的旅游者不同，Z 世代更加重视旅游过程中的体验。他们追求独特的、个性化的、难忘的旅游体验，他们愿意为了一次独特的体验付出更多的金钱和时间。

第二，情感驱动。Z 世代在旅游消费中，更注重情感的满足。他们希望通过旅游来放松心情、寻找灵感、建立人际关系等。

第三，社交媒体影响。社交媒体在 Z 世代的旅游消费中扮演着重要的角色。他们通过社交媒体了解旅游信息，也通过社交媒体分享旅游经历。

三、理论基础与文献综述

（一）理论基础

1. 马斯洛需求层次理论

情绪旅游当前备受追捧，其背后的关键驱动力在于"情绪价值"，这反映了消费者需求的升级。根据马斯洛需求层次理论，最高层次的需求是自我实现，情绪旅游正是通过提供独特体验来实现情绪疗愈，满足游客的自我实现需求。

2. S－O－R 理论

S－O－R（Stimulus－Organism－Response）理论模型是 Mehrabian 和 Russell（1974）[1]提出的，用于描述人类行为的基本框架。该模型指出，外部环境刺激作用于个体，通过其内在状态的处理，最终引发相应的行为反应。环境刺激通常分为功能和情感两类，涉及感知到的环境场景、质量、价值等；有机体则涉及满意、认同等积极心理状态；反应则表现为行为倾向或实际行为，主要是正面的行为意愿[2][3][4][5][6]。

---

[1] MehrabianA, RussellJA. An Approach to Environment Psychology [M]. MT, 197468：88－127.

[2] 黄剑锋，陆林，宋玉. 微观视角下旅游情境人地关系的理论与经验 [J]. 地理学报，2021，76（10）：2360－2378.

[3] Su Lujun, He Xuehuan, Hu Dongbin, et al. A study on the impact mechanism of service quality on tourists resistance tonegative information：Basedon the framework of Stimulus－Organism－Response（S－O－R）[J]. Tourism Science，2017，31（6）：30－51.

[4] Liu Weimei, Lin Derong. Mechanism of word－of－mouth tourism recommendations based on destination trust [J]. TourismTribune，2018，33（10）：63－74.

[5] Su L J, Swanson S R. The effect of destination social responsibility on tourist environmentally responsible behavior：Compared analysis offirst－time and repeat tourists [J]. Tourism Management，2017，60：308－321.

[6] Yüksel A. Tourist shopping habitat：Effects on emotions, shopping value and behaviours [J]. Tourism Management，2007，28（1）：58－69.

3. 情绪评价理论

Moors（2005）[①] 提出情绪是个体对环境中事件进行评价的结果，是外部环境激发的适应性反应。在旅游领域中，游客对旅游目的地和产品的认知评价影响其情绪体验，积极评价带来愉悦、满足等积极情绪，反之则可能产生消极情绪。邱林（2008）[②] 等提出，对于Z世代，旅游中的积极情绪体验尤为重要，他们更倾向选择能满足情绪需求的乌托邦式旅游地。

4. 游客忠诚度

在游客行为意愿的研究中，推荐行为和重游意愿经常被学者们用来测量游客忠诚度[③][④][⑤]。游客忠诚度是指游客对特定旅游目的地或服务提供商的忠诚程度，通常通过游客的重复访问、推荐意愿以及消费行为等方面来衡量。在旅游领域中，提高游客忠诚度对于维持和发展业务至关重要。

结合以上理论具体剖析Z世代情绪旅游消费行为，可以更深入地理解Z世代的旅游消费心理和行为特征，为旅游企业和目的地管理者提供有针对性的市场策略建议。

（二）文献综述

1. 情绪旅游的概念及相关研究

情绪旅游是指人们借助旅行来调节和表达情绪的行为。国外对此研究起步较早，得到了心理学和旅游学等领域的持续关注，Dann（1977）[⑥] 初步探讨了情绪在旅游中的重要性及情绪在旅游行为和体验中的影响。Scott McCabe（2005）[⑦] 则多角度深化了相关研究。国内研究起步较晚，邱扶东（2005）[⑧] 开始关注个人认知方式和消极情绪对旅游决策的影响，此后研究方向愈加细化，学者们以具体情绪类型为切入点剖析各种旅游行为。近年

---

① Moors A, Ellsworth P C, Scherer K R, et al. Appraisal theories of emotion: State of the art and future development [J]. Emotion Review, 2013, 5 (2): 119 – 124.

② 邱林，郑雪，王雁飞. 积极情感消极情感量表（PANAS）的修订 [J]. 应用心理学, 2008, 14 (03): 249 – 254 + 268.

③ 涂红伟，熊琳英，黄逸敏等. 目的地形象对游客行为意愿的影响——基于情绪评价理论 [J]. 旅游学刊, 2017, 32 (02): 32 – 41.

④ Eusébio C, Armando L V. Destination attributes' evaluation, satisfaction and behavioral intentions: A structural modelling approach [J]. International Journal of Tourism Research, 2013, 15 (1): 66 – 80.

⑤ Horng J S, Liu C H, Chou H Y, et al. Understanding the impact of culinary brand equity and Destination familiarity on travel intentions [J]. Tourism Management, 2012, 33 (4): 815 – 824.

⑥ Dann G M S. Anomie, Ego – Enhancement and Tourism [J]. Annals of Tourism Research, 1977, 4 (4): 184 – 194.

⑦ McCabe S. 'Who is a tourist?': A critical review [J]. Tourist Studies, 2005, 5 (1): 85 – 106.

⑧ 邱扶东. 旅游者的冒险倾向、自信水平与旅游偏好对旅游决策影响的实验研究 [C]. 中国心理学会. 第十届全国心理学学术大会论文摘要集, 2005.

来，何莽等（2021）①发现积极情绪在康养旅游感知价值与支持行为间起中介作用。

2. 情绪旅游的行为机制

关于情绪旅游的行为机制，相关研究主要基于S-O-R理论、认知—情绪和情绪感染理论构建，以情绪为自变量或中介变量的旅游行为机制模型。学者们越来越关注情绪在游客行为决策中的作用，例如，李静等（2023）②提出国际游客在古都目的地的感知形象能正向影响其积极情绪及行为意愿，积极情绪在感知形象与行为意愿的影响关系中具有中介作用。类似地，李娜等（2023）③研究结果表明社会支持和群体支持能正向影响积极情绪体验和参与满意度负向影响消极情绪体验，且积极/消极情绪体验在这些支持因素和参与满意度之间起到了部分中介作用。王雨晨（2023）④也发现，消极情绪是旅游体验的重要部分，情绪社会建构等理论可解释其积极作用，如建构精神意义、促进亲环境或亲社会行为等。

同时，社交媒体的更新迭代也冲击着旅游市场传统的信息媒介，切实影响游客的判断。马嘉琪等（2022）⑤运用结构方程模型实证得出抖音短视频营销能促进旅游意愿。此外，针对旅游目的地形象的研究不断深入，代入游客视角来提升旅游体验成为新研究热点。宋恒义等（2024）⑥认为目的地形象对风险感知具有显著的负向影响，对情绪和行为意向具有显著的正向影响。

3. 情绪旅游营销

得益于旅游业的快速发展和数字媒体的更新迭代，针对旅游营销的研究主题更具有多样化和时代性，学者们从多角度提出旅游营销策略。谭春桥等（2019）⑦研究旅游市场的产品定价以及游客的服务策略选择，建议旅行社与销售商都应加强各自渠道忠诚度来维持一定的定价能力。龚思颖和黄凯洁（2023）⑧提出应匡正营销失误，兼顾旅游目的地建设

---

① 何莽，张紫雅，黎耀奇等．居民感知价值对康养旅游支持行为的影响研究——基于情绪评价理论的视角［J］．旅游科学，2022，36（04）：18-41．

② 李静，舒伯阳．国际游客目的地感知形象、积极情绪与行为意愿——基于五大古都城市的实证分析［J］．科学决策，2023，（04）：186-198．

③ 李娜，顾祎晗．户外徒步旅游社会支持对参与满意度的影响——基于情绪体验的多重中介效应分析［J］．湖北体育科技，2024，43（01）：47-51+118．

④ 王雨晨．游客消极情绪具有积极作用吗？——基于国外旅游研究分析［J］．广西职业师范学院学报，2023，35（02）：62-69+86．

⑤ 马嘉琪，尹勤，许鑫颖．基于结构方程模型的南京市"抖音+旅游"营销调查分析［J］．经济研究导刊，2022，（33）：136-139．

⑥ 宋恒义，马腾．高山探险目的地形象对体育旅游参与者行为意向的影响研究——以风险感知和情绪为中介［J］．山东体育学院学报，2024，40（05）：116-126．

⑦ 谭春桥，陈丽萍，崔春生．公平关切下旅游产品O2O模式的定价与服务策略研究［J］．管理学报，2019，16（06）：939-948．

⑧ 龚思颖，黄凯洁．文化旅游视角下的沉浸营销［J］．商业经济，2023，（11）：63-66+116．

和客源地传播,力避"网红短效"。

4. 文献评述

当前研究在旅游行为分析方面取得了一定进展,但仍存在一些研究空白和不足,例如,情绪前因变量探讨不足、情绪影响路径模型简单、情绪旅游营销策略片面等问题。为弥补这些研究缺口,并考虑到Z世代在情绪旅游市场中的主体地位,本案例以Z世代情绪旅游游客为研究对象,旨在深入探讨情绪旅游的行为机制,并制定相应的营销策略。

四、调查方案与抽样方案设计

本案例研究主题为Z世代情绪旅游行为分析和营销组合策略,调查对象为Z世代群体中情绪旅游游客(出生于1995—2009年),调查单位为每一位Z世代情绪旅游游客。本次调查项目着眼于Z世代情绪旅游行为分析和营销组合策略的研究,基于马斯洛需求层次理论、S-O-R理论、情绪评价理论和游客忠诚度理论,引入积极情绪这一中介变量,构建游客忠诚度的影响因素模型。其中调查方法主要包含:文献调查法、深度访谈法、问卷调查法。调查项目的三部分内容如图4-1所示。

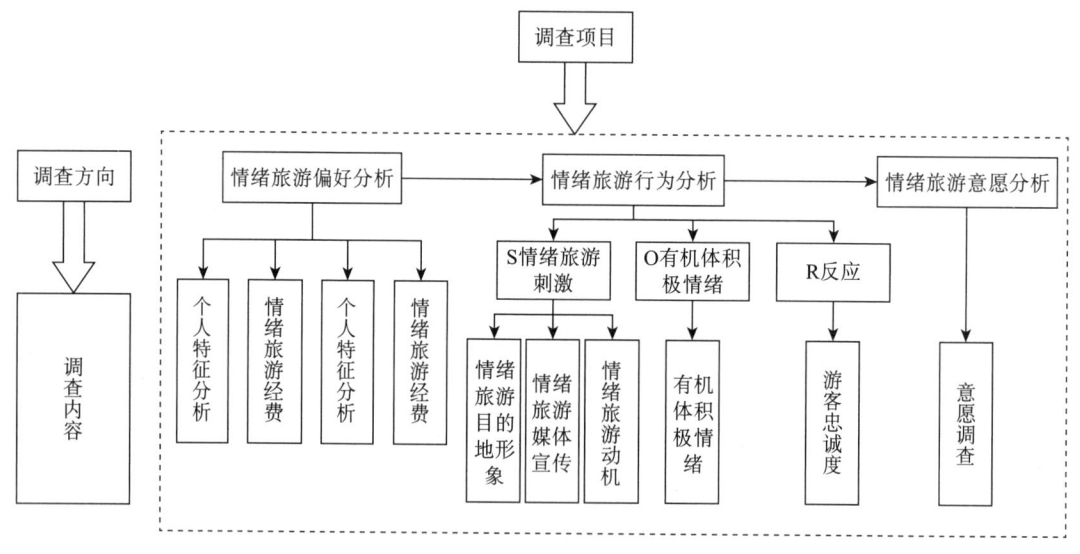

图 4-1 调查项目

(一) 编制抽样框

1. 抽样方法确定

本调查采用多阶段抽样,各阶段抽样方式不同,如表4-1所示。

表 4 – 1　　　　　　　　　　　　　抽样框的确定与划分

阶段	抽样对象	抽样方法	分配方法
第一阶段	全国31个省、自治区、直辖市	分层抽样	按比例分配
第二阶段	地级市	简单随机抽样	按比例分配
第三阶段	Z世代居民	偶遇抽样	—

2. 抽取初级单元——对省、自治区、直辖市的抽取

首先，对31个省、自治区、直辖市进行分层，选取各省Z世代的人口数为聚类指标进行聚类分析，将初级单元分成四层（见表4 – 2）。

表 4 – 2　　　　　　　　　　　　　　　层样本量

层编号	层单元数	层权	层样本量	入样单位
1	4	4/31	1	西藏、海南、青海、宁夏
2	17	17/31	6	新疆、云南、内蒙古、甘肃、吉林、山西、贵州、北京、上海、福建、辽宁、黑龙江、湖北、陕西、浙江、江西、重庆
3	7	7/31	2	河北、天津、广西、江苏、安徽、湖南、四川
4	3	3/31	1	河南、广东、山东

3. 抽取层样本

基于各层权的固定比例，当为最小层权（即第四层）分配一个样本量时，总层样本量之和为10个地区，符合本次调查实施难度，因此将总样本量定为10个地区。各层抽样本方法：第Ⅰ类采取简单随机抽取。第Ⅱ类样本容量较大，采取系统抽样法。第Ⅲ、第Ⅳ类样本量比较少，采取抽签法。

（1）第Ⅰ层样本抽取。

采取简单随机抽样，用抽签法从西藏、海南、青海、宁夏这四个地区抽取一个地区作为样本。最终抽得海南省作为入样单元。

（2）第Ⅱ层样本抽取。

第Ⅱ层采取系统抽样法，共17个地区，抽取6个地区作为样本（见表4 – 3）。抽取间距为 $K=[N/n]=[17/6]=3$，从$[1,3]$中随机抽取一个整数 $r=2$，则 $r=2$，$r+k=5$，$r+2k=8$，$r+3k=11$，$r+4k=14$，$r+5k=17$，这6个代码所对应的单元即为样本单元，即第Ⅱ层的样本为：北京、内蒙古、重庆、山西、贵州、云南。

表 4-3　　　　　　　　　　　第Ⅱ层系统抽样序号表

序号	1	2	3	4	5	6	7	8	9
地区	新疆	北京	上海	吉林	内蒙古	辽宁	黑龙江	重庆	甘肃
序号	10	11	12	13	14	15	16	17	
地区	陕西	山西	福建	浙江	贵州	湖北	江西	云南	

（3）第Ⅲ层样本抽取。

第Ⅲ层采取抽签法从河北、天津、广西、江苏、安徽、湖南、四川 7 个地区抽取两个地区作为样本，最终广西壮族自治区与湖南省作为入样单元。

（4）第Ⅳ层样本抽取。

第Ⅳ层采取抽签法从山东、河南、广东这 3 个地区抽取一个地区作为样本，具体做法与第Ⅰ层类似，最终抽取广东省作为入样单元。

4. 抽样框的确定

对我国 31 个省、自治区、直辖市，通过聚类分析法将其分层，运用简单随机抽样、系统抽样法及抽签法进行抽样，最后确定 10 个抽样地区分别是海南、北京、内蒙古、重庆、山西、贵州、云南、广西、湖南、广东，并以这 10 个地区设计抽样框（见表 4-4）。

表 4-4　　　　　　　　　　　　最终抽样框

地区	Z 世代人口数（万人）	各层抽样比	每层样本发放量
广东	1731	0.2234	176
湖南	1264	0.1631	128
广西	1035	0.1336	106
云南	1013	0.1307	103
贵州	862	0.1112	88
山西	624	0.0805	64
重庆	462	0.0596	47
内蒙古	371	0.0479	38
北京	194	0.0250	20
海南	193	0.0250	20

（二）样本容量的确定

依据抽样调查中最低样本量的估算公式，在保证一定统计可靠性的前提下，考虑对样本量进行合理控制，参照已有文献做法，选择可接受的抽样极限误差为 3%。一般地，选取置信度水平 α 为 0.05，则 $Z_\alpha = 1.96$。总体比例 P 未知时，通常取估计比例 $P = 0.5$，此时样本的个体数量相等，这种平衡状态使抽样误差的分布更加均匀。经计算，$n \approx 750$，即至少需要回收750份问卷。预计问卷有效回收率在95%,所以至少需要收集 $n^* = 790$ 份问卷。

$$n = \frac{Z^2(1-P)P}{d^2} \quad (4-1)$$

$$n^* = \frac{n}{0.95} \quad (4-2)$$

在第二阶段抽样中,为确保每个地区所抽取的地级市具有代表性,同时所抽取地级市之和符合调查实施难度,考虑每个省份地区选取0.2的抽取比例,使样本量在调查的实施难度合理范围内;而对于直辖市则直接以100%抽取该市,样本分配按照等额分配。总共抽取了19个地级市进行调查,并将每层发放的样本量(表4-4已求得样本量)平均分配给该省所抽取的每个地级市(见表4-5)。

表 4-5　　　　　　　　　　　市级分配表

地区	市级个数	比例	抽取地级市	每层
海南	9	0.2	海口市 三亚市	20
北京	—	—	—	20
内蒙古	9	0.2	呼和浩特市 赤峰市	38
重庆	—	—	—	47
山西	11	0.2	太原市 大同市	64
贵州	6	0.2	遵义市	88
云南	8	0.2	丽江市	103
广西	14	0.2	玉溪市 桂林市 柳州市 北海市	106
湖南	13	0.2	长沙市 邵阳市 湘潭市 深圳市	128
广东	21	0.2	广州市 汕头市 佛山市	176

(三) 正式抽样调查

调查通过线上网络发放问卷和线下面访,问卷回收率在95%左右。利用Excel录入了810份问卷,经过筛选,保留了769份有效问卷样本,有效样本占比为95%左右。问卷的回收率和有效样本率符合预判,具有合理性。

五、调查实施与问卷质量控制

(一) 调研过程

此次调研活动的工作进度如图4-2所示。

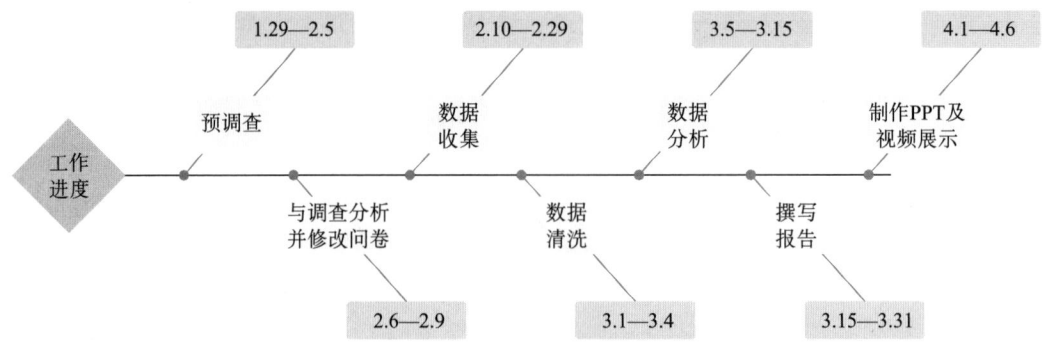

图 4-2 调研流程

调研过程中各成员的工作安排和时间安排如表 4-6 所示。

表 4-6 调研过程安排

调研前期	调研中期	调研后期
本次调研小组由 5 人组成,在调研前期每个人准备几个选题,结合选题的背景、研究内容及方法,通过多次讨论确定研究主题。确定选题后,搜集大量关于情绪旅游方面的文献及相关资料,并设计问卷进行预调查。	本次的预调查工作采取线上发放问卷方式,预调查对问卷进行修改。正式调查采取线上和线下调查相结合的方式,线上使用在线平台问卷星投放问卷,线下调查问卷的发放在部分入样地区人流量多的公共场所进行。	整理收集数据后,进行小组讨论以确定每位成员的具体分工,根据团队中每个成员的综合能力和个人专长,分工撰写调研报告。

(二) 数据质量控制

1. 数据清洗

对于收集的问卷,当填写内容出现以下问题时,视为无效问卷并进行剔除。

(1) 问卷填写时间小于 60 s;

(2) 问卷中选择题的答案基本没有变化;

(3) 因对情绪旅游不了解而终止作答。

在数据录入后进行数据清洗,包括缺失值、异常值和重复值处理。若缺失数据较少则使用变量取值的均值来代替,缺失 70% 以上则将整条数据作废。在编码中,值为 -3 表示用户跳过,视为异常值处理。若用户数据出现 -3 较少则使用变量取值的均值来代替,-3 值较多则将整条数据作废。

2. 数据编码

采用事前编码的方法,对题目选项进行赋值——即进行数据变换,将定性数据定量化。且为了方便结构方程模型的构建,量表中部分题目编号结合了各维度的英文解释。除了量表部分，每个题目用一个编号Q1、Q2、Q3、Q4等代表。每个单选题选项用一个编号代表，如1=A、2=B、3=C等。对于个别单选题，0=否、1=是。对于多选题则每个选项分别编号，0代表未选，1代表选择，量表则以打分1—5的结果作为编码。

（三）预调查数据处理与检验

1. 信度分析

信度分析是指对问卷的可靠性、一致性、稳定性进行检验，信度系数越高即表示该测验的结果越一致、稳定与可靠。信度系数的取值范围通常在0—1，具体评判标准为：信度系数在0.9以上，表示评估量表的信度非常高；信度系数在0.7—0.9表示评估量表的可靠性较好；信度系数在0.5—0.7，评估量表的信度可以接受；信度系数低于0.5，信度较差评估量表可能存在问题。

本次预调查问卷整体的信度系数为0.924，大于0.9，表明评估量表的信度非常高。各个维度的信度系数均大于0.9，说明评估量表在各个维度上都具有极高的稳定性和一致性（见表4-7和表4-8）。

表4-7　　　　　　　　　　预调查问卷整体信度分析检验结果

克隆巴赫Alpha	基于标准化项的克隆巴赫Alpha	项数
0.924	0.924	13

表4-8　　　　　　　　　　预调查问卷各维度信度分析检验结果

维度	测量题项	删除后的克隆巴赫Alpha	克隆巴赫Alpha
S 情绪旅游刺激	C1	0.879	0.907
	C2	0.878	
	P1	0.876	
	P2	0.917	
O 有机体积极情绪	A1	0.884	0.957
	M1	0.939	
	M2	0.940	
	M3	0.959	
	M4	0.941	
	M5	0.952	
R 游客忠诚度	B1	0.743	0.830
	B2	0.663	
	B3	0.849	

2. 效度检验

效度分析是指尺度量表达到测量指标准确程度的分析，通常通过KMO和巴特利特球形检验来衡量。一般情况下，KMO 值大于 0.9，效度极好，适合做因子分析；KMO 值位于 0.8—0.9，效度良好，适合做因子分析；KMO 值位于 0.6 以上比较适合做因子分析；KMO 值位于 0.5 以下不适合做因子分析。

本案例运用 SPSS 26.0 对量表总体进行效度检验，得到 KMO 值为 0.922，p 值小于 0.05，满足因子分析的条件（见表 4-9）。

表 4-9　　　　　　　预调查问卷 KMO 和巴特利特球形度检验结果

KMO		0.922
巴特利特球形度检验	近似卡方	1348.576
	自由度	78
	显著性	0.000

（四）正式调查数据处理与检验

1. 信度检验

正式调研中的整体信度系数为 0.929，说明此次问卷调查信度极好，结果较为可靠（见表 4-10）。

表 4-10　　　　　　　正式调查问卷整体信度分析检验结果

克隆巴赫 Alpha	基于标准化项的克隆巴赫 Alpha	项数
0.929	0.933	14

其次，从表 4-11 可以看到，各维度克隆巴赫系数均大于 0.8，信度较好，符合预期。

表 4-11　　　　　　　正式调查问卷各维度信度分析检验结果

变量	测量题项	删除后的克隆巴赫 Alpha	克隆巴赫 Alpha
S 情绪旅游刺激	C1	0.783	0.824
	C2	0.791	
	P1	0.795	
	P2	0.790	
O 有机体积极情绪	A1	0.787	0.854
	M1	0.827	
	M2	0.821	
	M3	0.834	
	M4	0.818	
	M5	0.818	

续表

变量	测量题项	删除后的克隆巴赫 Alpha	克隆巴赫 Alpha
R 游客忠诚度	B1	0.873	0.906
	B2	0.841	
	B3	0.885	
	B4	0.914	

2. 效度检验

检验的 KMO 值为 0.948，且巴特利特球形度检验 p 值小于 0.05，因此问卷的结构设计较好，满足因子分析的条件（见表 4-12）。

表 4-12　　　　　正式调查问卷 KMO 和巴特利特球形度检验结果

KMO		0.922
巴特利特球形度检验	近似卡方	1348.576
	自由度	78
	显著性	0

且由表 4-13 可以看出，主成分旋转后成分矩阵将各个题项分为 3 个成分，与问卷预设的三个维度——S、O、R 完全一致。

表 4-13　　　　　　　　　旋转后的成分矩阵

测量题项	成分		
	1	2	3
C1	0.355	0.436	**0.514**
C2	0.327	0.156	**0.692**
P1	0.235	0.274	**0.677**
P2	0.200	0.305	**0.697**
A1	0.323	0.311	**0.610**
M1	**0.649**	0.183	0.385
M2	**0.668**	0.335	0.288
M3	**0.623**	0.175	0.392
M4	**0.746**	0.234	0.250
M5	**0.794**	0.257	0.149
B1	0.376	**0.696**	0.416
B2	0.335	**0.798**	0.375
B3	0.234	**0.826**	0.221
B4	0.183	**0.784**	0.215

注：提取方法：主成分分析法；旋转方法：凯撒正态化最大方差法。

六、情绪旅游游客偏好分析

游客性别、年龄、常居住地、月可支配收入这四类个人特征的差异,会使游客产生不同的情绪旅游偏好。因此,下文首先分析样本的个人特征,进而分析游客偏好并进行卡方检验以得到可靠结论。最后,运用聚类算法分析游客画像,并基于多层感知机模型预测游客忠诚度。

(一) 样本个人特征分布

1. 性别分布

在本次被调查的旅游者群体中,女性所占比例为52%,男性为48%,说明本问卷的结果较为客观,排除了性别因素对本案例研究内容的干扰。

2. 年龄分布

由于本案例将研究群体限定在Z世代,其年龄在15—29岁,故最终剔除了15岁以下和29岁以上的问卷。结果显示,15—22岁群体占比为93%,23—29岁群体占比为7%。

3. 常居住地分布

本次调研的被调查者多来自四线城市及以下,占比为43%;其次是常居于三线城市的被调查者,占比为15%;常居于超一线城市、一线城市、二线城市的被调查者分别占比14%、17%、11%,基本符合抽样框。

4. 月可支配收入/月生活费分布

被调查者群体中,绝大部分人的月可支配收入在1000—5000元,占比为56%;其次是月可支配收入1000元以内,占比为34%(见图4-3)。原因可能是被调查者中15—22岁的群体多为在校大学生或者刚进入社会不久的上班族,月可支配收入不高。

(二) 样本情绪旅游偏好

1. 可接受情绪旅游经费区间

如图4-4所示,关于情绪旅游的可接受经费区间,76%的调查者集中在1000—3000元。其余被调查者的选择分布为:8%的人可接受1000元以内的经费,4%的人可接受3000—5000元的经费,而12%的人可接受5000元以上的经费。这一分布与被调查者的年龄结构(主要集中在Z世代,即15—29岁)和可支配收入情况相契合。此外,Z世代旅游者群体的旅游经费区间展现出较高的弹性,可接受的旅游经费差距较大,显示出他们在规划旅游时会综合考虑旅游性价比和自身能力,表现出相对理性的态度。

案例4 心灵探寻踏浪间,情绪旅游绵延

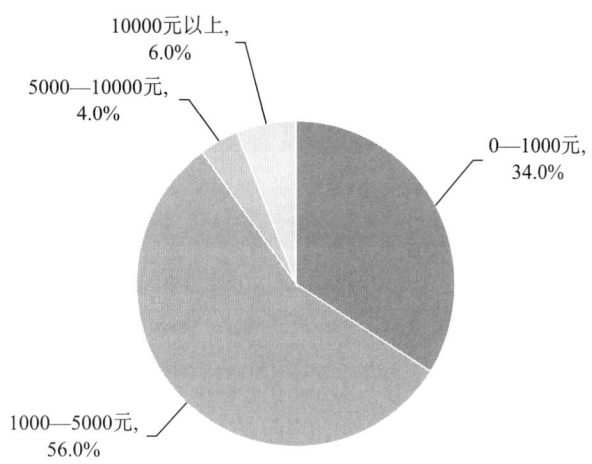

图 4-3 样本月可支配收入发布

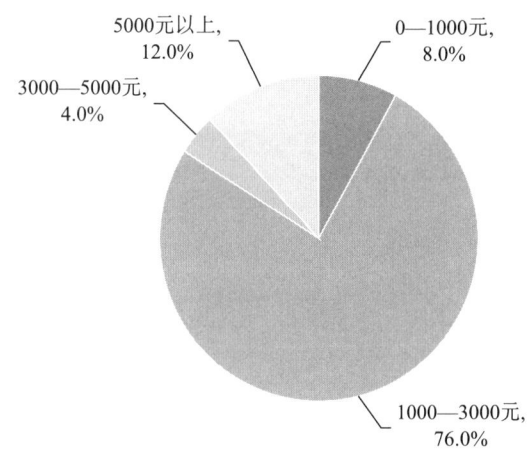

图 4-4 样本可承受情绪旅游经费区间

2. 获取情绪旅游信息的渠道

由于被调查者属于 Z 世代,他们与网络信息时代紧密相连,受数字信息技术影响显著,因此获取旅游信息的渠道更加多样化。这些渠道主要包括内容平台、短视频平台、旅游平台和生活类平台。

调查结果显示,内容平台、短视频平台和旅游平台是旅游者获取情绪旅游信息的主要渠道,而传统的线下广告渠道影响力相对较小。这反映了社交媒体技术的快速迭代和信息技术的发展促使线上信息传播方式更加多样(见图 4-5)。

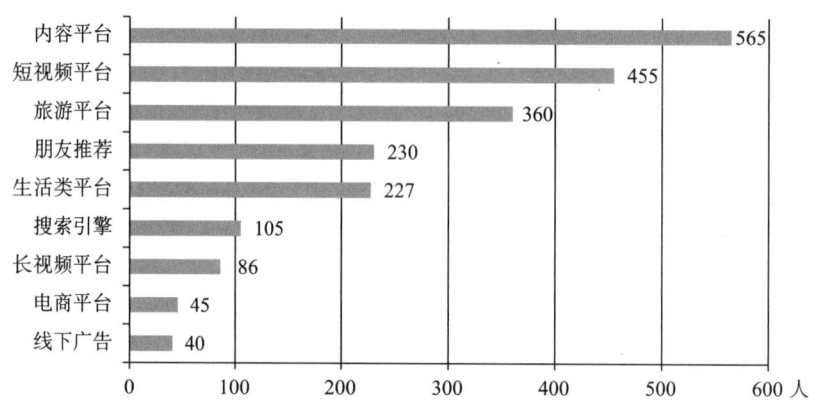

图4-5 样本获取情绪旅游信息的渠道

3. 情绪旅游目的地偏好

对于情绪旅游目的地的选择，旅游者更偏好于富有烟火气的地方、节奏慢且宁静轻松的地方及自然景观美丽的地方，以获取更多的情绪价值（见图4-6）；主题式旅游地、快节奏的时尚都市、有喜爱IP联动的地方被偏好程度也有近40%。

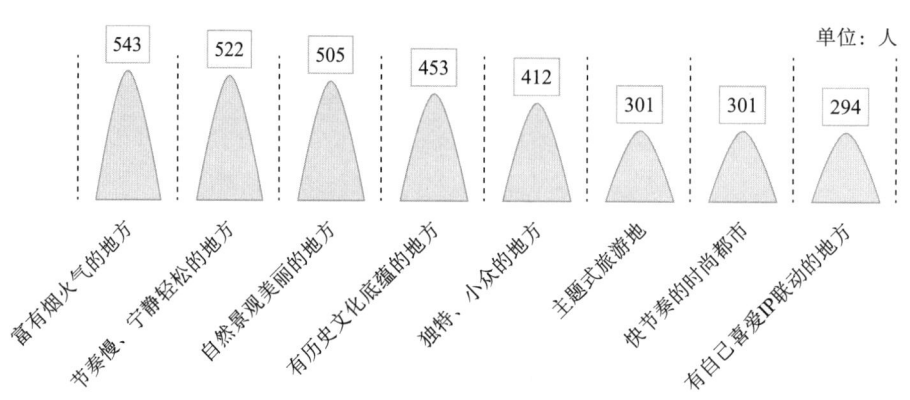

图4-6 样本情绪旅游目的地偏好

4. 情绪旅游方式偏好

样本旅游方式的偏好如图4-7所示。83%的被调查者青睐于旅游目的地场景和氛围契合情感需求的方式。72%的被调查者倾向于通过艺术展览等方式感受当地文化风俗。相比之下，选择通过个性化的旅游路线进行主题式情绪旅游以及通过情绪旅游来实现社交的被调查者仅有30%左右。

（三）个人特征与情绪旅游偏好的卡方检验

1. 性别与旅游目的地偏好不独立

性别与旅游目的地偏好的卡方检验结果如表4-14所示，p值小于0.05，即性别与旅

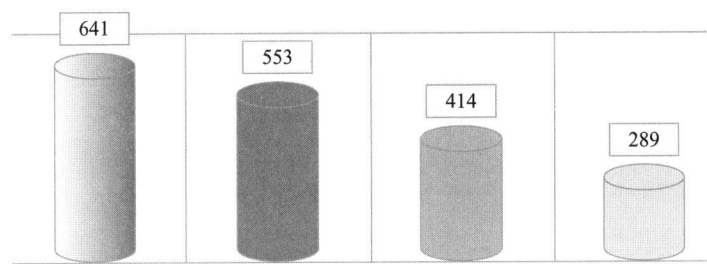

■ 旅游目的地的场景和氛围契合情感需求
■ 旅游过程中通过艺术展览等方式感受当地文化风俗
■ 通过个性化的旅游路线进行主题式旅游（美食主题、电影主题）
□ 旅游的同时进行社交活动

图 4-7　样本情绪旅游方式偏好

游目的地的偏好不独立。

表 4-14　　　　　　　　　性别对旅游目的地偏好的卡方检验结果

	值	自由度	渐进显著性（双侧）
皮尔逊卡方	16.315[a]	7	0.022
似然比	16.350	7	0.022
线性关联	3.537	1	0.060
有效个案数	3308	—	—

注：a 代表 0 个单元格（0.0%）的期望计数小于 5。最小期望计数为 146.98。

由图 4-8 可知，男性较女性更偏向于选择主题式旅游地以及自然景观美丽的地方进行情绪旅游，而其他几种旅游目的地较多被女性所选择。

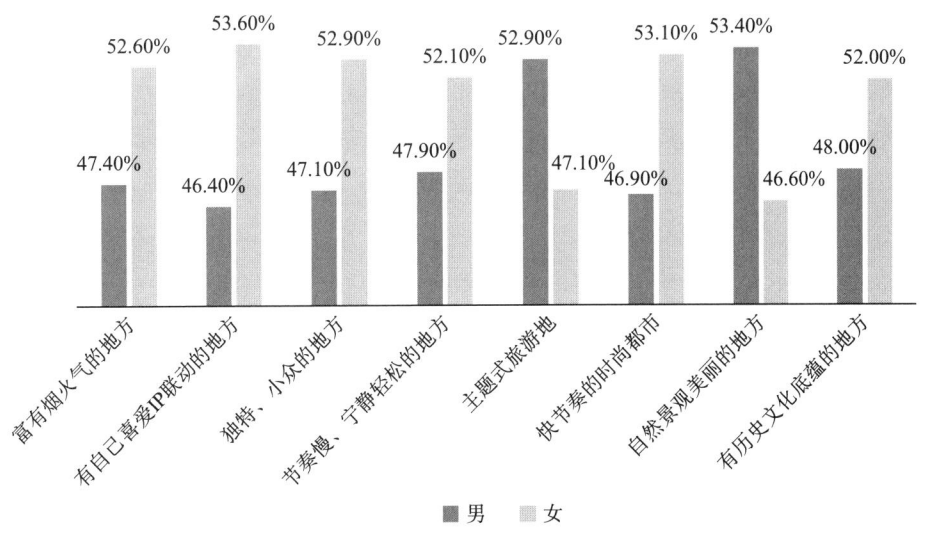

图 4-8　不同性别的情绪旅游目的地偏好

2. 性别与旅游方式独立

男女性别对于旅游方式偏好的卡方检验 p 值大于 0.05，说明不同性别的情绪旅游方式偏好没有差异性，即性别与情绪旅游方式的偏好相互独立。

3. 月可支配收入与情绪旅游目的地偏好不独立

月可支配收入对旅游目的地偏好的卡方检验的 p 值小于 0.05，说明不同月可支配收入游客的情绪旅游目的地偏好具有差异性（见表 4-15）。

表 4-15　　　　　　　月可支配收入对情绪旅游目的地偏好的卡方检验

	值	自由度	渐进显著性（双侧）
皮尔逊卡方	82.521[a]	21	0.000
似然比	85.760	1	0.000
线性关联	4.727	1	0.030
有效个案数	3412	—	—

注：a 代表 0 个单元格（0.0%）的期望计数小于 5。最小期望计数为 10.71。

富有烟火气的地方、有历史文化底蕴的地方、自然景观美丽的地方以及节奏慢且宁静轻松的地方更受被调查者青睐（见图 4-9）。

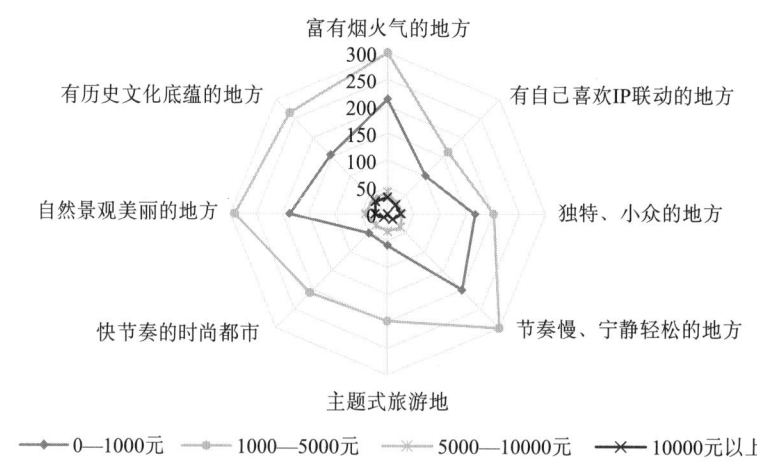

图 4-9　各月可支配收入的情绪旅游目的地偏好分布

4. 常居住地分布与情绪旅游目的地偏好独立

常居住地分布对旅游目的地偏好的卡方检验 p 值大于 0.05，说明游客情绪旅游目的地偏好与常居住地相互独立。

5. 月可支配收入与可接受情绪旅游经费不独立

月可支配收入对可接受旅游经费的卡方检验可初步判断二者之间的关系，为下文相关策略作铺垫。卡方检验 p 值小于 0.05，即月可支配收入与可接受情绪旅游消费区间不独立

（见表 4 – 16）。

表 4 – 16　　　　　　月可支配收入与可接受情绪旅游经费区间卡方检验

	值	自由度	渐进显著性（双侧）
皮尔逊卡方	712.547ª	9	0.000
似然比	549.964	9	0.000
线性关联	234.857	1	0.000
有效个案数	796	—	—

注：a 代表 0 个单元格（0.0%）的期望计数小于 5。最小期望计数为 146.57。

原因可能是本次调查的对象多为大学生，而大学生的旅游经费多来源于生活费节流，少部分来自家庭支出，因此在占比最多的生活费区间 1000—5000 元的人群中，可接受旅游经费也大多在 1000—3000 元这个区间内（见图 4 – 10）。

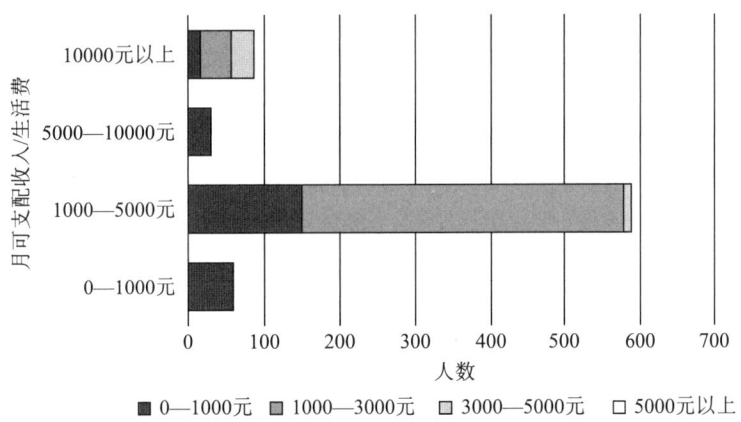

图 4 – 10　各月可支配收入区间的情绪旅游经费分布

（四）基于 K – means 聚类的情绪旅游游客画像分析

本节选取性别、年龄、常居住地、月可支配收入/月生活费、情绪旅游经费区间以及情绪旅游了解渠道这六个指标，对游客进行特征分析并得到四类情绪旅游用户画像。

1. K – means 聚类模型

K – means 聚类用于将数据点分成不同的簇，聚类后可以进一步探究不同类之间的相关性和主要差异。由于 K – means 聚类时用户必须事先给出要生成的簇的数目 K，故本案例采用"手肘法"来确定最优的 K 值。当 K = 4 时，聚合系数的变化趋于平缓，故本案例选定 K 值为 4。

2. 聚类结果分析

本案例针对 769 份调查结果进行了 K – means 聚类，得到四类游客画像（见表 4 – 17）。

表 4-17　　　　　　　　　　　　　四类游客类别与特征

类别	特征
享乐女学生	（1）经济条件较好、旅游经费较多的女学生群体 （2）年龄在 15—22 岁，大部分是高中生以及大学生 （3）同时常居于超一线城市，月生活费达到 1000—5000 元 （4）旅游经费能达到月生活费的水平的 60%
精致打工人	（1）23—29 岁、常居住于四线城市及以下 （2）女职业者或高学历学生 （3）月可支配收入多数能达到 5000—10000 元
低消费男学生	（1）经济水平一般、旅游经费较少的男学生群体 （2）常居于四线及以下城市、年龄在 15—22 岁 （3）月生活费在 1000—5000 元的正常范围，旅游经费在 1000 元以下 （4）在进行情绪旅游时更注重性价比
新锐白领	（1）经济条件优渥、旅游经费最多的职业男性群体，年龄在 23—29 岁 （2）常居住于超一线城市 （3）月收入达到 10000 元以上，进行情绪旅游的经费在 5000 元以上

（五）基于多层感知机模型的游客忠诚度预测

1. 多层感知机模型的建立

为了探究游客忠诚度的特征并进行预测，本案例采用多层感知机模型进行模拟，将表 4-18 所示的 10 个指标作为输入量。

表 4-18　　　　　　　　　　　　　模型输入指标

维度	编号	指标
情绪旅游目的地形象	C1	总体来看，情绪旅游目的地给我留下的印象（1 = 非常否定，5 = 非常肯定）
	C2	总体来看，我对情绪旅游目的地的形象（1 = 非常否定，5 = 非常肯定）
情绪旅游媒体宣传	P1	在网络平台上，情绪旅游触动我的情绪
	P2	在亲人好友口中，情绪旅游值得一去
情绪旅游动机	A1	相较于普通旅游侧重外部的娱乐，我更倾向情绪旅游对内在的情绪状态的调整
有机体积极情绪	M1	在情绪旅游中，我是充满热情的
	M2	在情绪旅游中，我是兴奋的
	M3	在情绪旅游中，我是自豪的
	M4	在情绪旅游中，我是兴高采烈的
	M5	在情绪旅游中，我是活跃的

而表4-19所示4个指标编码的均值,作为游客忠诚度,设定为输出变量。

表4-19　　　　　　　　　　　　模型输出指标

维度	编号	指标
游客忠诚度	B1	我愿意再次到该地进行情绪旅游
	B2	我钟情于情绪旅游目的地
	B3	我愿意将情绪旅游目的地推荐给亲朋好友
	B4	我会将情绪旅游目的地正面讯息传递给他人

2. 单个隐藏层模型

多层感知机模型起源于人类大脑思维模式,是一个非线性的数据建模工具,在单层神经网络的基础上引入了一到多个隐藏层,隐藏层位于输入层和输出层之间。本案例主要采用包含一层隐藏层的感知机模型(见图4-11)。

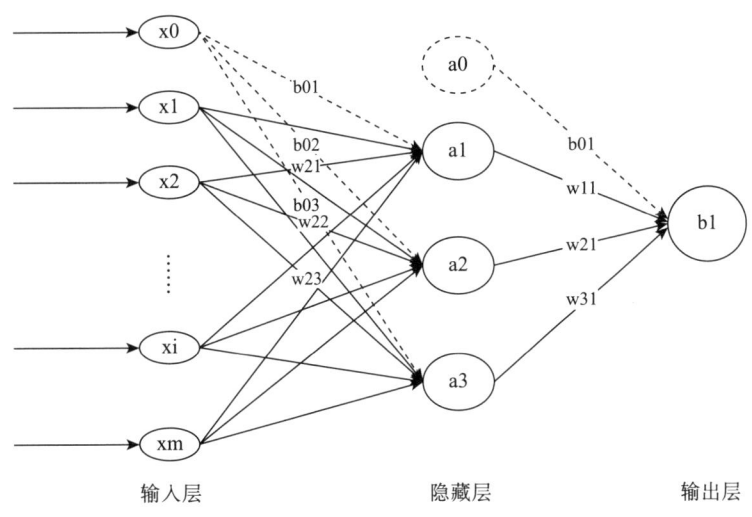

图4-11　多层感知机模型

3. 预测结果与分析

将769份受访者调查数据分为两部分:500份作为训练样本用于模型训练,其余269份作为测试样本用于测试模型的准确性。

训练结果显示,多层感知机模型对游客忠诚度的预测效果较好,训练样本与测试样本的总计准确度均为83.1%以上,说明预测结果比较可靠。进一步地,训练样本和测试样本中市场忠诚度高的占比均达到60%以上,表明情绪旅游市场潜力大、前景好(见表4-20)。

表 4-20　　　　　　　　　　　　多层感知机预测结果

样本	已观测	已预测		
		不推荐、不重游	推荐、重游	准确度
训练	不推荐、不重游	135	49	73.4%
	推荐、重游	32	284	89.9%
	总计百分比	33.4%	66.6%	84.4%
测试	不推荐、不重游	36	23	61.0%
	推荐、重游	24	186	88.6%
	总计百分比	19.7%	80.3%	83.1%

七、基于结构方程模型的情绪旅游行为分析

结构方程模型（SEM）是一种统计分析方法，用于探索观察数据和潜在变量之间的关系。上文的聚类分析和多层感知机模型可以把握情绪旅游游客的特征和游客忠诚度等事物表象，而下文将借助结构方程模型深入洞察 Z 世代游客的行为机制，进而辩证地看待情绪旅游行为的表象和真相。

（一）相关性分析

本案例采用 Pearson 简单相关系数对数据进行检验。由表 4-21 结果可知，本案例的影响因子之间的相关系数都低于 0.35，说明各个变量之间基本不存在多重共线性问题。且影响因子、中介变量、因变量在 0.01 显著性水平上存在中度正相关关系（见表 4-22 和表 4-23）。

表 4-21　　　　　　　　　影响因子对中介变量的相关性分析

	目的地形象	媒体宣传	情绪旅游动机	积极情绪
目的地形象	1	—	—	—
媒体宣传	0.235*	1	—	—
情绪旅游动机	0.174*	0.156*	1	—
积极情绪	0.678**	0.634***	0.584***	1

注：** 在 0.01 级别（双尾），相关性显著。

表 4-22　　　　　　　　　中介变量对因变量的相关性分析

	有机体积极情绪	游客忠诚度
有机体积极情绪	1	—
游客忠诚度	0.668***	1

注：** 在 0.01 级别（双尾），相关性显著。

表 4-23　　　　　　　　　　影响因子对因变量的相关性分析

	目的地形象	媒体宣传	情绪旅游动机	积极情绪
目的地形象	1	—	—	—
媒体宣传	0.235*	1	—	—
情绪旅游动机	0.174*	0.156*	1	—
积极情绪	0.653**	0.646***	0.580***	1

注：** 在 0.01 级别（双尾），相关性显著。

（二）验证性因子分析

验证性因子分析在结构方程模型中用来检验研究假设和模型的一致性，确定测量模型的有效性，评估不同变量之间的关系，以及验证理论模型的适配度。由表 4-24 分析结果可知，CMIN/DF（卡方自由度比）为 1.568，在 1—3 内；RMSEA（误差均方根）为 0.042，小于 0.05；且 IFI、TLI 以及 CFI 的检验结果均达到 0.9 以上的优秀水平。因此可知，量表的 CFA 模型具有良好的适配度。

表 4-24　　　　　　　　　　量表 CFA 模型适配度检验

指标	参考标准	实测结果
CMIN/DF	1—3 为优秀，3—5 为良好	1.568
RMSEA	<0.1，值越小越好	0.042
IFI	>0.9 为优秀，>0.8 为良好	0.941
TLI	值在 0—1，值越大越好	0.902
CFI	>0.9 为优秀，>0.8 为良好	0.985

在量表 CFA 模型具有良好适配度的前提下，将进一步检验量表各个维度的收敛效度（AVE）和组合信度（CR）。根据标准，AVE 值最低要求达到 0.5，CR 值最低要求达到 0.7，才能说明具有良好的收敛效度和组合信度。

由表 4-25 分析结果可以看出，本次量表的效度检验中，各个维度的 AVE 值均达到 0.5 以上，CR 值均达到 0.7 以上。由此可知，三个维度具有良好的收敛效度和组合信度。

表 4-25　　　　　　　　　量表各维度收敛效度和组合信度检验

	路径关系		Estimate	AVE	CR
C1	<------	情绪旅游刺激	0.749		
C2	<------	情绪旅游刺激	0.867		
P1	<------	情绪旅游刺激	0.869	0.668	0.910
P2	<------	情绪旅游刺激	0.881		

续表

路径关系			Estimate	AVE	CR
A1	<------	情绪旅游刺激	0.705		
M1	<------	有机体积极情绪	0.825		
M2	<------	有机体积极情绪	0.864		
M3	<------	有机体积极情绪	0.8	0.696	0.919
M4	<------	有机体积极情绪	0.846		
M5	<------	有机体积极情绪	0.836		
B1	<------	游客忠诚度	0.893		
B2	<------	游客忠诚度	0.808	0.722	0.911
B3	<------	游客忠诚度	0.964		
B4	<------	游客忠诚度	0.714		

(三) 结构模型的基本假设

研究通过结构方程模型分析游客情绪旅游行为。根据文献法确定构建以有机体积极情绪为中介的 SOR 模型。其中，S 为情绪旅游刺激，包括情绪旅游目的地形象、情绪旅游媒体宣传和情绪旅游动机；O 为有机体积极情绪；R 为有机体反应，即游客忠诚度。本案例使用 AMOS26.0 软件对数据进行分析，初步构建模型如图 4-12 所示，并做出基本假设如下：

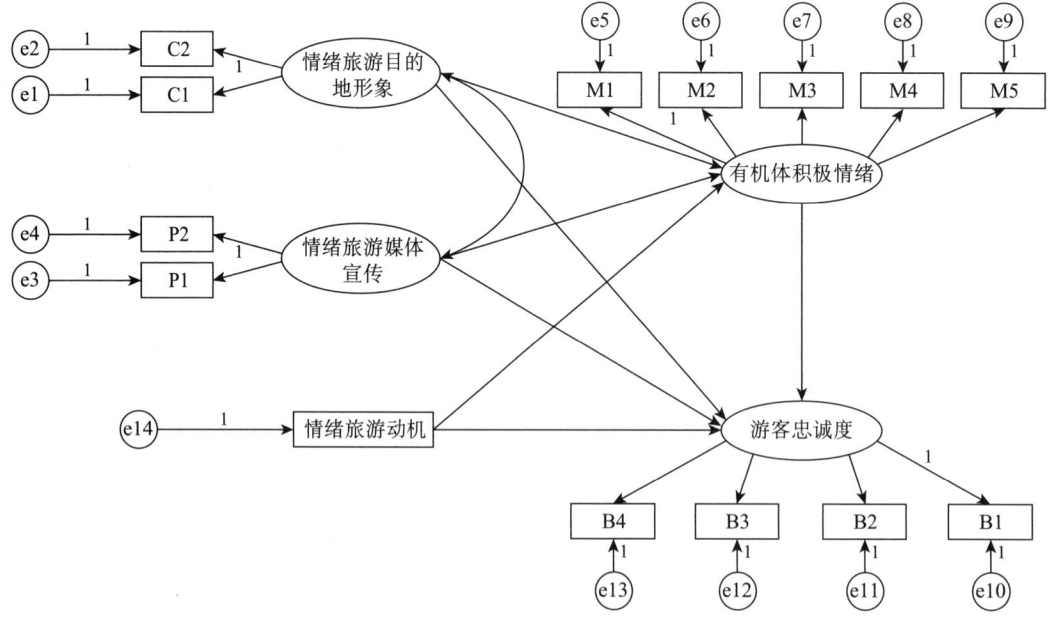

图 4-12 初步构建模型

假设1：情绪旅游目的地形象正向影响有机体积极情绪

假设2：情绪旅游目的地形象正向影响游客忠诚度

假设3：情绪旅游媒体宣传正向影响有机体积极情绪

假设4：情绪旅游媒体宣传正向影响游客忠诚度

假设5：情绪旅游动机正向影响有机体积极情绪

假设6：情绪旅游动机正向影响游客忠诚度

假设7：有机体积极情绪正向影响游客忠诚度

（四）模型的拟合和修正

1. 初始模型的拟合和结果分析

结构方程模型的拟合是通过比较模型估计的参数与观察数据之间的拟合程度来进行的。本案例采用卡方除以自由度的比值CMIN/DF、拟合优度指数GFI、近似误差均方根RMSEA、均方根残差RMR、比较适合度拟合指数CFI和规范拟合指数NFI六个指标来综合评价假设模型的拟合度。

根据初始模型适配度的分析结果，CMIN/DF为2.031在1—3内，RMSEA为0.079大于0.05，拟合效果一般；另外，RMR、CFI、NFI这三个指标的值较好。综合来看，模型的拟合效果有待提高，需要进一步对模型进行修正。

由表4-26可以看出，只有情绪旅游动机对有机体积极情绪、情绪旅游动机对忠诚度这两条影响路径在0.05的显著性水平下成立，这意味着只有假设5、假设6这两个假设成立，其他假设均不成立。

表4-26 初始模型标准化路径回归系数及其显著性检验

路径关系			Estimate	S. E.	C. R.	P	检验结果
有机体积极情绪	<------	情绪旅游目的地形象	0.837	0.458	1.828	0.068	不支持
有机体积极情绪	<------	情绪旅游媒体宣传	-0.057	0.394	-0.145	0.885	不支持
有机体积极情绪	<------	情绪旅游动机	0.174	0.025	7.077	—	支持
游客忠诚度	<------	有机体积极情绪	0.13	0.084	1.56	0.119	不支持
游客忠诚度	<------	情绪旅游目的地形象	0.284	0.329	0.863	0.388	不支持
游客忠诚度	<------	情绪旅游媒体宣传	0.292	0.258	1.132	0.258	不支持
游客忠诚度	<------	情绪旅游动机	0.129	0.023	5.593	—	支持

2. 模型修正和结果分析

下面遵循客观事实、结合理论基础对模型进行修正。由表4-27可知，删除不显著的路径后模型的拟合效果良好。

表 4-27　　修正后模型适配度

指标	CMIN/DF	GFI	RMSEA	RMR	CFI	NFI
适配度	1.731	0.856	0.041	0.035	0.845	0.876

由图 4-13 可以看出,以有机体积极情绪为中介的中介效应模型是完全中介效应模型。

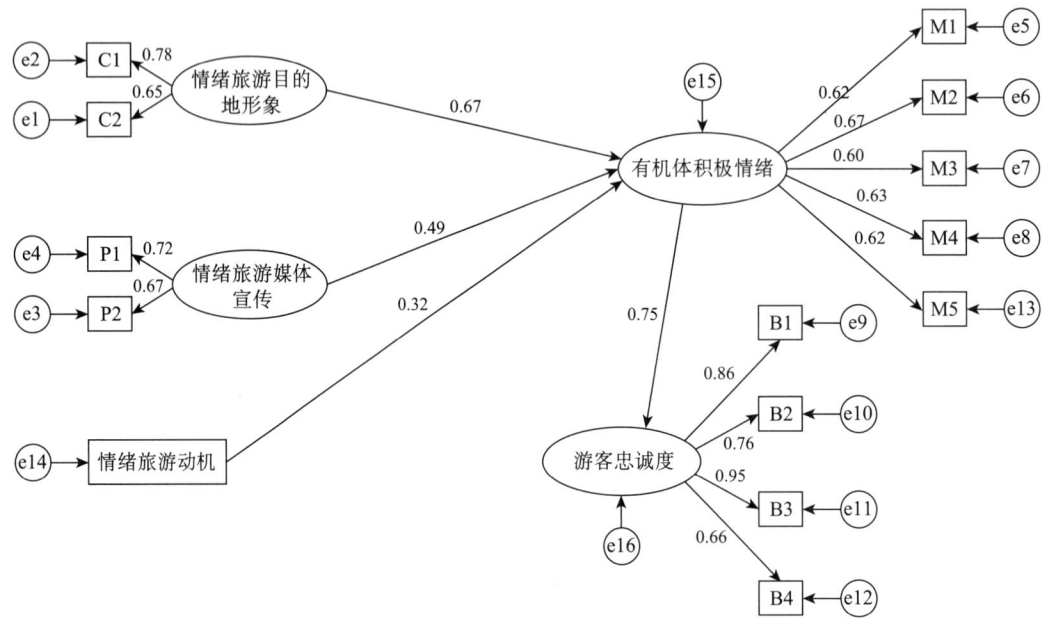

图 4-13　修正后结构方程模型

三个影响因子都显著地正向影响中介变量——有机体积极情绪。而有机体积极情绪显著地正向影响因变量——游客忠诚度。

(五) 情绪旅游行为分析的研究结果

图 4-14 展示出完全中介效应的简化模型图,得到以下四点结论:

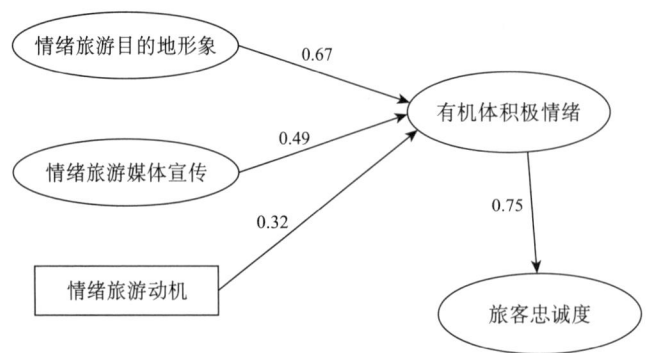

图 4-14　游客忠诚度影响因素模型

1. 情绪旅游目的地形象对有机体积极情绪具有正向影响

在情绪旅游过程中，游客对情绪旅游目的地形象越符合游客审美，游客对目的地形象的评价就会越高，进而更容易在旅游过程中产生积极的旅游情绪，从而产生正向的重游意愿以及推荐意愿，形成稳固的游客忠诚。

2. 情绪旅游媒体宣传对有机体积极情绪具有正向影响

媒体宣传是情绪旅游营销的重要媒介，周围人对情绪旅游的评价也会正向影响游客的旅游决策。情绪旅游的媒体宣传越到位，社会舆论、公众评价就越能刺激游客的情绪旅游决策。同时，社会舆论、公众评价越正面，游客的旅游过程就越不容易踩雷，更易于游客产生积极的旅游情绪，进一步形成游客忠诚。

3. 情绪旅游动机对有机体积极情绪具有正向影响

情绪旅游动机侧重于情绪旅游对内在情绪价值的发掘，不同于普通旅游对外在娱乐的重视。游客若在情绪旅游中能产生更多的积极情绪，则达到了游客旅游的真正目的，因而有助于形成良好的游客忠诚。

4. 有机体积极情绪进一步以 0.75 的路径系数正向影响游客忠诚度

情绪旅游与普通旅游的最大区别在于游客期望以旅游消费成本收获更高层次的情感需求，从以"地"为关注点转变为借"地"寻找自我。在人地关系的互动与变化中，可窥见良好游客忠诚度形成的关键在于旅游目的地具有让游客情绪代入的核心触点。

八、基于逻辑回归的情绪旅游意愿分析

基于已有文献在探讨旅游意愿时所考虑到的因素，本节将综合表象和真相的所有影响因素，更全面地利用问卷的原始数据，将年龄、性别、居住地、月可支配收入/月生活费、情绪旅游经费、情绪旅游目的地形象、情绪旅游目的地类型、情绪旅游方式作为影响情绪旅游意愿的自变量进行逻辑回归，以保证研究的准确性和完整性。

（一）Logistic 回归模型简介

逻辑回归（Logistic Regression）是一种常用的统计技术，用于处理因变量为二分类的情况。逻辑回归通过将线性回归的结果映射到一个概率范围内（通常是[0,1]），然后根据这个概率值进行分类预测。模型的一般形式为：

$$prob(y_i = 1) = p_i = \frac{1}{1 + e^{-(\beta_1 + \beta_2 X_i)}} \quad (4-3)$$

其中，y_i 为取值为 0 或 1 的二元分类响应变量；x_i 为对 y_i 有影响的自变量；β_i 为模

的参数。p 表示给定输入变量 X 的条件下 Y "成功" 的概率。

(二) 模型变量的解释

在本次逻辑回归中，响应变量 y 设置为情绪旅游意愿，选项为"愿意"和"不愿意"。对于自变量，情绪旅游目的地形象的测量题目有两道，用指标均值表示。而情绪旅游目的地类型和情绪旅游方式的测量题型为多选题，这类分类型变量需转化为虚拟变量后参与分析。同时，为统一方便，在对虚拟变量的基准水平设定上，将最后一个选项作为参照水平，变量解释表见附录。

(三) 情绪旅游意愿分析的研究结果

本案例运用 STATA.16 求解逻辑回归模型，显著性水平给定为 0.05，采用向前逐步回归的方式引入解释变量。模型求解结果如表 4-28 所示。

带入模型回归系数，最终的逻辑回归表达式如下所示：

$$prob(Y_i = 1) = \frac{1}{1 + e^{-(-0.17 + 0.33cost_2 - 0.19priice_1 + 0.30image + 0.25type_1 + 0.40type_2 + 0.29type_3 + 0.23way_1 + 0.19way_2 + 0.51way_3)}}$$

(4-4)

从回归结果可知，月可支配收入/月生活费、情绪旅游可承受经费、情绪旅游形象、情绪旅游目的地类型和情绪旅游方式在 0.05 的显著性水平下会影响游客情绪旅游意愿。其中，游客月可支配收入/月生活费（1000—5000 元）会正向影响情绪旅游意愿，情绪旅游可承受经费（1000 元以下）会负向影响情绪旅游意愿。结合第三类用户画像，可知经济型低消费游客对于情绪旅游性价比的追求，在一定程度上会降低旅游意愿。同时，情绪旅游目的地形象、情绪旅游目的地类型、情绪旅游方式也会影响情绪旅游意愿。

表 4-28 逻辑回归结果

变量名称	回归系数	标准误	Z	p 值
$cost_2$	0.330563	0.026238	12.6	0.000
$price_1$	-0.189094	0.0188878	-10.01	0.000
$image$	0.296893	0.026489	11.21	0.000
$type_1$	0.252786	0.02161	11.7	0.000
$type_2$	0.398484	0.059209	-6.19	0.000
$type_3$	0.291151	0.023436	-15.33	0.000
way_1	0.232007	0.027175	8.54	0.000
way_2	0.189421	0.0034264	55.28	0.000
way_3	0.511867	0.083948	6.097	0.000
β_1	-0.169046	0.024469	-6.91	0.000

综上所述，得出以下结论：

（1）旅游消费层次较低的游客，对情绪旅游性价比的追求在一定程度上会降低其旅游意愿。

（2）情绪旅游目的地形象越好，游客情绪旅游意愿越高。

（3）旅游市场上情绪旅游目的地类型具有多样性，游客进行情绪旅游的意愿一定程度上受旅游目的地类型正向影响。其中，富有烟火气息的地方，独特、小众的地方，节奏慢、宁静轻松的地方能正向调动游客旅游意愿。

（4）情绪旅游方式会在一定程度上正向影响情绪旅游意愿。其中，旅游目的地场景和氛围契合游客情感需求、通过艺术展览等方式感受当地文化风俗、定制个性化的旅游路线进行主题旅游能正向激发游客情绪旅游意愿。

九、调查结论与4P营销组合策略

（一）调查结论

其一，个体特征差异会表现为不同的情绪旅游偏好。游客分析中发现游客的月可支配收入与情绪旅游目的地偏好具有显著的相关性，且游客可承受经费与月可支配收入呈正向关系。因此，在旅游市场中有必要形成一个合理的价格定位，打造具有性价比的旅游体验，以提高游客情绪旅游意愿。

其二，情绪旅游目的地形象、媒体宣传、旅游动机正向影响游客积极情绪，从而游客积极情绪进一步正向影响游客忠诚度。因此，对情绪旅游目的地进行全方位打造以提升旅游产品质量、加大情绪旅游营销力度以及拓宽情绪旅游宣传渠道，有助于形成良好的游客忠诚度。

其三，游客月可支配收入/生活费、情绪旅游目的地形象、情绪旅游目的地类型、情绪旅游方式会显著影响游客情绪旅游意愿。游客的月可支配收入以及可承受经费是游客旅游时考虑的一大因素。多样化的目的地类型、个性化的情绪旅游方式更能满足Z世代游客的好奇心和情绪价值需求。而特色的情绪旅游文化能满足游客猎奇心理，提升积极情绪阈值，形成良好的游客忠诚度。因此，对接游客情绪需求、供给具有情绪价值的旅游产品是旅游企业抓住风口的重要战略。

（二）情绪旅游4P营销组合策略

本案例针对结构方程模型对于情绪旅游行为的探讨以及逻辑回归对于情绪旅游意愿的

分析,并综合四类用户画像,从产品、价格、渠道和促销四个方面提出可行的情绪旅游营销策略,以优化旅游市场产品结构。图4-15至图4-18是运用八爪鱼爬取的各个网络平台有关营销策略的评论词云图。

图4-15 产品策略词云图

图4-16 价格策略词云图

图4-17 渠道策略词云图

图4-18 促销策略词云图

1. 产品策略（Product）

聚类画像中的享乐女学生群体,对外界世界充满高探索欲,因此下面针对性地提出两方面建议。其一,通过提升旅游过程中的各项服务,如导游服务、住宿服务、配套基础设施服务以及保持环境干净整洁,空气质量良好等方式以迎合游客取向,保持游客黏性和增强旅游体验。其二,打造沉浸式文旅产业,利用旅游方式及旅游目的地的多样性,实现文化与科技融合以打造沉浸式的交互体验。此外,可以结合地方特色打造独特旅游文化,根据文化特色和地理特征,连接游客的时代情绪、社会情绪和地域情绪,以文化之魂,固旅游之本。

2. 价格策略（Price）

聚类画像中的低消费男学生群体，他们追求通过具有性价比的旅游服务获取情绪价值，因此下面针对性地提出两点建议。其一，产品组合定价，攻破消费痛点。例如，"三人套票""两日票"等，可有效解决游客经费不足的问题，并吸引更多游客，实现景区与游客的双赢。其二，价值基础定价，创造消费爽点。根据游客对旅游产品产生的情感价值进行定价，除了基础产品，还要推出周边产品等，满足游客对旅游回忆的具象需求，并为景区带来额外收益，从而延长旅游产业链，保持市场活力。

3. 渠道策略（Place）

聚类画像中的新锐白领群体，他们的收入条件好、旅游经费高，且他们不仅关注线上广告渠道，也关注线下移动广告，下面针对他们了解信息的渠道特点提出线上线下相结合的渠道策略。一方面，充分运用线上渠道进行情绪旅游营销和宣传，能以"流量"打破认知差异，吸引潜在游客。另一方面，疏通线下渠道，发展品牌优势。景区应在门店地点选择、门店环境、门店服务以及地推广告、移动广告等方面下功夫，为打造旅游品牌优势创造坚实的基础。

4. 促销策略（Promotion）

聚类画像中的精致打工人群体，她们是收入水平中等的精致女职业者，期望在一次情绪旅游消费中获得等价的情绪价值，以释放工作压力。因此下面从三方面提出建议。其一，让利促销，触发情绪冲动。让利促销对游客具有较大的吸引力，其对原有价格冲击较大，能引起消费冲动，精准驱动游客消费意愿，从而增加客流、拉动经济。其二，IP营销，形成情绪绑定。IP营销涉及具有高度关注度和影响力的创意性知识产权，能够将粉丝情感转化为消费动力，有效吸引游客。景区应开发自有IP，引发情感共鸣，满足游客情绪需求。同时，通过IP互动联名，提升人气，实现共赢。其三，情感营销，瓦解情绪痛点。营销时应精准把握游客情感诉求，了解影响情绪的关键因素以激发消费，通过解决游客情绪痛点促进情感共鸣和消费。

附录

逻辑回归变量解释表

变量名	变量符号	变量定义	备注
情绪旅游意愿	Y	$\begin{cases}1：愿意\\0：不愿意\end{cases}$	无

续表

变量名	变量符号	变量定义	备注
年龄	$age15-22$	$\begin{cases}1：15—22 \text{ 岁} \\ 0：23—29 \text{ 岁}\end{cases}$	23—29 岁为基准水平
性别	$Male$	$\begin{cases}1：\text{男} \\ 0：\text{女}\end{cases}$	性别女为基准水平
居住地	$region1$	$\begin{cases}1：\text{超一线城市} \\ 0：\text{其他}\end{cases}$	四线城市及以下为基准水平
	$region2$	$\begin{cases}1：\text{一线城市} \\ 0：\text{其他}\end{cases}$	
	$region3$	$\begin{cases}1：\text{二线城市} \\ 0：\text{其他}\end{cases}$	
	$region4$	$\begin{cases}1：\text{三线城市} \\ 0：\text{其他}\end{cases}$	
月可支配收入	$cost1$	$\begin{cases}1：1000—5000 \text{ 元} \\ 0：\text{其他}\end{cases}$	10000 元以上为基准水平
	$cost2$	$\begin{cases}1：5000—10000 \text{ 元} \\ 0：\text{其他}\end{cases}$	
情绪旅游可承受经费	$price1$	$\begin{cases}1：1000 \text{ 元以下} \\ 0：\text{其他}\end{cases}$	5000 元以上为基准水平
	$price2$	$\begin{cases}1：1000—3000 \text{ 元} \\ 0：\text{其他}\end{cases}$	
	$price3$	$\begin{cases}1：3000—5000 \text{ 元} \\ 0：\text{其他}\end{cases}$	
情绪旅游目的地形象	$Image$	情绪旅游目的地形象评分	采用指标均值
情绪旅游目的地类型	$type1$	$\begin{cases}1：\text{富有烟火气息的地方} \\ 0：\text{其他}\end{cases}$	以有历史文化底蕴的地方为基准水平
	$type2$	$\begin{cases}1：\text{有自己喜爱 IP 联动的地方} \\ 0：\text{其他}\end{cases}$	
	$type3$	$\begin{cases}1：\text{独特、小众的地方} \\ 0：\text{其他}\end{cases}$	
	$type4$	$\begin{cases}1：\text{节奏慢、宁静轻松的地方} \\ 0：\text{其他}\end{cases}$	
	$type5$	$\begin{cases}1：\text{主题式旅游地} \\ 0：\text{其他}\end{cases}$	
	$type6$	$\begin{cases}1：\text{快节奏的时尚都市} \\ 0：\text{其他}\end{cases}$	
	$type7$	$\begin{cases}1：\text{自然景观美丽的地方} \\ 0：\text{其他}\end{cases}$	

续表

变量名	变量符号	变量定义	备注
情绪旅游方式	$way1$	$\begin{cases} 1：目的地场景和氛围\\ \quad\;契合情感需求 \\ 0：其他 \end{cases}$	
	$way2$	$\begin{cases} 1：通过艺术展览等方式\\ \quad\;感受当地风俗文化 \\ 0：其他 \end{cases}$	以旅游活动与社交活动为基准水平
	$way3$	$\begin{cases} 1：定制旅游个性化的路线\\ \quad\;进行主体旅游 \\ 0：其他 \end{cases}$	

案例使用说明

一、教学目的与用途

1. 适用课程

本案例为市场调查型案例，适用于《统计学》《统计综合案例分析》《市场调查》《学术规范与论文写作》等统计学专业课程。

2. 本案例教学目标

本案例以情绪旅游为主线，重点描述了特定对象——Z世代人群，在推动旅游市场发展过程中表现出来的特征，最终实现对以下问题的解答：情绪旅游在哪些方面吸引Z世代人群？Z世代人群又会如何推动情绪旅游的发展？旅游行业又该得到何种启发？通过对该案例的分析，引导学生：

（1）学习理解消费者参与旅游市场的可能影响因子，学习描述性统计分析、推断性统计分析和如何做市场调查。

（2）通过案例思考该模型的优势和特点，对于模型的进一步拓展是否有自己的想法，如何进一步分析该选题。

（3）思考该案例背后的大赛要求和目标，如何选择更好的方向进行分析，怎样确定研究的题目和对象，如何才能将该案例写得更符合评委要求。

二、启发性思考题

为了激发学生的思考和对本案例的兴趣程度,并使其更有针对性地了解本案例的主要方法和行文思路,以下给出了一些思考题,供教师在课堂组织学生交流讨论或课下学生自主学习时参考。

1. 情绪旅游的心理与行为机制方面
(1) 情绪旅游反映了怎样的消费者心理变化?
(2) 如何理解情绪旅游行为背后的情感驱动因素?
2. Z 世代的情绪旅游需求与市场响应方面
(1) Z 世代的情绪旅游需求对传统旅游市场的冲击体现在哪些方面?
(2) 旅游企业应如何调整策略以更好地满足 Z 世代的特殊需求?
3. 思政融入方面
在推动地方经济高质量发展的背景下,如何通过情绪旅游促进区域文化传承和创新?

三、背景信息

随着疫情防控政策的放松,2023 年我国文旅市场强劲复苏,国内旅游人数同比增长 90.6%,接近疫情前的恢复水平(80%—90%),旅游业的快速恢复为市场带来新的发展机会。Z 世代已成为旅游消费的主力军,占 2023 年出游人群的 68%,这一代消费者的崛起不仅改变了消费市场的格局,也对旅游行业产生了深远的影响,推动了个性化、情感化旅游需求的增长。宏观经济的发展带来居民个人消费结构与需求的转型升级,体验经济逐渐成为主导型经济形态。

Z 世代更注重旅游过程中的体验感和回忆,对情感体验的需求日益增长。Z 世代拥有独特的价值观和消费观,他们追求个性化的、情感化的、体验化的旅游产品和服务,情绪旅游符合他们的消费需求和价值观。社交媒体在 Z 世代的旅游消费中扮演着重要的角色,他们通过社交媒体了解旅游信息,也通过社交媒体分享旅游经历,这为旅游企业提供了新的营销渠道和方式。

四、案例分析思路及要点

1. 分析思路
教师可以根据自己的教学目标(目的)来灵活使用本案例。这里提出本案例的分析思路,仅供参考。

本案例以全国 Z 世代为研究对象,采用多阶段抽样方法对 31 个省、市、自治区进行分层。第 Ⅰ 层采用简单随机抽样,第 Ⅱ 层用系统抽样,第 Ⅲ、第 Ⅳ 层样本量通过抽签法确定。

随后,通过简单随机抽样选取地级市样本,并结合线上线下发放问卷。调查使用收集的问卷数据,经过录入和清洗后,进行个人特征分析、情绪旅游偏好分析及其影响因素分析。通过 K-means 聚类和多层感知机模型,得出了四类 Z 世代情绪旅游游客画像及其忠诚度情况。基于马斯洛需求层次理论、S-O-R 模型等,建立结构方程模型探讨情绪旅游行为机制,并用逻辑回归分析情绪旅游意愿的显著影响因素。

最后,结合各模型结果,针对不同群体提出 4P 营销组合策略建议。其研究思路如图 4-19 所示。

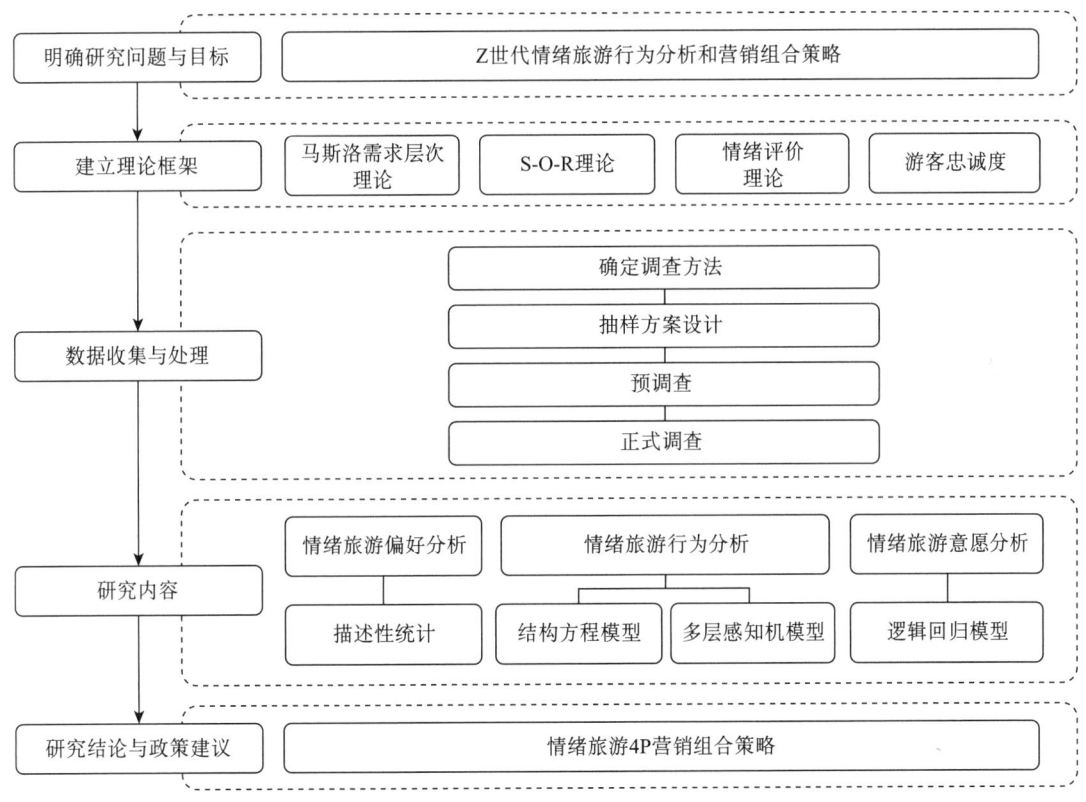

图 4-19 案例分析框架

2. 覆盖的知识点

(1) 抽样方法与抽样框设计。

多阶段抽样:研究使用了多阶段抽样方法,对 31 个省、市、自治区进行分层抽样。

这涉及抽样设计的基本概念，如何通过分层保证样本的代表性。

简单随机抽样：这种抽样方法确保了每个个体被选中的机会相同，避免了抽样偏差。

系统抽样：通过系统的方式（如按一定的规则选择样本），可以提高样本的均匀性。

抽签法：用随机方式决定样本量，这有助于保持抽样过程的公正性和科学性。

地级市样本选择：结合线上线下问卷发放，涵盖了不同地区的受访者，确保样本的地理代表性。

（2）数据收集与分析。

问卷调查：通过问卷收集数据，涉及问卷设计的技巧，包括如何设计有效的问题，如何避免偏见，以及如何通过线上和线下相结合的方法扩大样本覆盖。

数据录入与清洗：数据清洗是数据分析中的关键步骤，包括去除错误数据、填补缺失值、标准化数据等。

个人特征分析：分析受访者的基本人口特征（如年龄、性别、学历、收入等），可以帮助理解不同人群在情绪旅游偏好上的差异。

（3）聚类分析与模型应用。

K-means 聚类：这是一种无监督学习的算法，常用于将数据集划分为不同的群体或类别。在本案例中，K-means 聚类被用来识别不同的 Z 世代情绪旅游游客群体。聚类分析有助于找出 Z 世代中不同子群体的情绪旅游偏好，从而为营销策略提供支持。

多层感知机（MLP）模型：这是一种深度学习算法，用于模式识别和分类问题。在本案例中，可能用于进一步分析游客群体的特征，并预测他们的行为（如忠诚度）。该模型能够处理复杂的非线性关系，对于情绪旅游行为的预测有较强的能力。

（4）理论框架与行为机制。

马斯洛需求层次理论：这一理论用来理解 Z 世代的情绪旅游需求背后的动机。通过将情绪旅游行为与需求层次挂钩，可以揭示不同群体的核心需求，如安全感、社交需求、尊重需求和自我实现需求。

S-O-R 模型：刺激（Stimulus）—有机体（Organism）—反应（Response）模型，常用于解释个体如何受到外部刺激的影响并作出反应。在情绪旅游中，外部刺激可能包括旅行目的地的情感营销、环境设计等，而有机体则指 Z 世代的心理和情感需求，反应则是他们的旅游行为。

结构方程模型（SEM）：用于研究潜在变量之间的关系，如情绪旅游行为背后的驱动因素。结构方程模型能够帮助理解情绪旅游行为机制，并探索多个变量之间的因果关系。

逻辑回归分析：逻辑回归被用来分析情绪旅游意愿的显著影响因素，通过这种分析，可以揭示哪些因素（如年龄、性别、收入、旅游经验等）对 Z 世代的情绪旅游意愿具有显著影响。这种分析能帮助营销人员识别关键驱动因素,从而为制定精准的营销策略提供依据。

(5) 4P营销组合策略。

4P理论(产品、价格、渠道、促销):基于研究结果,提出的4P营销策略建议可以帮助旅游行业针对不同的Z世代群体制定个性化的营销方案。例如,如何根据不同群体的情绪需求设计旅游产品(如疗愈旅游、生态旅游等),如何定价,选择哪些渠道进行推广,如何通过促销手段吸引潜在消费者等。

3. 能力训练点

(1) 抽样设计与样本选择能力。

通过多阶段抽样、简单随机抽样、系统抽样和抽签法等,培养学生或研究人员在复杂研究环境中设计和执行抽样的方法和技巧。理解如何通过合理地分层、分区及样本选择,确保研究样本能够充分代表目标群体,从而增强研究结果的可靠性与普适性。

(2) 数据处理与清洗能力。

训练学生和研究人员掌握数据录入、清洗及处理的技术,如识别缺失值、异常值处理、数据标准化等,以确保数据质量,提升分析结果的准确性。熟练使用Excel、Stata、SPSS、Python等数据处理软件,进行数据清洗、整理和预处理,增强其在实际项目中应用数据分析工具的能力。

(3) 统计分析与建模能力。

训练学生在无监督学习中运用K-means聚类算法进行消费者分群,识别不同的消费者类型。通过这一训练,学生能够从大量数据中提取有意义的模式和趋势,应用于市场细分和客户分析。培养学生使用深度学习模型,如MLP,来进行数据分类、预测及分析复杂的非线性关系。特别是在情绪旅游等复杂行为的分析中,MLP有助于从数据中挖掘潜在的、非线性的消费者行为模式。训练学生如何使用结构方程模型(SEM)构建和验证因果关系。通过SEM模型,研究者能够了解不同因素之间的复杂互动关系,掌握如何进行路径分析和构建多变量模型。

(4) 预测分析能力。

通过逻辑回归模型分析情绪旅游意愿的预测因子,训练学生如何运用回归分析技术进行未来趋势的预测,评估不同因素对消费者决策的影响。训练学生运用机器学习模型(如决策树、随机森林、XGBoost等)进行趋势预测,特别是在处理大量变量和复杂数据集时,如何选择合适的算法进行模型建立和优化。

(5) 理论与实践结合的综合能力。

通过运用心理学(如马斯洛需求层次理论)、行为学(如S-O-R模型)以及统计学和数据分析方法,培养学生将理论知识与实际营销、消费者行为分析相结合的能力。培养学生在实际研究中综合运用多种研究方法(如定量分析、聚类分析、回归分析等)解决实际问题,提升其全局视野和方法综合能力。

五、理论依据与分析

1. 马斯洛需求层次理论

马斯洛需求层次理论提出,个体的需求从基础的生理需求到高层的自我实现需求是逐步递进的。在情绪旅游的背景下,这一理论有助于理解Z世代在旅游选择时,如何由基础的放松休闲需求向更高层次的情感满足、自我实现转变。为了深入理解Z世代的情感需求并驱动他们的旅游行为,本案例通过K-means聚类分析将Z世代游客细分为不同的群体。通过这种聚类分析,我们能够识别出哪些群体更关注情感需求,并将其与马斯洛的理论相对照,进一步探讨情感需求如何影响他们的旅游决策。结构方程模型(SEM)也被用来检验和验证马斯洛理论中的潜在变量(如情感需求、心理需求、旅游体验)之间的因果关系。通过SEM模型,研究者能够构建情感需求、旅游动机和旅游行为之间的路径模型,系统地分析各个层次的需求如何相互作用,最终驱动旅游选择。

2. S-O-R理论

S-O-R(Stimulus-Organism-Response)模型是一个经典的心理学模型,用于解释外部刺激(S)如何通过个体内在的有机体(O)产生反应(R)。在情绪旅游研究中,外部刺激可以是旅游目的地的营销活动、景点环境等;有机体则是Z世代的情感需求和心理状态;反应是他们的旅游决策和行为。为了探讨情绪旅游中的刺激—有机体—反应机制,研究采用了多层感知机(MLP)模型。MLP模型是一种深度学习方法,能够捕捉复杂的非线性关系。在此框架下,研究者使用MLP模型来分析旅游环境中的外部刺激(如旅游广告、社交媒体内容、景区宣传等)如何通过影响Z世代的情感需求和心理状态(即有机体)产生旅游行为反应(如选择目的地、旅游意愿、忠诚度等)。逻辑回归分析进一步用于分析这些外部刺激和内在情感需求如何显著影响Z世代的旅游意愿。例如,研究者可以通过逻辑回归分析发现,情感刺激(如旅行中的情感共鸣)如何影响Z世代的旅游决策,从而对S-O-R模型中的"反应"部分进行量化。

3. 情绪评价理论

情绪评价理论强调情绪体验是在对环境、情境和刺激进行评价之后产生的。在情绪旅游的背景下,Z世代游客的旅游行为是基于他们对旅游目的地或活动的情绪评价作出的。情绪评价理论认为,个体会根据自己的情感需求、期待和认知判断对某种情境或活动产生情绪反应,这种反应进而影响其行为决策。为了深入探讨 Z 世代的情绪评价机制,研究采用了结构方程模型(SEM),通过建立情绪反应、旅游动机和行为之间的因果关系模型,分析情绪评价是如何影响他们的旅游决策过程的。逻辑回归分析则被用来分析影响 Z 世代情绪旅游意愿的显著因素,如情绪评价的高低、旅游中获得的情感满足程度等,这些因素可以帮助揭示情绪评价如何在具体的旅游决策中发挥关键作用。

六、教学组织形式

本案例的计划安排课堂讨论时间为 50—60 分钟,建议课堂时间安排及提问逻辑如下:

1. 课前安排

发放案例正文文本及思考题(课前一周)。

2. 课中计划

(1)案例引入:询问大家对情绪旅游概念是否已经课前熟悉。简单总结 Z 世代消费行为的概念,并概述此次案例讨论的主旨(5 分钟)。

(2)小组讨论:将案例启发式问题投屏,分组自由讨论,老师走动交流;每个组将自己讨论出的答案进行总结列出框架(15 分钟)。

(3)班级讨论:按照各思考题,请各组进行总结发言;可以每个组随机要求回答不一样的问题,然后让其他组加入补充;老师在白板上记录各组发言的要点,并鼓励各组之间互动评价(20—30 分钟)。

(4)总结提升:将所利用的理论框架结合案例进行总结(10 分钟)。

3. 课后安排

撰写个人反思报告,对案例讨论的收获和延展性的思考,以电子文档的方式发到课程微信群进一步分享交流,旨在深化学生的知识点记忆和进一步的思考(课后一周内)。

七、案例的后续发展

在案例教学结束后,学生需撰写一篇报告,针对不同类别游客的特点和旅游需求写出。报告需包括以下内容:

(1)调查方案与抽样方案设计;

(2)结合数据提出的政策建议;

(3)旅游满意度分析与提升策略。

此外,学生还应对未来几年旅游情感的影响因素进行思考,并进一步讨论不同类别游客的情绪旅游行为机制、情绪旅游营销的发展方向。

八、其他教学支持材料

1. 中共山东省委山东省人民政府关于促进文旅深度融合推动旅游业高质量发展的意见（http：//whhly. shandong. gov. cn/art/2023/3/25/art_102779_10319810. html？xxgkhide =1）。

2. 浙江省人民政府关于推进文化和旅游产业深度融合高质量发展的实施意见（http：//www. yueqing. gov. cn/art/2023/12/29/art_1229778812_59248100. html）。

案例 5

消费者网购生鲜产品意愿调查报告[1]

---

[1] 本案例改编自"正大杯"第八届全国大学生市场调查与分析大赛本科组一等奖作品：《消费者网购生鲜产品意愿调查报告》（指导老师：刘照德和马岚。队友：余奕颖、李敏霞、黄婷、杨柳和袁慧敏），由杨志宏、聂琪宗、曹柳智、彭肇维、李恒亮和杨俊杰协助整理。

案例 5　消费者网购生鲜产品意愿调查报告

案例正文

根据中国电子商务研究中心报告，生鲜电商已成为电商领域最活跃、资本关注度最高的类别之一。2017 年，中国生鲜电商市场交易规模达 1391.3 亿元，同比增长 59.7%，年复合增长率（CAGR）为 82.04%，预计 2020 年突破 3000 亿元。消费者网购生鲜已成为新兴消费潮流，但其意愿受到多种因素影响。本报告通过问卷调查、文献分析等方法，收集 301 份有效样本，运用统计分析方法探讨消费者网购生鲜的决策及关键影响因素。

调查显示，不同职业群体网购意愿差异明显，其中上班族意愿最强。消费者普遍注重价格，期望网购价格低于实体店 10%—20%。中低收入群体意愿更强，有网购经历者更认可生鲜网购的便捷性。品质与保鲜问题是消费者的主要担忧，高品质、多样化商品供给是重要诉求。

基于调查结论，提出 SOLOMO 模式（Social – Local – Mobile）作为"生鲜新零售"策略，包括：(1) 打造高品质实体生鲜超市，丰富商品选择；(2) 增强线下互动体验，吸引高收入群体；(3) 开发电商专属 App，提升上班族便捷体验；(4) 自建配送团队，实现 5 千米内半小时配送；(5) 引入智能化运营与店仓一体化，降低成本，确保线上价格优势。通过线上线下结合，满足消费者多元需求，推动生鲜电商可持续发展。

一、引言

（一）调查背景

随着网络技术和电子商务市场的不断发展，网上购物逐渐受到越来越多消费者的青睐，成为重要的购物途径之一。中国生鲜消费市场规模庞大，据中国电子商务研究中心的数据显示，生鲜食品在中国居民的食品消费支出中占比已超过 50%。生鲜电商已成为电商领域中最为活跃、资本关注度最高的板块。根据《2016—2019 年中国生鲜电商市场发展趋势预测》报告，2016 年中国生鲜电商市场交易规模达 913.9 亿元人民币，同比增长 68.6%，虽然增速相较前几年有所放缓，但仍处于快速增长阶段。预计到 2019 年，市场规模将达到 3506.08 亿元。尽管生鲜电商行业增长迅速，但盈利状况仍面临较大挑战，目前行业普遍处于低回报率状态。相比综合电商领域全网 70.3% 的活跃用户渗透率，生鲜品类虽然具有高频、刚需特点，但其线上活跃用户渗透率仅为 2%。中国电子商务研究中心的《2016 年度中国网络零售市场数据监测报告》显示，全国 4000 多家生鲜电商企业中，只有1%实现盈利,88%处于亏损状态。此外,生鲜电商并未完全取代线下销售渠道,且二者的消费者群体差异较大。目前生鲜电商的用户主要集中在一、二线城市的年轻人,而老年人和家庭主妇仍更倾向于在线下市场购买生鲜。近年来,食品安全问题频发,消费者对食品安全的关注度逐渐提高,对于生鲜产品的质量要求也越来越高。虽然网购生鲜便捷,但由于消费者无法亲自辨别产品的新鲜度和质量,一部分人对网购生鲜依然持谨慎态度。

为了促进生鲜电商行业的健康发展,政府出台了一系列政策支持。首先,通过《电子商务法》规范电商平台运营,要求其对食品安全负责并提供产品质量保障。此外,冷链物流建设获得政策支持,鼓励企业完善运输和储存环节,以保障生鲜产品新鲜度和安全。政府还推动地方特色生鲜上行,促进偏远地区农产品通过电商平台流通,同时通过溯源体系建设加强产品可追溯性,提升消费者信任。这些政策共同促进了生鲜电商的规范化与可持续发展。

(二) 文献综述

1. 消费者网购食品行为研究

随着经济和科技的不断发展,网购食品已经成为一种潮流。传统的食品行业与互联网相结合,使食品行业在电子商务平台占据广阔的发展空间。如今,网购食品交易已经成为中国食品行业销售的主要部分,消费者足不出户就可以买到所需的食品。但是,谢丽娟(2017)[①] 在论文中提出,网购食品给消费者带来便利的同时也存在众多问题。网购交易中的虚拟性、不确定性和信息不对称等特点,导致网购食品质量问题经常发生。王殿华和莎娜(2016)[②] 的调研报告中提出,消费者的个体特征、受教育程度、经济因素都有可能影响购买意愿。吴林海等(2014)[③] 证实了高收入消费者更愿意追求可追溯食品,安全度高,食品安全风险小。章迎迎(2014)[④] 的研究也表明消费者收入水平不同对新环境农产品的购买行为也会不同。

2. 影响消费者的网购生鲜意愿的因素研究

邹俊(2011)[⑤] 表示,消费者对网购生鲜农产品的意愿较低,兴趣不足。在消费者对

---

① 谢丽娟. 网购食品质量绩效影响因素与演化博弈分析 [D]. 镇江:江苏科技大学,2017.
② 王殿华,莎娜. 美国与欧盟食品安全科学监管的比较及启示——以丙烯酰胺为例 [J]. 科技管理研究,2016,36 (04):207–211.
③ 吴林海,王红纱,刘晓琳. 可追溯猪肉:信息组合与消费者支付意愿 [J]. 中国人口·资源与环境,2014,24 (04):35–45.
④ 章迎迎. 消费者对亲环境农产品的购买行为与支付意愿研究 [D]. 杭州:浙江大学,2015.
⑤ 邹俊. 消费者网购生鲜农产品意愿影响因素实证研究 [D]. 武汉:华中农业大学,2011.

网购生鲜农产品的期望中，只有价格期望对购买意愿有显著正向影响。消费者特征对购买意愿的影响因人而异。黄绿盈（2017）[①]在硕士论文中指出，卖家形象、便利性、产品属性、包装和物流、价格折扣以及网购心理是影响消费者网购生鲜农产品意愿的六大因素，与网购意愿之间存在显著相关关系，其中产品属性的影响最为显著。

3. 网购生鲜市场现状和发展趋势研究

中国报告大厅行业资讯报告《生鲜电商行业 2016 年密集调整进入寒冬期》指出，生鲜电商行业发展陷入困境。2011—2016 年，尽管经过 5 年打磨，生鲜电商市场渗透率仍不到 2%。中国农业生鲜电商发展论坛数据显示，全国 4000 多家生鲜电商企业中，只有 1% 实现盈利，4% 持平，88% 亏损，7% 巨额亏损。然而，《生鲜电商市场现状分析及 2017 年市场展望》报告显示，中国生鲜电商市场规模到 2018 年有望超过 1500 亿元，年均复合增长率达 50%。虽然生鲜食品的电商渗透率仅 1%，相比服装和 3C 数码产品的 20%，仍有很大提升空间。因此，加强市场认知与调查研究，为生鲜电商平台提供调整、转型和升级的建议，以吸引并保留消费者尤为重要。

由此可见，消费者网购食品所考虑的因素与网购其他商品存在差异。高收入消费者对网购食品的要求更高，他们的网购生鲜意愿如何？目前网购生鲜市场发展迅速，消费者的消费习惯逐步养成，但与综合电商领域相比，生鲜电商在盈利方面仍存在较大挑战，属于低回报率行业，未来具有广阔的提升空间。影响消费者网购生鲜意愿的因素较为复杂，因此我们开展了消费者网购生鲜意愿的调查，旨在分析相关影响因素，深入了解消费者需求，进而提出基于消费者立场的营销策略，以吸引更多用户。通过线上线下结合的方式发放问卷，运用统计学方法收集多样化、真实的数据，并在调查报告中呈现结果和建议。

（三）理论基础——霍金斯模型概述

为了调查消费者网购生鲜产品的意愿，探索影响消费者购买生鲜产品的各项因素，并为生鲜电商的发展提出对策与建议，本报告基于霍金斯模型分析了消费者购买决策中内部和外部因素的相互作用及其对网购意愿的影响。

霍金斯模型认为，消费者在内外因素的综合作用下形成自我概念和生活方式，这些进一步导致需求与欲望的产生，而大多数需求与欲望通过消费行为（购买产品）得到满足。基于此模型，我们认为消费者的购买决策是在内部和外部因素的共同作用下完成的，因此研究消费者网购生鲜产品行为时，应从影响其行为的因素入手。

结合霍金斯模型（见图 5-1），本报告将影响消费者网购生鲜行为的因素分为两类：

---

① 黄绿盈. 生鲜农产品消费者网购意愿影响因素研究 [D]. 福建：福建农林大学，2017.

（1）外部因素：社会阶层、参照群体、营销活动、生鲜品类、销售渠道、价格以及生鲜电商普遍存在的问题。

（2）内部因素：职业、收入水平和个人目的。

这些因素可能从不同维度影响消费者的网购意愿，因此，我们在调查与分析时围绕这些影响因素展开，以确定哪些关键因素显著影响了消费者的购买决策与行为。

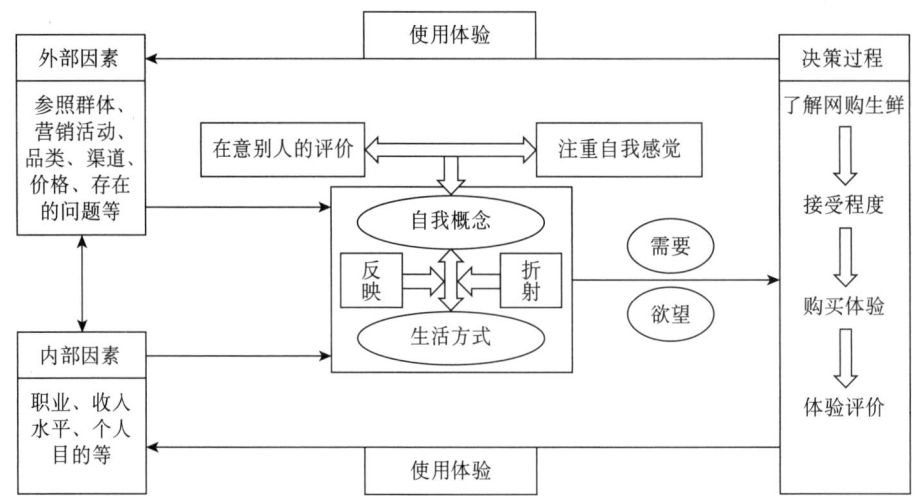

图 5-1 霍金斯模型

（四）调查目的及意义

1. 调查目的

（1）调查消费者网购生鲜产品的意愿。

通过问卷调查和数据分析，了解消费者对网购生鲜产品的接受程度，分析他们选择或拒绝的主要原因，探讨不同消费群体的意愿差异。

（2）探索影响消费者网购生鲜产品的因素。

基于霍金斯模型，从内部因素（如职业、收入水平、个人需求）和外部因素（如价格、渠道、营销活动）两个方面，分析影响消费者网购生鲜意愿的关键因素及其作用机制。

（3）为生鲜电商更好发展提出建议和对策。

针对消费者关注的价格、品质、物流等问题，提出优化供应链、提升配送效率、加强用户体验等策略，以吸引更多消费者并推动行业健康发展。

2. 调查意义

通过调查报告，可以得知愿意接受网购生鲜的消费者比例，推测出目前网购生鲜行为的普及率，并找出目前哪一类社会群体是网购生鲜的坚实支柱。随着对调查报告的深入分析，可以得知消费者高频购买的生鲜品种以及消费者网购生鲜最看重的因素，还可以了解到目前哪些生鲜平台网站最受消费者青睐。从而找出电商平台调整与培养用户网购生鲜习惯的对策，为生鲜电商的未来更好发展建言献策。

二、消费者网购生鲜意愿调查的策划实施

（一）调查方法

本报告的调查方法主要包括三种：查阅文献法、问卷调查法和走访调查法。每种方法的应用旨在多角度收集、分析数据，以确保对消费者网购生鲜意愿的调查具有广泛的代表性和准确性。

1. 查阅文献法

查阅文献法通过利用国内主流学术平台和数据库资源，如中国知网、百度文库等，对已有的网购生鲜农产品研究报告进行查阅分析，吸取前人研究的经验和教训。此外，通过图书馆资源，调阅了有关消费者行为学的相关书籍，以深入理解消费者在生鲜网购方面的行为特征。这一过程有效帮助了本次调查的理论框架构建，为问卷和访谈设计提供了科学依据，同时也为分析生鲜电商在不同地区、不同消费者群体中的发展情况提供了背景支撑。

2. 问卷调查法

问卷调查法是本报告的核心数据收集手段之一。根据生鲜电商背景和相关理论，设计了涵盖消费者个体特征、消费偏好、购买动机和对生鲜电商平台看法的多维度问卷，确保能够获取全面且具体的调查数据。问卷通过线上线下相结合的方式发放，线上利用"问卷星"等平台，通过微信、QQ等社交平台分发，线下则在社区、商场等地随机发放问卷，共计回收问卷315份，其中有效问卷301份，总体有效率达到95.5%。回收的问卷数据经过整理与统计分析，为本报告的定量分析部分提供了重要依据，同时问卷结果也在后续走访调查中得到了进一步验证。

3. 走访调查法

走访调查法通过实地访谈，进一步丰富了问卷调查所未能全面揭示的消费者态度和情感信息。调查小组在实地走访过程中，挑选了五类典型调查对象，涵盖了对生鲜网购有不同看法的消费人群，深入了解各方对生鲜电商的看法。这五类受访对象包括：菜市场的蔬菜摊主，了解传统生鲜市场的销售现状；一位在菜市场接受调查的不愿尝试网购生鲜的中年男性，代表较为保守的消费群体；身边有网购习惯的同学，了解年轻人对生鲜网购的实

际需求；生鲜平台配送员，获取生鲜配送服务的现状和难点；以及某电商平台的工作人员，了解电商平台对生鲜产品网购的业务模式和挑战。每一类访谈对象都为本报告提供了不同的视角，使调查结果更加全面，确保了本次研究对生鲜电商消费者行为的分析更具代表性和深度。

（二）调查方案

1. 调查分析流程（见图 5-2）

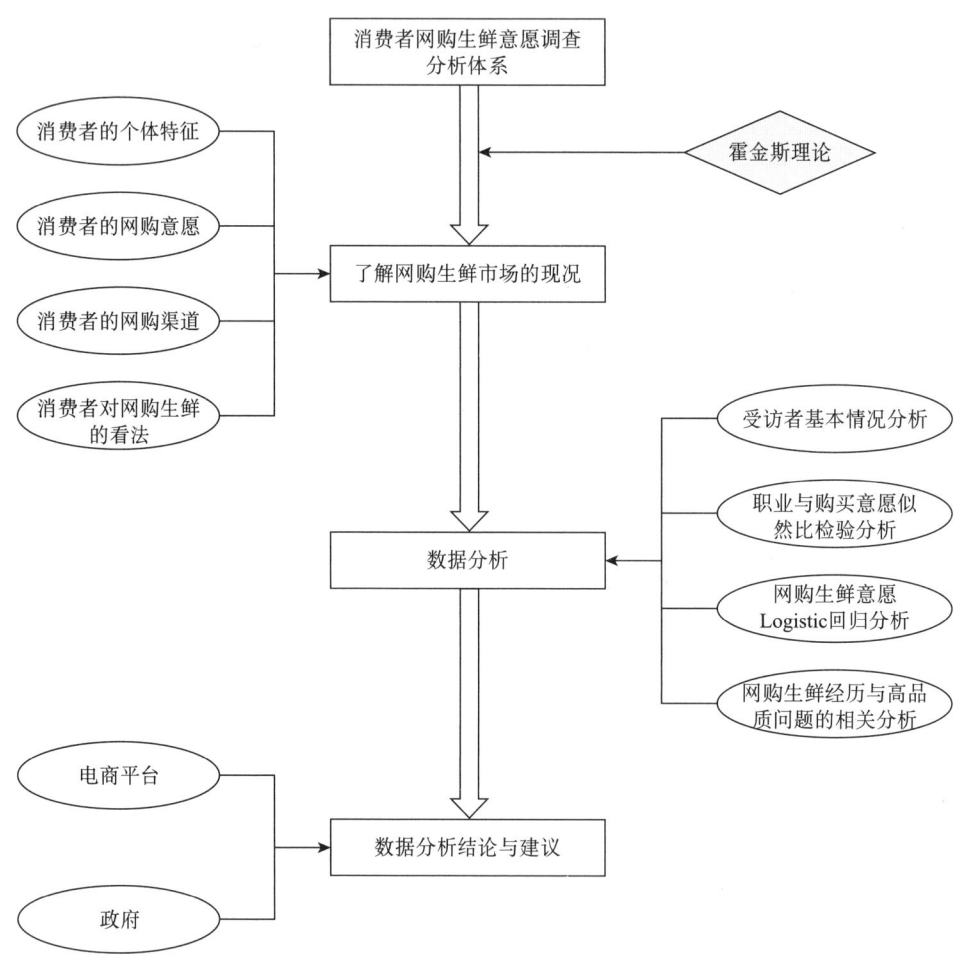

图 5-2　调查分析流程

（1）确定选题，开始构建消费者网购生鲜意愿的调查分析体系。

（2）为了了解网购生鲜市场的现状，设计了以消费者为主导的问卷，从四个方面展开：消费者的个体特征、消费者的网购生鲜意愿、消费者选择的网购渠道，以及消费者对网购生鲜的总体看法，以此来了解消费者对生鲜网购市场的认知。

（3）回收问卷并录入数据后，进行样本数据分析，包括消费者画像分析、职业与购买意愿的似然比检验、网购生鲜意愿的 Logistic 回归分析，以及网购生鲜经历与高品质问题的相关性分析，从数据角度检验影响消费者网购生鲜意愿的关键因素。

（4）数据分析的结论与建议：结合霍金斯模型的决策理论，通过理性数据分析得出影响消费者网购生鲜意愿的因素，并提出针对电商平台和政府的具体建议，以及基于 SOLO-MO（Social–Local–Mobile）模式的发展方案。

2. 基于霍金斯模型问卷设计

对于消费者的购买意愿调查，应该立足于消费者，从消费者的角度出发，才能更好地了解影响他们作出购买决策的因素。基于霍金斯模型，不同的内、外部因素都会不同程度地影响消费者的自我概念、自我生活方式，从而影响消费者的购买决策。因此，本次的调查在设计问卷时，主要是围绕消费者画像、消费者意愿、消费者购买经历、消费者网购频率、消费者购买关注点等方面进行调查分析。

本次调查旨在找出这些因素是如何影响消费者以及它们造成的影响程度。因此根据调查对象的差异性，我们在问卷设计时考虑到了某些消费者并没有过网购生鲜产品的经历，便在问卷中设置了跳转程序，如果调查对象在第 6 题选择了没有过网购生鲜经历，就会直接跳转到调查他们对网购生鲜的看法的题目（见表 5–1）。

表 5–1　　　　　　　　　　消费者问卷设定

	潜在变量	可测变量	调查目的
消费者特征	消费者画像	A1 性别 A2 年龄 A3 职业 A4 月收入/生活费	从性别、年龄、职业、月收入等消费者特征着手，探究消费者自身的一些特点会对消费者作出在网上购买生鲜产品决策造成什么影响
消费者体验	意愿	B1 是否愿意网购	调查消费者的网购生鲜体验数据分析消费者购买意愿的强烈程度
	购买经历	B2 是否有购买经验 B3 购买过的生鲜种类 B4 网购生鲜渠道	
	购买频率	B5 最近半年月平均购买次数	
消费者看法	影响购买的关注点	C1 网购生鲜的原因 C2 网购生鲜主要关注因素 C3 网购生鲜最担心的问题 C4 可接受的网购生鲜价格范围 C5 可接受送达时间 C6 网购生鲜需要改进的地方	找出是什么问题（配送慢、生鲜难保鲜等）抑制了消费者网购生鲜产品的意愿

3. 抽样设计

（1）最低样本量。

$$n = \frac{t^2 \times p(1-p)}{E^2} \qquad (5-1)$$

本案例采用的是非概率抽样，在计算最低样本量时，选择置信度95%，$t=1.96$，可接受误差通常取10%，p值取0.5（当p值为0.5时，样本量最大）。其中，n代表样本量，t代表概率度（与置信水平相对应），E代表可接受抽样误差，p代表估计比例。

经计算可得出最低样本量$n=96$，由于在试调查的过程中，得到线下问卷回收率96%，因此调整的最低样本量为100份，而在后续的线上线下问卷发放过程中，我们共收集到301份，满足初设的最低样本容量，进一步缩小样本统计量的误差值。

（2）调查对象和范围。

本次调查小组将受访者按年龄分为五个阶段：18岁以下、18—25岁、26—35岁、36—45岁、46岁以上。同时，根据职业身份将受访者划分为学生、家庭主妇、上班族、自由职业者以及其他职业，以确保样本的多样性，从而使调查数据更具代表性。

4. 调查方式和抽样结果

为确保调查报告数据的准确性与可靠性，本小组对不同年龄、不同职业及不同居住环境的消费者进行了调查。最终选择了线上和实地调查两种方式，以便更全面地收集各类消费者的反馈信息。

（1）在线调查。

在线问卷调查通过"问卷星"平台完成，于2018年3月开展。小组利用微信等社交软件向各类消费者发放问卷，共回收线上问卷170份，所有问卷均为有效问卷，有效率达100%。

（2）实地调查。

实地调查地点选在某菜市场、客村地铁站C口和D口以及市图书馆。由于本次调查旨在了解消费者对网购生鲜的意愿，菜市场的受访群体具有生鲜消费需求，具有数据针对性；而市图书馆附近人流量大，覆盖范围广，人群样本多样化，有助于保证样本的差异性。调查人员采用非概率抽样中的方便抽样法结合问卷调查法，完成整个数据收集过程。在实地调查中，共随机邀请145位受访者参与，回收有效问卷131份，有效率为90%（见表5-2）。

本次调查抽样共回收了315份问卷，其中有效问卷为301份，无效问卷为14份，有效回收率为95.5%。

表 5-2　　　　　　　　　　　　问卷发放回收情况

发放方式	收回份数	有效问卷份数	有效回收率（%）
线上发放	170	170	100
线下发放	145	131	90
合计	315	301	95.5

（三）调查实施

1. 项目进度

为确保调查工作的顺利进行，我们详细规划了调查进度，并对各个阶段进行了时间安排。具体进度如下（见图 5-3）：

第一阶段：调研方案设计（3月3日—3月7日）。

（1）设计调研思路与指标体系：在此阶段，我们将明确调研的核心目标、主要研究问题及相应的指标体系。这包括确定需要调查的主要因素和变量，以确保数据的全面性和准确性。

（2）设计问卷并与指导老师商讨：根据调研思路，我们将设计调查问卷，并与指导老师进行讨论与修改，确保问卷内容的科学性和合理性，避免无关或偏差问题的出现。

第二阶段：问卷调查（3月8日—3月22日）。

（1）发放线上问卷：利用电子平台，我们将在目标群体中分发线上问卷，通过网络渠道收集数据。此环节主要面向广泛的受访者群体，以提高调查的覆盖面。

（2）发放线下问卷，街头随机抽样调查：除了线上调查，我们还将进行线下问卷发放，特别是在街头通过随机抽样的方式，确保不同群体的代表性。

第三阶段：走访调查（3月11日—3月15日）。

（1）设计访谈内容并联系确定受访者：本阶段将设计详细的访谈提纲，确保访谈内容能够深入挖掘受访者的真实想法和经验。同时，联系并确定受访者，确保访谈对象的代表性和多样性。

（2）正式访谈：正式开展走访调研，与选定的受访者进行一对一访谈，收集更多定性数据，为后续的分析提供支撑。

第四阶段：数据处理与报告撰写（3月22日—4月16日）。

（1）录入数据，整理访谈内容，分配工作：在数据收集完成后，第一步是将所有问卷和访谈数据进行录入，并整理访谈的文字记录，确保数据的规范化和易于分析。此阶段还将根据团队成员的特长和任务分配情况，合理分配工作任务，确保每个环节的高效执行。

（2）进行深度数据分析：对整理后的数据进行详细分析，包括定量数据的统计分析和定性数据的内容分析。通过数据分析，提取出有价值的信息，识别趋势和潜在问题，为后续报告的撰写提供数据支持。

（3）报告撰写与 PPT 制作：根据数据分析的结果，撰写详细的调研报告，报告内容包括调研背景、方法、结果分析、结论与建议等。与此同时，为了便于展示和汇报，制作相应的 PPT，确保在向相关人员汇报时能够清晰、有条理地传达研究成果。

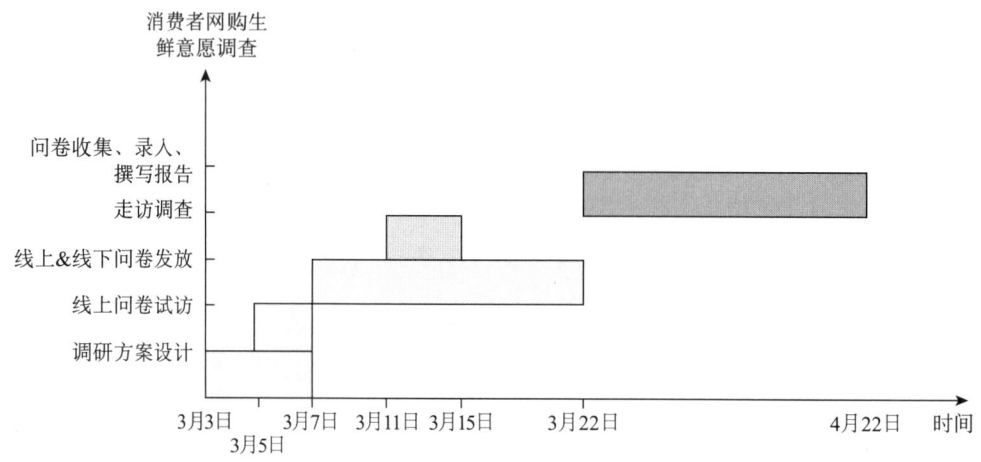

图 5-3　项目进度

2. 调研过程

（1）线上问卷试访。

为测试调查问卷设计合理性，正式发放问卷的有效性，本调查小组于 2018 年 3 月 5 日—3 月 7 日进行了预调研，并与项目导师进行了反馈、探讨。

（2）线上&线下问卷发放。

3 月 8 日开始进行线上问卷发放，发放方式多样：朋友圈、微信好友群发、微信群、贴吧、知乎等。

3 月 8 日开始线下问卷同步进行街头抽样调查。为确保收集的样本有效，我们全员进行了街头采访，并自费购买了包装纸帕等小礼品，作为给参与调查的路人的答谢品。五个人分组行动，并及时在群里汇报相关信息，每隔 20 分钟就在群里汇报抽样调查的最新情况。

线下调查地点 3 个，分别为广州图书馆（3 月 8 日上午 11：30—下午 4：00）、赤沙菜市场（3 月 11 日下午 4：00—下午 7：00）、客村地铁站 C 口和 D 口（3 月 14 日上午 11：00—下午 1：30、下午 4：00—晚上 7：30）。

（3）走访调查。

3 月 11 日—3 月 15 日，本调查小组对五位不同行业、不同年龄的消费者进行了走访调查,包括菜市场的蔬菜摊摊主、在菜市场抽样调查时一位不愿网购生鲜的中年男士、身边爱网购的同学、生鲜平台配送的快递员、某电商平台工作人员。(走访调查的内容结果在后文展示)

(4)问卷收集、数据录入及撰写报告。

3月22日,线上线下问卷调查和走访调查结束。收集好所有问卷,进行数据录入及分析。

3月22日—4月16日,共开会12次,不断分析数据、整理数据,补充缺漏细节,完善报告内容。

三、消费者网购生鲜的基本情况

(一)消费者画像

参与调查总人数为301人,平均年龄约为29岁。消费者群体以青年人为主,年龄集中于18—35岁,多为"80后""90后",是网购消费的主力军。并且此次调查样本基本上为上班族,消费能力属于正常水平,对于生鲜的需求也较高,是最有可能网购生鲜的群体。

(二)消费者网购生鲜意愿具体分析

1. 消费者是否愿意/网购过生鲜

参与调查的人中,207位表示愿意网购生鲜,占样本数量的比例为68.8%。实际上网购过生鲜的人数为190位,消费者网购生鲜的意愿比较强烈,大多数都会付诸实践(见图5-4)。

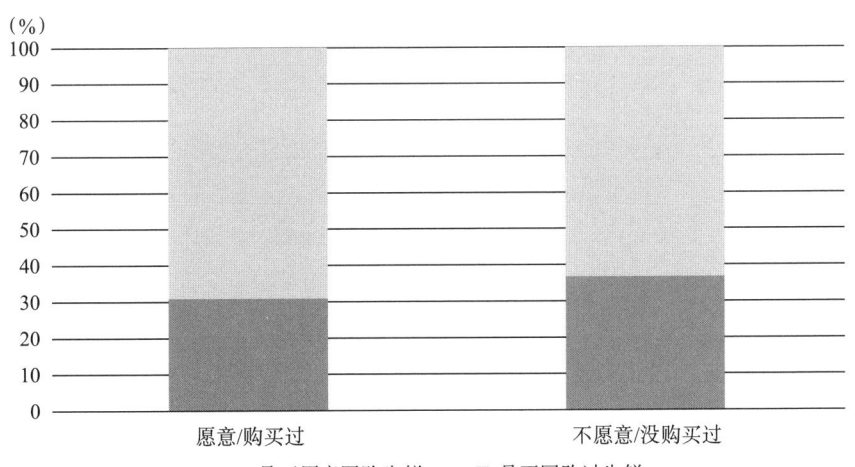

图5-4 消费者愿意/是否网购过生鲜

2. 消费者网购生鲜最爱购买：水果生蔬

从我们的调查数据显示，购买品种最多的是水果生蔬，购买最少的是海鲜水产（见图 5-5）。

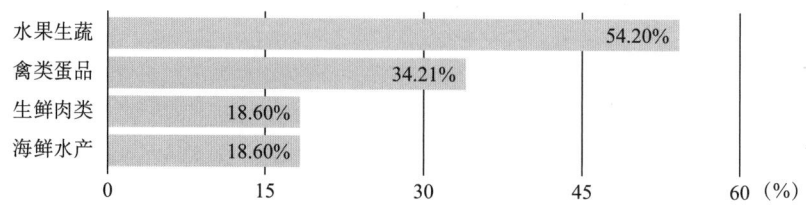

图 5-5 消费者网购过的生鲜概况

从个人因素分析，水果是人们日常爱吃的生鲜之一，很多人基本每天都要吃水果，所以水的网购需求大。而且相比较于生肉类的生鲜，水果保鲜能力较强，更适合运输。

3. 大部分消费者平均每月购买次数：1—2 次

从社会因素分析，消费者网购生鲜的频率并不算高，相对于网购其他东西，网购生鲜水果并未如此普及。因为相当一部分人（特别是中年人）还是习惯去菜市场和超市买菜买水果。据了解，目前只有北京一类的超一线城市才大幅整顿了街边水果摊和嘈杂的菜市场，所以北京人更需要网购生鲜。但是受访者大多数来自广东地区，街边的水果摊、菜市场依旧留存，人们更愿意眼见为实、亲自挑选新鲜蔬果肉类（见图 5-6）。

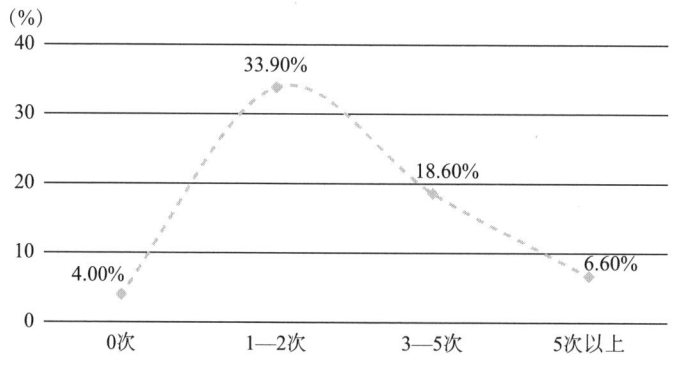

图 5-6 最近半年消费者每月网购生鲜次数统计

4. 消费者最多选择的网购平台：天猫超市

在购买渠道上，大部分消费者选择天猫超市网购生鲜，其次是饿了么。天猫超市的次日达、当日达也增强了消费者的购买欲望，但关于水果质量问题一直层出不穷，水果损坏才能算是质量问题，但味道、大小等各平台不作保证，无法构成质量问题（见图 5-7）。

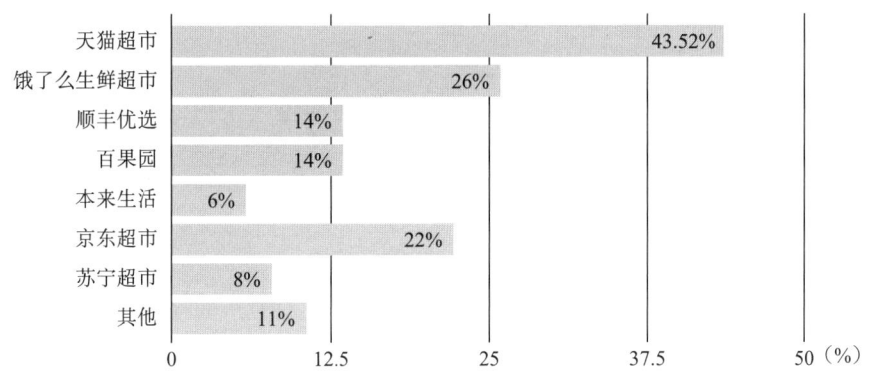

图 5-7 消费者网购生鲜的平台

5. 消费者网购生鲜最重要的原因：节省时间，可送货上门

消费者网购生鲜的原因大多是没有时间去菜市场（或不想去），可以送货上门。方便是消费者更愿意网购生鲜的重要原因。网购本身就是方便消费者消费的，用手机 App、电脑就可以购买自己想要的生鲜，足不出户，等待送货上门。由图 5-8 可知，33%的消费者因为没有时间去菜市场（或不想去），而选择网购生鲜，同时也有 30%的参与调查的消费者选择了"可送货上门"。由于网购的便利性，促使了人们更加愿意网购生鲜产品。

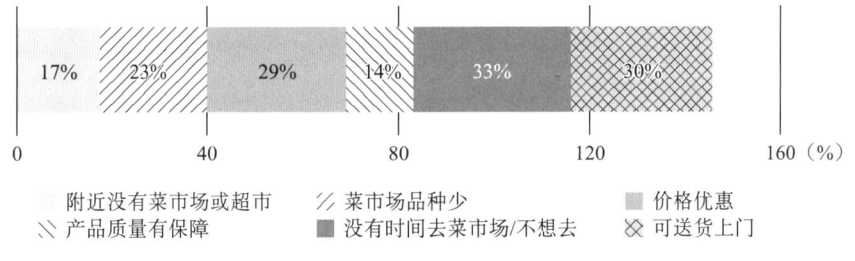

图 5-8 消费者网购生鲜的原因

6. 消费者网购生鲜最关注的因素：价格

消费者最关注的因素是价格。大部分消费者可接受的价格范围是比实体店低 10%—20%。配送方式和时长也是消费者比较注重的网购生鲜因素之一，消费者更能接受网购价格比实体店便宜，可以得知网购生鲜的一个大优势，就是价格比平时自己去购买要低（见图 5-9 和图 5-10）。

大部分消费者可接受的配送时间为半天内和隔天送达。同时，保质期和生产日期也受到消费者的关注（见图 5-11）。

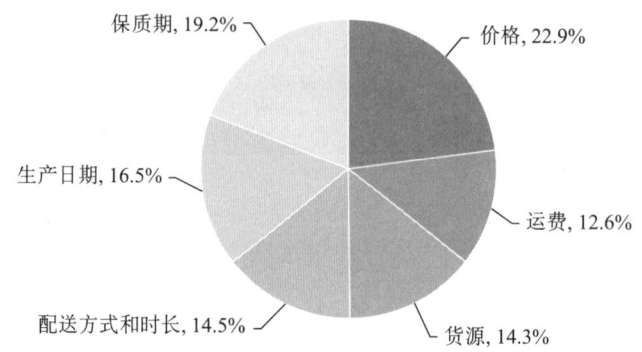

图 5-9　消费者网购生鲜关注的因素

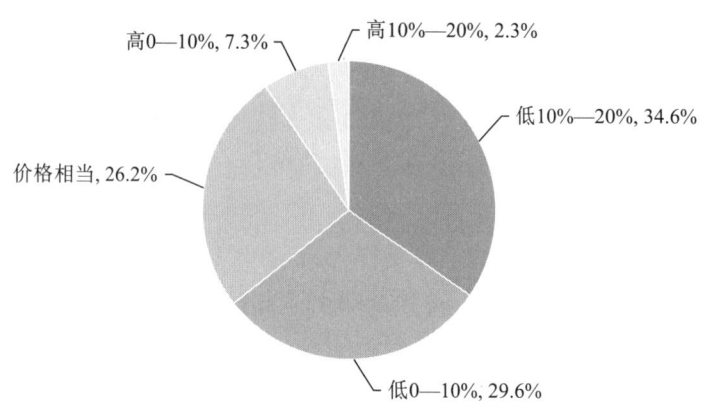

图 5-10　消费者可接受的网购生鲜的价格

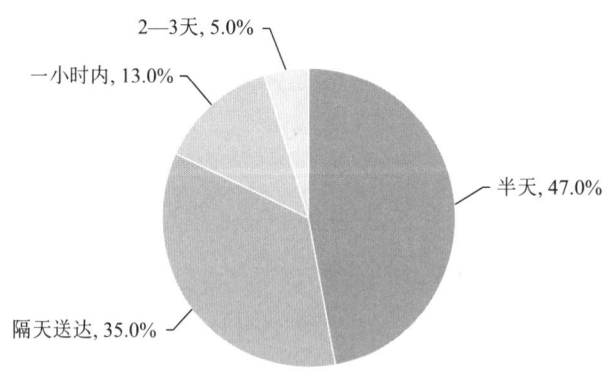

图 5-11　消费者可接受的送达时间

7. 消费者网购生鲜最担心的问题：生鲜食品的质量和保鲜

参与调查的消费者中，231位消费者选择了"商品的品质与新鲜度"，占比77%。生鲜食品的质量和保鲜也一直是令消费者和商家头疼的问题。如何做到既保证质量又保证运输？相关数据显示，生鲜品类的损耗率为10%—30%。相较于其他商品，生鲜对物流的运输、仓储、配送有更高的要求，货物出现问题的概率也相对更高。樱桃被压扁了，鸭脖变味了,牛奶串了味……诸如此类的问题层出不穷,要么消费者吃哑巴亏,要么协商之后好心的商家还能赔偿。"商品运输的保鲜问题"也是消费者比较担心的。目前针对配送过程,尚无相应的物流质量标准和严格的检验手段。仅仅凭经验和肉眼判断,有时甚至不进行任何检查,"问题食品"就可能畅通无阻地进入了销售环节,流到了百姓的餐桌上。在配送过程中,可能对食品质量安全造成影响的,并不仅仅是物流方。买家一定程度上也影响着食品的安全。在网上购买生鲜类食品的消费者,大多为朝九晚五的上班族,将其外出的意外情况纳入考虑,消费者每日在家可接收快递的时间非常有限。而在这有限的时间内,要将每天的产品全部送达消费者手中,是一件颇具难度的事情(见图5-12)。

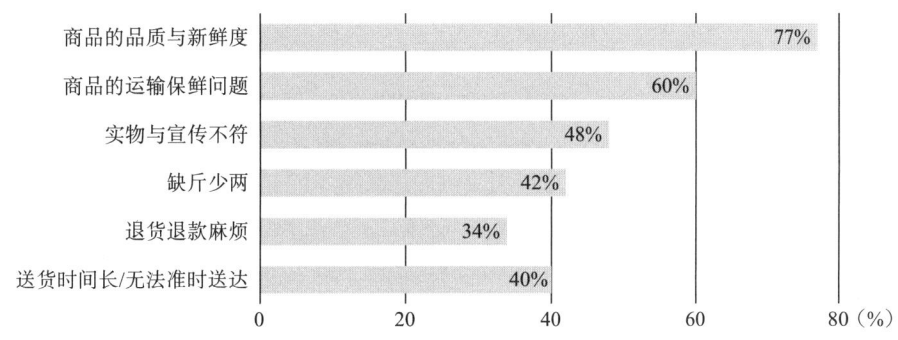

图5-12 消费者网购生鲜担心的问题

8. 消费者的建议:食品新鲜与质量安全是首要保证

由图5-13可知,食品质量和新鲜是最多人选择的选项,选择的人数分别占总人数的64%和68%。相较之下,购买平台的便捷性选择的人较少。这项调查与上文的"消费者网购最担心的问题"相呼应,无论是商品的货源还是运输过程,生鲜的新鲜度都成为了至关重要的一部分。生鲜是有保质期的,不像网购其他衣服、鞋子、电器等物品,买来不喜欢或质量有问题可以很容易退换货。

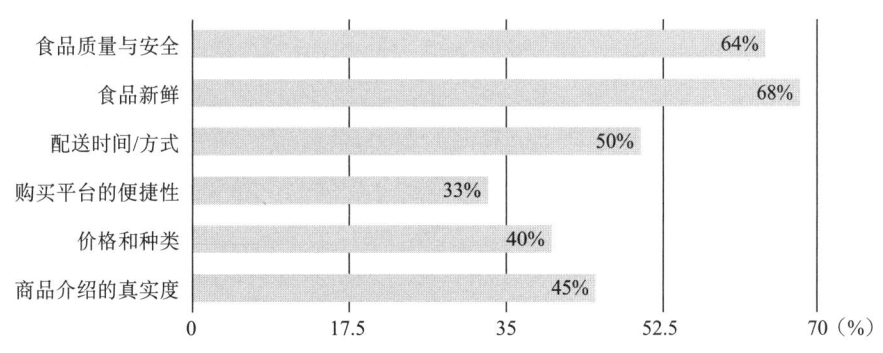

图5-13 消费者认为网购生鲜需要改进的地方

针对商家的不守信用、滥竽充数、缺斤短两等问题，目前各大平台也没有给出令消费者很满意的保障措施，所以网购生鲜也成了消费者的一场"赌博"，能不能遇到良心卖家、运输过程能否顺利，都成了消费者最担心的问题。所以受访消费者普遍表示，若是能在食品新鲜和运输模式上进一步得到监管和改进，他们会更愿意网购生鲜。

四、用霍金斯理论分析消费者网购生鲜基本情况

从霍金斯消费者决策模型来分析结果。霍金斯模型认为，消费者在内外因素影响下形成自我概念（形象）和生活方式，然后消费者的自我概念和生活方式导致一致的需要与欲望产生，这些需要与欲望大部分要求通过消费行为（获得产品）的满足与体验。同时这些也会影响今后的消费心理与行为，特别是对自我概念和生活方式的调节与变化作用。

不同年龄、不同职业、不同收入等内外因素导致了不同消费者会有不同的需求和欲望，从而导致了不同消费者的购买差异及消费观。

随着时代和技术的发展、网购文化的深入，网购群体越来越多，在霍金斯消费者决策过程模型中，网购群体属于外在因素，网购群体无时无刻在影响着非网购群体或少网购群体；天猫双 11 网购节等营销活动也影响了人们的网购欲望和价值观，越来越多的人（不仅仅是年轻人）乐意去网购生鲜产品。

同时网购文化已经深入人心，受访者基本经常网购，对网购的流程也十分熟悉，手机 App 的不断更新和发展，使消费者网上购物更加方便。所以人们更愿意网购生鲜，占总人数的 68.8%。

淘宝和天猫、京东和苏宁易购也成了人们网购的首选，天猫超市也是如今年轻人热衷网购的平台之一。天猫超市成功面市不久，天猫生鲜超市脱颖而出。用户们对淘宝的依赖性也使众多消费者选择在天猫超市网购生鲜。苏宁也推出了苏宁超市，从世界各地寻找优质生鲜产地，提出了"刚摘下来就送到您桌上"的号召，以此来宣传他们下单即配送的快速原则。

大多数消费者网购生鲜的原因是"没有时间去菜市场"，人们更依赖网购来节省时间，线上下单、线下配送上门的一站式服务。网购的一大优势就是节省了实体店的固定成本（如店租、店铺水电费、销售人员等），所以网购生鲜的价格也会比实体店低，消费者也最关注"价格"这个因素。"价格"成为了网购平台和商家竞争的首要因素。

消费者注重生鲜的新鲜问题，也说明如今的网购生鲜模式中，新鲜难以保证的问题十分严峻，下至配送公司和商家，上至监管部门和政府，都在为了这个问题进行一系列的举措。网购生鲜存在的许多不足，需要全社会慢慢弥补。

消费者更乐意网购水果生鲜，上文分析也讲到，人们对水果的需求比较高，并且相对于其他生鲜来说水果比较能适应运输配送。像海鲜水产这一类消费者也比较少购买，这是由于不同地域及海产品易坏等原因导致的。

消费者每月网购生鲜的次数基本上为1—2次，表明消费者并不是那么习惯网购生鲜。按道理来说，肉类、蔬菜等是人们一日三餐必需的食物，但是人们更乐意去菜场、水果摊和超市购买，而不是网购。这其中有消费者个人习惯的原因，也有网购此类食品的一系列隐患原因。更多上了年纪的人不太习惯网购，更别说网购生鲜产品了，而下了班去买菜也成了很多上班族的日常习惯，能亲自挑选新鲜菜品，并且买好了就能回家做菜，这一套生活习惯早已贯穿大部分消费者的生活日常，在短时期内很难使他们适应生鲜网购。

五、消费者网购生鲜意愿的深层分析

（一）自我形象影响网购生鲜意愿

对网购生鲜意愿和消费者职业进行似然比卡方分析，变量被引入模型进行卡方检验。结果显示，p值为0.0001，似然比为20.287，表明不同职业的消费者在网购生鲜的意愿上存在统计学差异。这意味着，消费者的职业对其是否愿意网购生鲜有显著影响（见表5-3）。

表5-3　　　　　　　　　　　似然比检验表

	值	自由度	显著性
Pearson 卡方	20.278	4	0.000
似然比	20.278	4	0.000

在计数统计中，职业3（上班族）愿意网购生鲜的人数最多，共有123人，占各职业愿意网购生鲜总人数的59.42%。这一结果进一步强调了上班族作为主要的网购生鲜群体，他们的工作性质可能导致他们更倾向于选择便捷的网购方式（见表5-4）。

表5-4　　　　　　　　　不同职业与是否愿意网购生鲜交叉制表

职业	您是否愿意网购生鲜		合计
	是	否	
学生	37	32	69
家庭主妇	14	13	27
上班族	123	31	154
自由职业	17	10	27
其他	16	8	24
合计	207	94	301

根据似然比卡方检验的结果，职业这一变量对消费者网购生鲜的意愿存在显著差异，特别是职业为"上班族"的消费者，其网购生鲜的意愿最强。这一现象可以通过霍金斯消费者决策模型和环境自我形象理论来进一步解释（见图5-14）。

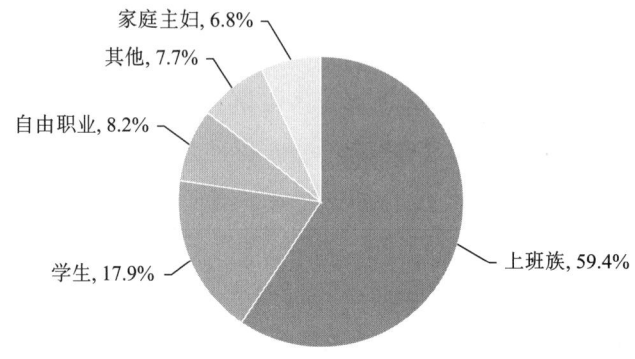

图5-14 不同职业愿意网购生鲜占比

在霍金斯模型中，消费者的自我概念和生活方式是他们消费决策的驱动力。上班族通常处于一个年轻且富有活力的工作环境，这种环境容易影响他们接受新事物，尤其是新的消费方式。通过网购生鲜，上班族不仅能够节省时间，还能体现出他们对新兴生活方式的接受程度，这也符合他们对时尚和便捷的追求。因此，网购生鲜的方式符合上班族在快节奏工作生活中的需求。

环境自我形象理论进一步解释了这一现象。上班族的工作环境通常较为现代且具备一定的社交氛围，因此在这种环境中，时尚和便利往往是消费者选择产品的重要因素。由于上班族多接受过良好的教育且收入较为稳定，他们在消费时更倾向于选择能够提升生活质量且符合时代趋势的产品。因此，网购生鲜作为一种新兴且便捷的生活方式，正好契合了上班族对便捷、时尚和高质量生活的需求。

此外，在前述描述性统计中提到，消费者选择网购生鲜的主要原因是方便，尤其是能够送货上门。对于上班族而言，繁忙的工作使他们很少有时间去菜市场或超市购物，而网购生鲜提供了一种省时省力的便捷方式。通过网购，上班族可以在工作之余利用碎片化时间完成购物，无须担心交通拥堵或商场的拥挤。因此，这种便捷性是促进上班族选择网购生鲜的重要因素。

（二）内部因素对网购生鲜意愿影响

1. 消费者网购生鲜意愿的二元Logistic回归分析

对消费者网购生鲜商品意愿进行回归分析，将性别、年龄和收入设置虚拟变量引入回归模型进行相关性检验。对网购生鲜商品意愿进行二元Logistic回归分析，结果如表5-5

和表 5-6 所示:

表 5-5　　　　　　　　　　　　　模型拟合信息表

	模型拟合条件对数似然	卡方	似然比自由度	显著性
模型	358.121	15.674	3	0.001

表 5-6　　　　　　　　网购生鲜意愿的二元 Logistic 回归分析表

	B	S.E	Wals	df	Sig.	Exp（B）
1. 您的性别是：	0.291	0.278	1.097	1	0.295	1.338
2. 您的年龄在：			7.334	4	0.119	
2. 您的年龄在：（1）	-0.530	0.787	0.454	1	0.500	0.588
2. 您的年龄在：（2）	-0.134	0.481	0.078	1	0.780	0.875
2. 您的年龄在：（3）	-0.521	0.486	1.152	1	0.283	0.594
2. 您的年龄在：（4）	0.529	0.520	1.037	1	0.308	1.698
4. 您的月收入/生活费			9.836	4	0.043	
4. 您的月收入/生活费（1）	1.156	0.614	3.547	1	0.060	3.178
4. 您的月收入/生活费（2）	0.936	0.589	2.528	1	0.112	2.550
4. 您的月收入/生活费（3）	0.495	0.574	0.744	1	0.388	1.641
4. 您的月收入/生活费（4）	-0.207	0.621	0.111	1	0.739	0.813
常量	-1.720	0.753	5.224	1	0.022	0.179

由表 5-5 可知回归分析模型的卡方值为 15.674，对应的概率值为 0.001，模型拟合条件对数似然值为 358.121，说明模型整体拟合度较好，可以通过回归分析结果来分析各个变量对因变量的作用。

（1）网购生鲜产品的意愿与性别的回归分析没有通过显著性检验（$p=0.295$），其可能存在的原因为截至 2017 年 6 月，中国网民男女比例为 52.4∶47.6，同期全国人口男女比例为 51.2∶48.8，网民性别结构趋向均衡，且与人口性别比例基本一致。而对于生鲜商品属于食品类，无论男、女性别对食品的购买需求和意愿都是相当的。

（2）网购生鲜产品的意愿与年龄的回归分析没有通过显著性检验（$p=0.119$），可能的原因是随着移动互联网的普及与发展，以影响消费者行为的个人因素理论分析，18 岁以下及 18—35 岁年龄群体网购使用的比例较大，但由于该部分年轻群体的生活方式特征为生活节奏较快，很少下厨做饭，从而导致网购生鲜的意向不明显。35 岁以上年龄群体对生鲜商品的需求较为突出，但由于网购方式使用率较低，使网购生鲜的意愿也不明显。所以年龄对网购生鲜产品的意愿无显著性影响。

（3）网购生鲜产品的意愿与月收入/生活费的回归分析通过显著性检验（$p=0.043$），

"月收入/生活费"是负向显著变量,随着月收入的增长,消费者网购生鲜的意愿递减,月收入中低水平群体,网购生鲜商品的意愿更明显。根据霍金斯模型,收入水平是消费决策的重要内部影响因素。收入水平越高的消费者,对生鲜产品的品质和安全性要求越高,更关注的是品质问题,倾向于前往高级的进口超市购买生鲜产品,有相应的购买习惯,愿意付出更高的成本购买安全放心的高品质生鲜产品。而网购商品,往往免去了经销商、批发商、零售商等中间环节,并且结合"抢购、秒杀、优惠券"等营销手段,相应的价格较为实惠,往往能够吸引低收入或低消费群体的购买倾向。说明目前网购生鲜价格仍是影响消费者购买意愿的重要因素。

六、网购生鲜意愿调查的结论与建议

(一) 调查结论

1. 上班族为网购生鲜的主要人群

不同职业的网购生鲜意愿有统计学差异,上班族为主要购买人群。网购生鲜意愿与职业这一变量通过似然比卡方检验,表明不同职业的网购生鲜意愿不同,其中上班族的网购生鲜的意愿最强,占比为79.9%。从霍金斯模型来看,职业作为外部因素影响着人们的购买行为,同时也影响着人们的思维方式、决策方式以及与他人的交往方式。上班族有着稳定的收入,追求生活的多样化及高质量,具有感性消费的特征,花起钱来往往比较"潇洒",所以各类生鲜 App 应该针对上班族的消费特点以及需求特征制定营销策略。

2. 价格是影响消费者购买决策的主要因素

消费者网购生鲜考虑最多的因素是价格,90.4%的消费者认为只要网购生鲜价格不高于实体店的价格就可以接受,其中 34.6%的消费者可接受的价格范围是比实体店低 10%—20%。根据消费者行为理论分析,中国消费者热衷于网购的重要原因是价格低,在网购的过程中能够直观地比价,加之网购平台的促销活动,由商家承担运费,每当有大规模的促销活动时,网购网站的流量通常上升得非常快。另外,在霍金斯模型中,价格是影响消费者行为的外部因素,从总体上看,人们对生鲜的消费量与生鲜价格呈现一种负相关关系,对于不同的消费群体,生鲜价格所带来的影响水平是不一样的。

对于生鲜产品只占其食品消费支出很小比例的高收入水平的消费群体,生鲜价格变化对他们的影响不大;但对于大多数中低收入水平的消费群体来说,他们对生鲜价格很敏感,即使生鲜价格上涨一点点,他们的需求也会下降很多。但目前物价上涨,加之生鲜的需求也在不断增长,生鲜的价格上涨已成为必然趋势,网购生鲜平台应该控制生鲜价格,降低消费者对生鲜价格的敏感度,这对吸引流量与转换消费者购买生鲜的渠道和习惯至关重要。由此可见,各大网购生鲜平台目前所采取的低价、促销策略是可行的。

3. 月收入/生活费与网购生鲜意愿呈负相关

性别、年龄对网购生鲜意愿的影响不显著,月收入/生活费与网购生鲜意愿呈负相关。无论男女对网购生鲜的意愿没有明显差异。尽管18岁以下及18—35岁年龄群体网购使用的比例较大,但是他们很少下厨做饭,从而导致网购生鲜的意向不明显;35岁以上的人对生鲜产品的需求强烈,但是他们经常去菜市场或超市,所以网购生鲜的意向也不明显。月收入/生活费与网购生鲜意愿呈现负相关关系,对网购生鲜产品意愿较显著的为中低收入水平群体(月收入/生活费1500—5500元),高收入群体的网购生鲜意愿并不明显。

4. 网购高品质生鲜的便捷性认知

是否有网购生鲜经历对网购高品质生鲜的便捷性认知有显著性影响。在有过网购生鲜商品经历的调查对象中,有85.26%的人认为网上购买高品质/进口生鲜更方便。对于没有网购生鲜商品经历的调查对象,67.56%的人并不认为网上购买高品质/进口生鲜更方便。这表明有网购生鲜体验经历的消费者普遍认为网上购买高品质/进口生鲜更方便,在体验网购生鲜商品的过程中能够感知到购买高品质生鲜的便捷性,网上购买高品质生鲜不便捷的认知多源于没有体验过网购生鲜商品。

5. 消费者最担心的问题

消费者网购生鲜有许多担心的问题,例如,生鲜商品的品质与新鲜度、运输保鲜、实物与宣传不符、缺货少货、退货退款麻烦、送货时间长/无法及时送达等。其中,实物与宣传不符、生鲜食品的质量和运输保鲜是消费者最担心的问题。

(二) 改善网购生鲜现状的建议

根据调查结论,我们对现行生鲜电商平台的运营和政府政策提出相关建议。

1. 生鲜电商平台

(1) 利用大数据技术推送商品广告。

电商平台可以利用大数据技术了解消费者,精准定位平台使用者需求,给平台的使用者推送合适的商品广告。在我们的调查分析中,上班族是网购生鲜的主力军,各平台可以针对上班族的需求特征制定营销战略。对注重价格实惠以及购买是否方便的蓝领阶层,平台可以推送更多优惠、免邮等信息;对收入较高、注重高品质高效率的白领阶层,平台就可以为他们推送更多高品质的生鲜、配送速度等讯息。

(2) 控制网购生鲜价格。

价格仍是大部分中国消费者在购物消费时最关注的因素之一,控制网购生鲜价格仍是吸引流量与转换消费者生鲜购买渠道和习惯的关键。保持比实体店低 10%—20% 的价格水平，并定期开展促销宣传活动来吸引中低收入者是十分必要的。

（3）开设进口/高品质生鲜商品栏目。

随着居民生活水平不断提高，进口/高品质生鲜吸引了人们的目光。在社会资源极其丰富的今天，人们购买食物不仅仅是为了果腹，更是需要通过进口生鲜的高端定位，体现自己的优质生活。在调查中，有网购体验经历的人认为在网上购买进口/高品质生鲜商品更为便捷，所以电商平台可以开设进口/高品质生鲜商品专栏，使注重高品质、便捷性的高收入群体和需要实惠价格的中低收入群体各取所需，都能享受到网上购买进口/高品质生鲜的便捷性。

（4）改善卖家服务品质。

在我们的调查中，消费者认为网购生鲜的模式依旧不够成熟，部分生鲜商品卖家不诚信经营，使用过分美化的图片，商品介绍的真实度存在很大问题。针对这一问题，一方面生鲜商品卖家要做到的就是在网站上进行真实的图片展示和文字介绍，不要弄虚作假；另一方面要保证商品的评价都是真实的，不存在虚假评价。另外，卖家要保证随时随地能够回答和解决消费者关心的问题，并对消费者的不满意和投诉及时处理，从而降低消费者对网购生鲜水果的忧虑。通过不断改善卖家服务品质，可以建立用户忠诚度、提高用户体验。

（5）重视消费者的购后行为。

互联网环境中的数字化口碑放大了传统环境中消费者口碑的效应，消费者在消费者虚拟社群中很容易通过数字化口碑产生粉丝效应和羊群效应。网购平台要重视消费者的购后行为，了解他们处理不满足的所有方式，采取一些措施来尽量减少顾客购买后的不满程度，这对赢得消费者口碑、争取重复购买、提高消费者满意度和建立忠诚度都有积极作用。

2. 政府

（1）大力支持冷链物流行业发展。

在调查中，配送时长和商品运输时的保鲜问题都是消费者比较关注的问题。涉足生鲜食品，就势必要解决冷链配送问题，但我国冷链物流行业起步较晚、基础薄弱，影响了生鲜产品电商的发展。所以政府应该完善冷链物流基础设施，鼓励冷链物流企业开展冷链共同配送、"生鲜电商+冷链宅配"、"中央厨房+食材冷链配送"等经营模式创新，实现冷链物流全过程的透明化、可视化，引导金融机构对符合条件的冷链物流企业加大投融资支持，在用地安排上对冷链物流企业给予积极支持。

（2）健全法律法规。

新版《中华人民共和国消费者权益保护法》《网络交易管理办法》试行后，有关电商的消费纠纷并没有因此减少,相反出现了井喷式增长,这主要是经营者与消费者在法律规定的适用范围问题上存在较大分歧。随着电子商务的不断发展,一些新的问题也会随之产生,政府需要在实践中使新法规得到不断完善与修正,规范网络商品交易及有关服务,为网上购买生鲜营造安全诚信的外部环境,加强对消费者在网上购物的信心,切实维护消费者权益,促进生鲜电商经济持续健康发展。

(三) SOLOMO(Socail – Local – Moblie)模式

基于以上综合分析结论,我们建议生鲜电商可以实行以下销售模式(见图 5 – 15):

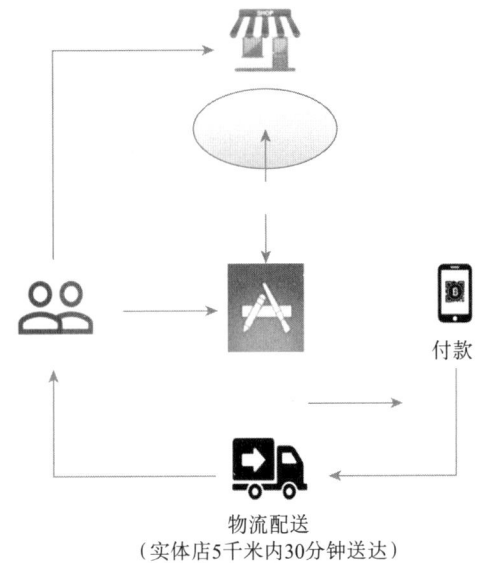

图 5 – 15 销售模式

SOLOMO(Social – Local – Mobile)模式:生鲜新零售模式

SOLOMO 模式结合了社交、地理位置和移动互联网,打破了传统零售模式,形成了线上线下同步销售的生态体系。通过构建大型实体生鲜超市和专属生鲜电商 App,结合数字化运营和自动化管理体系,能够实现高效的生鲜商品采购、仓储、配送和智能化销售,从而满足消费者多元化的需求。具体而言,该模式不仅注重线下购物体验,还强化了线上购物的便捷性,推动了消费模式的升级,进而促进新零售生态的构建。

(1) 大型实体生鲜超市:提升品质与消费体验。

通过打造大型实体生鲜超市,可以提供高品质的生鲜商品,并丰富商品种类。与此同时,推出有机食品、进口商品等高端产品,满足高收入群体对生活品质的需求。通过线下体验,超市不仅增强了消费者的沉浸感,还通过互动展示提升了购买欲望,进一步提升了品牌信任度。在此基础上,结合线上线下资源,消费者不仅能享受到丰富多样的商品选择,还能体验更优质的购物环境,推动了消费模式的双向发展。

(2) 生鲜电商 App 与数字化运营体系:便捷线上购物。

为了提升购物的便捷性,专属 App 的建设能够满足上班族等群体在繁忙日程中的购物需求。App 的设计不仅具备友好的界面,还集成了智能推荐系统,根据消费者的历史购买记录和偏好,推送相关商品,提升了精准营销效果。通过增加预约配送和定期购物等功能,App 在减少消费者决策成本的同时,也极大提升了用户黏性和复购率。这种数字化运营模式有效推动了线上购物的便利性,进一步提高了消费者的满意度和忠诚度。

(3) 自营配送与冷链物流:快速配送保障新鲜。

为了确保生鲜商品的质量和新鲜度,配备自营配送公司或与冷链物流企业合作,能够保证 5 千米范围内订单的快速配送(半小时送达)。冷链物流保障了商品在运输过程中的新鲜状态,避免了因延误导致的商品损坏或过期。更为重要的是,灵活的配送服务能够让消费者根据自己的时间安排选择配送时段,进一步提高了购物体验,增加了用户满意度和平台的口碑效应。

(4) 自动化管理与智能调度系统:高效运营与成本控制。

通过引入自动化管理系统与智能调度系统,能够大幅提高仓储效率和订单处理速度,进而减少人工操作,降低运营成本。系统能实时监控库存、商品流转及配送进度,确保每一环节都能高效运转。通过精细化管理,这些系统有助于保持比实体店低 10% 的价格水平,从而在确保运营效率的同时,增强了市场竞争力。

案例使用说明

一、教学目的与用途

1. 适用课程

本案例适用于《统计学》《统计综合案例分析》《市场营销学》《学术规范与论文写作》等统计学专业课程。

2. 本案例教学目标

本案例以消费者网购生鲜意愿的调查研究为主线,重点描述了调查的背景、方法、过程、结果以及针对结果提出的建议和创新模式,最终实现了对生鲜电商市场消费者行为的深入剖析,并为行业发展提供了有价值的参考。通过对该案例的分析,引导学生:

（1）学习理解市场调研的方法与流程，包括如何运用查阅文献法、问卷调查法、走访调查法等获取数据，以及如何运用霍金斯模型等理论进行问卷设计和因素分析，掌握数据分析的基本方法如描述性统计、二元 Logistic 回归分析、似然比检验等，明晰消费者网购生鲜的行为特点及影响因素。

（2）思考生鲜电商行业在发展过程中面临的机遇与挑战，如市场规模增长迅速但盈利困难、消费者需求多样但部分需求未得到满足、物流配送和商品质量等方面存在问题，以及如何从电商平台和政府等不同角度应对这些挑战，探索可持续发展的策略。

（3）通过案例思考商业活动中的消费者导向原则，即企业如何根据消费者需求和行为特点制定精准的营销策略、优化服务品质、创新经营模式，从而在激烈的市场竞争中取得优势，同时理解社会责任在企业发展中的重要性，以及政府在推动行业发展中的监管和引导作用。

二、启发性思考题

为了激发学生的思考，培养学生的批判性思维和创新能力，以下是一些启发性思考题，供教师在课堂讨论或学生自主学习时参考。

1. 消费者行为方面

（1）网购生鲜如何改变了消费者的购物习惯和生活方式？

（2）不同职业的消费者网购生鲜意愿存在差异，这对生鲜电商平台的市场定位有何启示？

2. 行业发展方面

（1）SOLOMO 模式在生鲜电商领域的应用前景如何，企业应如何抓住机遇实现转型发展？

（2）电商平台应如何抓住 Z 世代等新兴消费群体带来的市场机遇？

3. 思政融入

在推进乡村振兴战略的过程中，如何利用生鲜电商模式促进农产品销售和社会经济协调发展？

三、背景信息

1. 行业背景

生鲜电商行业在当下呈现出蓬勃发展与诸多挑战交织的复杂局面。

首先，从市场规模看，其增长极为迅猛，2013—2017年年复合增长率高达82.04%，2017年交易规模已达1391.3亿元且同比增长59.7%，预计2020年将超过3000亿元，发展潜力巨大。然而，其线上活跃用户渗透率却仅为2%，与综合电商70.3%的渗透率相比差距较大。当前主要用户集中于一线、二线城市年轻人，他们追求便捷生活，乐于接受新鲜购物方式。但像老年人和家庭主妇等群体更习惯线下采购，依赖现场挑选判断生鲜品质，这使用户群体拓展面临重重困难。

其次，在盈利方面，行业整体形势严峻，全国4000多家企业中仅1%盈利，88%亏损。冷链物流基础设施不完善，建设和运营成本高昂，生鲜在运输中的损耗大，再加上市场推广和服务优化投入大，短期内难以实现规模效应，成本难以控制。

最后，食品安全是重中之重，消费者网购时无法亲检产品，生鲜在供应链各环节易出现质量问题，一旦发生，对企业声誉损害极大。然而，技术发展也带来机遇，移动互联网让购物更便捷，大数据、物联网、人工智能等技术可助力企业精准营销、监控产品、优化运营。消费者消费观念升级，对品质、配送速度和服务要求提高，促使企业创新模式，如"前置仓""社区团购""线上线下融合"等模式不断涌现，以满足多样化需求，在激烈竞争中谋求发展。总之，生鲜电商行业需应对诸多挑战，把握机遇创新发展。

2. 制度背景

国家积极出台多项政策扶持生鲜电商发展。在冷链物流建设方面，《"十四五"冷链物流发展规划》等政策大力推动冷链物流基础设施完善，鼓励企业拓展生鲜产品流通渠道，发展多种冷链物流新模式，如"生鲜电商+冷链宅配"等，以解决生鲜产品在运输和储存过程中的保鲜难题，降低损耗，提高行业运营效率。同时，相关政策也注重规范生鲜电商市场秩序。生鲜电商企业的经营行为需遵循《中华人民共和国电子商务法》《中华人民共和国消费者权益保护法》等一系列法律法规，确保在商品销售、广告宣传、价格制定、市场竞争等方面合法合规。在食品安全领域，严格执行《中华人民共和国食品安全法》及相关配套法规，要求企业保障生鲜产品质量安全，从源头到终端全链条把控，让消费者放心购买。

监管方面，国家不断加强对生鲜电商行业的监管力度，建立健全监管体系，明确各部门职责，形成监管合力。通过加强市场准入管理、日常监督检查、质量抽检等手段，及时发现和处理违法违规行为，维护市场公平竞争环境。

此外，政策还鼓励生鲜电商企业创新发展模式，推动线上线下融合，利用新技术提升服务质量和用户体验，如鼓励发展"平台企业+农业基地"等新业态，促进产业升级。在国家统一制度背景下，生鲜电商行业将在规范中蓬勃发展，更好地满足消费者需求，推动经济发展。

四、案例分析思路及要点

1. 分析思路

本案例首先,确定了当下市场的背景,即生鲜市场容量迅速扩大,但同时伴随着渗透率低和盈利困难的问题。基于此现状,为了洞悉生鲜市场消费者行为,促进生鲜市场行业良性发展,案例提出核心研究问题:消费者网购生鲜意愿受哪些因素影响,电商平台如何优化运营提升竞争力。随后,查阅相关文献确定研究的理论模型,即霍金斯模型。并采取线上调查和实地调查的方法,进行数据收集和分析。数据分析阶段,使用 Logistic 回归和卡方检验验证内外因素的显著性关联,并由此总结消费者行为特点。最后,根据研究结果分别从电商平台与政府两个主体角度为生鲜市场的发展提出建议,特别是将 SOLOMO 模式应用其中。总体而言,本案例不仅为生鲜电商领域的用户运营与市场拓展提供了清晰的解决思路和实操建议,同时也对其他行业具有一定借鉴价值(见图 5-16)。

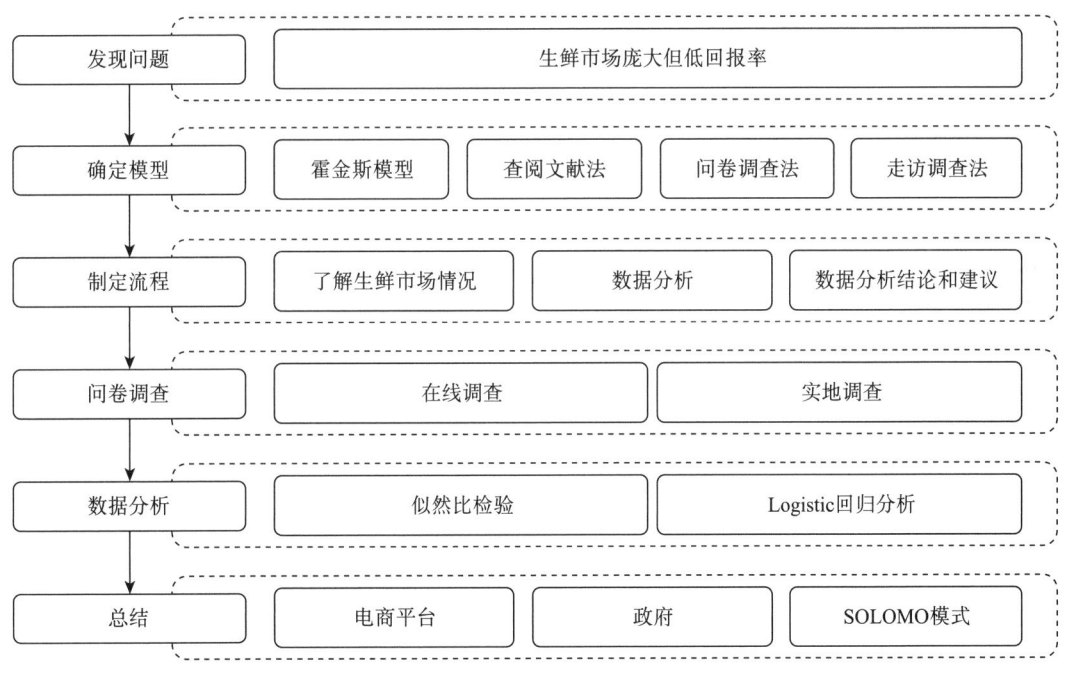

图 5-16 案例分析框架

2. 覆盖的知识点

(1)霍金斯模型:消费者在内外因素的影响下形成自我概念和生活方式,由此导致需要与欲望的产生,这些需要与欲望大部分要求通过消费行为(获得产品)来取得体验与满足。

（2）调查法：本调查研究运用了查阅文献法、问卷调查法和走访调查法，其作为一种社会科学调查研究方法，通过中国知网、百度文库等网站查阅相关网购生鲜农产品的研究报告，进行资料收集。根据相关背景及理论设计问卷，以获得调查分析所需要的样本数据，并对回收问卷所得到的有效数据进行整理统计。

（3）似然比检验分析：用于比较两个相互竞争的统计模型的拟合优度。它特别适用于一个模型是另一个模型的特殊情况，即一个模型可以视为另一个模型的简化版本。似然比检验的核心是比较两个模型的似然函数，以确定哪个模型更好地解释了观察到的数据。

（4）Logistic 回归分析：网购生鲜意愿的 Logistic 回归分析，本案例研究了消费者网购生鲜产品的意愿和性别、年龄、月收入的回归分析。

3. 能力训练点

（1）用科学的方法去研究生活中的问题。

本案例在调查中，针对我们日常所面对的社会性问题，采取霍金斯模型和调查法；在样本量足够的情况下进行的调查，使调查研究分析更具有说服力和科学性。

（2）加深对调查方案的认识。

本案例在调查研究中，详细地介绍了调查方案的实施，并给出了实质性可实施的方案，同时阐述了是如何进行线上调查和实地调查的，以及调查问卷需要考虑到的哪些问题，题目对应的是所要调查的方向，详细给出了调查问卷。

（3）加强数据分析的能力。

本案例在调查研究中，运用了似然比检验和 Logistic 回归分析，可以进一步加强学生的数据分析能力。

五、理论依据与分析

（1）霍金斯消费者决策模型。

本案例基于霍金斯模型，探讨了影响消费者网购生鲜产品意愿的内部和外部因素。霍金斯模型认为，消费者在内外部因素的作用下形成自我概念和生活方式，进而产生需求和欲望，最终通过购买行为来满足。这些内外因素包括：外部因素如社会阶层、参照群体、营销活动、品类、渠道、价格和存在等问题；内部因素如职业、收入水平和个人目标。通过调查分析，旨在识别哪些因素最显著地影响消费者的购买意愿，为生鲜电商的发展提供建议。

（2）市场营销理论。

基于 SOLOMO 模式，结合社交、移动和本地化的市场营销策略，提升消费者体验并促进销售增长。该模式包括三个关键要素：一是社交化营销（Social）。通过社交平台（如微信、微博等）与用户建立互动，增加品牌曝光和用户黏性。社交平台可以帮助品牌直接接触到消费者，激发讨论和口碑传播，从而增强消费者的参与感和忠诚度。二是本地化服务（Local）。强调根据不同地区的消费者需求和偏好进行个性化的服务调整。通过优化区域化配送网络，提高配送效率和精准度，提升用户的购物体验。这种定制化的服务能够增强消费者对品牌的认同感，从而提高复购率。三是移动化消费（Mobile）。随着智能手机的普及，移动端应用成为消费者获取信息和进行购物的主要渠道。通过开发便捷的移动端购物平台，可以提高消费者购买的便利性和即时性，满足现代消费者随时随地购物的需求。

（3）数据分析与方法。

通过对问卷调查数据的描述性统计，报告揭示了消费者的基本特征（如职业、收入、购买习惯等），为后续分析提供了基础数据。再通过卡方检验，检验外部因素（如价格、渠道、社会阶层等）对消费者购买意愿的显著性差异，分析不同群体在购买意愿上的差异性。用 Logistic 回归分析进一步评估不同因素对消费者购买意愿的影响程度。Logistic 回归能够揭示多因素对消费者决策的相对重要性，帮助分析哪些因素（如收入水平、消费习惯等）对购买生鲜产品的意愿起到主导作用。最后用似然比卡方检验验证模型的拟合优度，确保数据分析的可靠性。这可以帮助判断各因素对消费者决策的解释力和影响程度。

六、教学组织方式

本案例的计划安排课堂讨论时间为 50—60 分钟，建议课堂时间安排及提问逻辑如下：

1. 课前安排

发放案例正文文本及思考题（课前一周）。

2. 课中计划

（1）案例引入：与学生探讨生鲜市场的发展现状，询问大家对霍金斯模型相关概念是否已经课前熟悉，简单总结概念并概述此次案例讨论的主旨（5 分钟）。

（2）小组讨论：将案例启发式问题投屏，分组自由讨论，老师走动交流；每个组将自己讨论出的答案进行总结列出框架（15 分钟）。

（3）班级讨论：按照各思考题，请各组进行总结发言；可以每个组随机要求回答不一样的问题，然后让其他组加入补充；老师在白板上记录各组发言的要点，并鼓励各组之间互动评价（20—30 分钟）。

（4）总结提升：将所利用的理论框架结合案例进行总结（10 分钟）。

3. 课后安排

个人反思报告，对案例讨论的收获和延展性的思考，以电子文档的方式发到课程微信群进一步分享交流，旨在深化学生的知识点记忆和进一步的思考（课后一周内）。

七、案例的后续进展

基于现有研究结果，为进一步深化对网购生鲜市场的理解和支持政策的制定，未来可以从以下几个方面开展深入研究：

（1）消费者行为模式的动态变化。

通过长期跟踪调查，分析消费者行为模式随时间的变化趋势，特别是年轻一代（如Z世代）消费习惯的快速变迁。

（2）供应链优化与冷链物流管理。

深入探究供应链各环节的成本控制、物流配送速度和服务质量之间的关系，特别关注冷链物流在保障生鲜品质中的作用。

（3）技术应用与创新服务模式。

探索这些新技术如何应用于生鲜电商领域，评估它们对消费者信任度建立、交易透明度提升等方面的影响，并考察新型服务模式对市场格局的影响。

（4）政策支持与社会责任履行。

系统评估现有政策对生鲜电商发展的支持效果，探讨企业在履行社会责任（如环保、扶贫助农）方面的作用及其对企业形象和社会认可度的影响。

八、其他教学支持材料

1. 中国报告大厅行业资讯报告《生鲜电商行业2016年密集调整进入寒冬期》（2017）（http：//www.chinabgao.com/info/95205.html）。

2. 《生鲜电商市场现状分析及2017年市场展望》（2017）（http：//www.chinabgao.com/freereport/75536.html）。

3. 《2016年度中国网络零售市场数据监测报告》（https：//m.jiemian.com/article/1338857.html）。

4. 电商赋能乡村振兴，打造生态宜居美丽乡村（topics.gmw.cn/2024-08/08/content_37489227.htm）。

5. 消费者研究方法霍金斯的消费者决策过程模型（wenku.baidu.com/view/831cdb8c7b563c1ec5da50e2524de518974bd37c.html）。

案例 6

广州市大学生群体虚拟偶像消费需求偏好调查[1]

---

[1] 本案例改编自"正大杯"第十一届全国大学生市场调查与分析大赛全国一等奖作品:《打造多元虚拟人物创设崭新偶像时代——广州市大学生群体虚拟偶像消费需求偏好调查》(指导老师:马岚等指导,队员:吴纯、李俏仪、李微、骆欣谊和陈学仪),由李淑格、杨晓燕和陆春静整理。

案例正文

随着中国动漫产业的市场规模扩大,二次元概念泛化,虚拟偶像成为全新的青年潮流文化,这是文娱产业中新的可能性,也预示着中国市场将迎来虚拟偶像的爆发期。为了更好地打造虚拟偶像市场生态链,该调查以广州市全体大学生为主体,对经过多阶段抽样选取出的14所高校的大学生进行线上问卷调查,收集了1297份有效样本。采用卡方检验和列联分析对消费者特征以及其相关消费选择进行差异化分析。并根据 Sheth – Newman – Gross 消费价值模型进行基于结构方程模型的验证性因子分析和路径分析。最后采用二元 Logistic 回归分析方法探究不同的消费方式和互动方式的影响因素。结果显示,不同身份特征的大学生在虚拟偶像消费需求上存在差异,但总体而言,大学生群体都更加关注歌手类型和中国本土虚拟偶像,且更偏好购买相关产品和线下参与应援活动类的消费方式。虚拟偶像市场方面,技术问题仍然是目前的主要短板,且认知价值和社会价值对消费需求有显著影响。

一、引言

虚拟偶像是以物质世界为价值基础,以动画等作为技术支撑,在赛博空间等虚拟场景或现实场景中进行音乐创作、舞台表演、商业推广但本体并不存在的拟人化形象。不仅能通过专辑、拍广告经营偶像活动,还能通过粉丝的同人二次创作不断丰富内涵。2019年《虚拟偶像观察报告》指出,其核心受众为Z世代即95后群体,规模接近2.5亿,正逐渐成为中国互联网的中坚力量,到2020年Z世代年轻人预计将占据所有消费者的40%,虚拟偶像将迎来收获大量潜在年轻二次元用户的好时机。目前,我国的虚拟偶像发展相对初期有较大的变化,如举办演唱会、进行直播带货等,其消费逐渐走向多元化。在发展趋势方面,正在实现由消费符号向文化载体、由国外输入向中国风个性探索的转向,与中国消费者建立起紧密的双向交互链条。然而,在这大好的发展机会前提下,其出圈破壁并不理想,本土虚拟偶像商业价值、影响力等都不如日本虚拟偶像,如何打造大众喜爱的个性虚拟偶像,提升其价值和影响力成为该市场焦点。

二、文献综述

自1980年起,日本开始萌生虚拟偶像的概念,而中国的虚拟偶像产业发展相对滞后。

根据雷雨（2019）的研究①，中国虚拟偶像发展经历了摸索期、起步期和发展期。2017年被视为中国虚拟偶像市场发展的起点，二次元文化的普及吸引了众多平台和资本投入，使虚拟偶像在娱乐产业中的战略地位逐渐提升。近年来，虚拟偶像的多样化形态随数字技术的进步应运而生，使这一领域成为中国娱乐市场的创新突破口和资本新蓝海。

虚拟偶像快速崛起的原因涉及多个层面。经济上，虚拟偶像通过品牌代言、虚拟演唱会和周边产品等多渠道获利，显示出广泛的市场潜力。随着粉丝经济的发展，虚拟偶像通过满足用户情感需求建立了强大的消费基础。郭全中（2022）②指出，虚拟偶像的"粉丝共创+私域营销"模式，通过高参与度的粉丝互动提升品牌认知并刺激消费。技术上，喻国明和耿晓梦（2020）③认为虚拟偶像是数字技术的产物，3D影像等技术突破了虚拟与现实的界限，多模态识别技术使虚拟偶像能够通过多种媒介感知现实。文化上，受众在虚拟偶像中找到归属感，将其视为一种独特的文化符号（战泓玮，2019）④。虚拟偶像从小众二次元文化扩展至主流，使其成为表达身份和价值观的重要渠道。心理上，虚拟偶像通过情感连接和身份认同带给粉丝安慰和归属感。叶大扬（2021）⑤指出，虚拟偶像通过"超真实"体验，虽然粉丝知晓其虚拟性，仍能获得心理慰藉。

虚拟偶像消费行为丰富多样。学者普遍将虚拟偶像消费分为间接消费和直接消费，间接消费如互动率的流量变现，直接消费则是周边购买。陆新蕾和虞雯（2020）⑥总结了虚拟偶像的三种消费方式：观赏式消费、付费支持、生产式消费。特别是生产式消费，虚拟偶像鼓励粉丝进行二次创作，如初音未来和洛天依的粉丝共创模式，有助于提升粉丝黏性和参与度（郭全中，2022）。

虚拟偶像消费动机包括身份认同、互动仪式和人设驱动。基于Giddens的自我认同理论和Tajfel与Turner的社会认同理论，雷雨（2019）、周诗韵（2019）⑦和付茜茜（2021）⑧发现，虚拟偶像粉丝的消费动机多为自我和社会认同。狂热型粉丝消费多出于自我认同，将虚拟偶像视为自我理想的投射；忠实型粉丝则追求社会认同，寻找群体归属

---

① 雷雨. 虚拟偶像的生产与消费研究［D］. 南京：南京师范大学，2019.
② 郭全中，张营营. 粉丝经济视角下虚拟偶像发展演化及营销进路探析［J］. 新闻与传播研究，2022（3）：31.
③ 喻国明，耿晓梦. 试论人工智能时代虚拟偶像的技术赋能与拟象解构［J］. 上海交通大学学报（哲学社会科学版），2020，28（1）：23-30.
④ 战泓玮. 网络虚拟偶像及粉丝群体认同建构［J］. 青年记者，2019（4）：6-7.
⑤ 叶大扬. 虚拟偶像：超真实、符号化与审美的幻象［J］. 艺海杂谈，2021（10）：79-80.
⑥ 陆新蕾，虞雯. 虚拟偶像粉丝群体的消费文化研究——以虚拟歌姬洛天依为例［J］. 当代传播，2020（6）：75-78+112.
⑦ 周诗韵. 身份认同视角下虚拟偶像的中国粉丝消费动机研究［D］. 厦门：厦门大学，2019.
⑧ 付茜茜. 偶像符号的编码：人工智能虚拟偶像消费文化研究［J］. 学习与实践，2021（2）：132-140.

感。互动仪式视角下,方静(2019)①认为虚拟偶像成为无实体的信仰,情感能量使其与粉丝形成独特的羁绊。此外,人设运营是虚拟偶像的核心驱动力,精心设计的个性与背景故事使粉丝产生情感共鸣。例如,初音未来的"歌姬"身份、洛天依的"二次元少女"形象等设定,使粉丝视其为特定类型的"朋友"或"偶像",这种身份投射与归属感推动了粉丝的持续支持和忠诚度。

综上所述,虚拟偶像产业在学术界的研究日益丰富,但在消费市场分析上依然存在不足,尤其是关于青年群体的消费行为细化较少。因此,本研究将以广州市大学生为样本,结合现有文献,对青年群体的虚拟偶像消费需求进行深入调查,并提出虚拟偶像市场的优化建议。

三、理论分析与应用

(一)SICAS 消费者行为模型

SICAS 模型是全景模型,用户行为、消费轨迹在这样一个生态里是多维互动过程,而非单向递进过程。因此,SICAS 模型可以更准确地剖析大学生在接触虚拟偶像时的心理及行为特征。具体而言,该模型将消费者行为分为五大阶段:

1. 品牌—用户互相感知

此阶段在品牌商家与用户之间建立动态感知网络。既有去向"商家印象"的产生,更有来向"用户需求"的需求响应,即商家通过各种媒介渠道传递的虚拟偶像信息,包括偶像形象、个性设定、活动推广等,用户则通常通过社交媒体、短视频平台、虚拟演唱会等方式接触,并在视觉、听觉和情感上形成第一印象。

2. 产生兴趣—形成互动

这一阶段商家更注重互动的方式、话题、内容和关系,响应用户的兴趣和需求成为关键。例如,虚拟偶像展现出独特的个性和故事情节,让用户在"接触—认知"的基础上,进一步了解和喜欢该偶像。同时,虚拟偶像的情感回应和互动设计(如虚拟偶像的评论回复、打赏互动)使用户在心理上感受到偶像的"亲近感"。这种互动增强了用户的参与度和归属感,推动了其对虚拟偶像的兴趣持续增加。

3. 建立连接—交互沟通

此阶段企业通过运营商务平台和 Web、App 打通,在互联网服务架构之下,建立与用

---

① 方静. 后现代语境下虚拟偶像迷群的互动仪式研究 [D]. 广州:暨南大学,2019.

户之间由弱到强的连接,用户可能会通过购买偶像的数字专辑、周边商品等方式"支持"偶像,或参与在线的打榜、应援活动,以表达对偶像的喜爱和支持。这一过程中,虚拟偶像的个性特征、情感互动、甚至社群的支持活动都帮助用户在情感上与偶像进行深度连接,并从社群中找到归属感。

4. 行动—产生购买

在这一阶段,用户的虚拟偶像消费需求从情感转向实际行为,即购买行为,如购买虚拟偶像的演唱会门票、订阅直播服务、购买数字周边等。在此过程中,用户不仅是为产品买单,更是为情感和身份认同付费。电子商务网站、O2O、App、社交网络等都可能成为购买的发起地点。

5. 体验—分享

在体验—分享阶段,用户在消费虚拟偶像产品后,将体验分享给社交圈和线上社群。这一行为不仅满足了自我表达的需求,还让其他粉丝感受到偶像的吸引力,从而进一步推动偶像的品牌影响力。用户的分享行为为品牌带来二次传播效应,并可能吸引更多潜在用户。

(二) Sheth – Newman – Gross 消费价值模型

Sheth、Newman 和 Gross[①] 在 1991 年提出的以价值为基础,评价消费相关的价值的消费行为模式,认为产品为顾客提供了五种价值,提出五种消费价值来解释消费者在面临某一商品时选择购买或不购买、选择此产品而不是另一个产品和选择此品牌而不是另一品牌的原因。这五种消费价值分别为功能价值、社会价值、情感价值、认知价值、条件价值。

1. 功能价值

功能价值指产品的实际用途或功能效用。在虚拟偶像消费中,功能价值表现为用户通过购买虚拟偶像的周边产品、数字专辑、虚拟演唱会门票等,获得娱乐、陪伴和社交互动的体验。

2. 社会价值

社会价值反映了消费者在消费某一产品时所获得的社交认可与身份归属。在大学生的虚拟偶像消费中,社会价值主要体现在社群归属感与社交地位的获得。虚拟偶像粉丝群体通常形成独特的圈层文化和社交网络,大学生在消费虚拟偶像产品时不仅是购买商品,更是在向同伴表达自己对特定偶像的支持和认同。通过参与应援活动、购买周边产品等,大

---

① Sheth J N, Newman B I, Gross B L. Why we buy what we buy: A theory of consumption values [J]. Journal of Business Research, 1991, 22 (2): 159 – 170.

学生能够与其他粉丝建立联系，融入社群中，获得身份归属感和社会支持。同时，虚拟偶像粉丝文化中的等级体系（如应援贡献度、社交活跃度等）让用户通过消费获得社交地位。

3. 情感价值

情感价值是指消费者在消费过程中获得的情绪愉悦和满足感。虚拟偶像的人设通常拥有独特的个性、故事情节和互动方式，使用户在消费过程中能够产生愉悦的情感体验，尤其在现实生活较为孤独或情绪低落时，这类情感价值尤为突出。此外，用户对虚拟偶像的情感投入越深，他们获得的情感回报也越强烈，进而增强了消费动机。

4. 认知价值

认知价值指的是消费者因产品的新颖性或知识性而获得的认知愉悦。虚拟偶像消费的认知价值主要体现在科技感和新奇性上。虚拟偶像融合了人工智能、全息投影等技术，不仅能让用户体验到超越现实的创新娱乐方式，以及虚拟偶像带来的视觉新奇感和"拟人化"体验，还能让用户在消费过程中感到与众不同。

5. 条件价值

条件价值指消费者在特定情境下所表现出的消费动机，通常与外部情境和条件限制相关。对于大学生来说，虚拟偶像消费行为的条件价值受多个因素影响。首先，大学生的经济条件有限，但虚拟偶像的数字产品和线上活动通常价格相对较低，降低了消费门槛，使其容易接受。其次，虚拟偶像消费的便捷性也是一大条件优势，大学生可以随时随地在手机或电脑上观看偶像的表演或参与互动活动，尤其适合他们的生活习惯。最后，虚拟偶像社群中粉丝间的应援活动、社交竞争等情境，可能激发大学生在特定时期的消费需求，例如，在偶像生日、周年庆或演唱会期间，大学生更倾向于参与消费，以表达对偶像的支持。

（三）理论应用

结合文献综述内容，并基于 SICAS 模型，本次调查将消费者行为分为四个阶段：一是信息的感知阶段，主要涉及消费者的认知情况；二是互动阶段，体现的是消费者从"感兴趣"的浅层互动到"交互沟通"的深层互动，属于虚拟偶像消费行为中的间接消费；三是购买阶段，主要涉及消费方式、产品种类的选择等直接消费行为；四是体验和分享阶段，通过消费者的满意度和忠诚度来体现用户黏度。基于 Sheth–Newman–Gross 消费价值模型，本案例将虚拟偶像的各个消费动机归为五个价值，即功能价值、社会价值、认知价值、情感价值和条件价值。

四、实证分析

(一) 样本与数据

1. 调查对象与内容

以广州市全体大学生为总体,对经过简单随机抽样的14所高校的大学生进行线上调查。调查大学生的身份特征包括年龄、性别、专业、院校、月生活费;认知情况包括:了解程度、了解渠道、接触类型、接触的具体人物;互动情况包括:互动频率、互动平台、互动方式;消费情况包括:消费方式、产品种类、消费金额、消费频率;用户黏度包括满意度、推广意愿、复购意愿以及产品缺陷。消费动机包括功能价值、情感价值、社会价值、认知价值和条件价值五个价值维度,以此深入了解大学生关于虚拟偶像消费的偏好。

2. 调查方法

一是利用中国知网、新媒体等平台搜集广州市大学生群体对虚拟偶像的消费现状及看法意见等相关数据,并研究相关的调查报告、吸取经验教训更好地设计问卷项目。二是通过Python爬虫技术,以"虚拟偶像"为关键词在互联网搜集相关信息,并用Python制作词云图对虚拟偶像的相关信息进行分析从而更好地设计问卷。三是采用网络问卷调查法,设计问卷题目并利用"问卷网"平台制作成标准统一的自填式问卷。为防止被调查者的重复回答,在问卷发放前进行设备限制。

3. 抽样设计

本次调查采用多阶段抽样方法,分为两个阶段进行,其中第一阶段采用简单随机抽样,第二阶段采用方便抽样。在第一阶段,本调查先以广州市37所本科院校为总体,利用Excel产生随机数抽取出14所学校,接着通过比例分配计算各所学校应调查的样本容量,抽取结果如表6-1所示。在第二阶段,在所抽取的14所高校的微信群、QQ群以及小组成员的朋友圈等随机选择受访对象发放问卷进行方便抽样。

表6-1　　　　　　　　各高校样本量设定表

院校	学校总人数	样本比例	样本量设定
广东金融学院	21270	6%	36
广东工业大学	46000	13%	77
广州大学	35871	10%	60
广东外语外贸大学	23857	7%	40
广东白云学院	21000	6%	35

续表

院校	学校总人数	样本比例	样本量设定
广东财经大学	27000	8%	45
广州商学院	16875	5%	28
广州美术学院	6915	2%	12
星海音乐学院	5165	1%	9
华南师范大学	41284	11%	69
广东技术师范大学	23000	6%	38
广东财经大学华商学院	23000	6%	38
中山大学新华学院	22000	6%	37
华南农业大学	46000	13%	77

根据在抽样调查中最低样本量的估算公式，选择可接受的抽样极限误差 E 为 4%，置信度为 95%，即 $z=1.96$，估计比例 P 取 0.5。

$$n \approx \frac{z^2 \times P(1-P)}{E^2} = \frac{1.96^2 \times 0.5 \times 0.5}{0.04^2} \approx 601 \qquad (6-1)$$

经计算可得最低样本量为 601。为使所抽取的样本充分有效，以广州市 37 所本科院校为总体先进行简单随机抽样，抽取出 14 所学校后，根据 14 所高校的学校总人数分配样本量。

4. 问卷设计

本问卷基于 SICAS 消费者行为模型和 Sheth-Newman-Gross 消费价值模型设计，分为四个部分：

第一部分：消费者画像。设有年龄、性别、专业、院校和月生活费五项，通过大学生的基本特征分析虚拟偶像需求偏好差异。

第二部分：人群筛选。筛选标准基于对虚拟偶像的了解程度，确保调查对象具备相关认知，以获取有效数据。

第三部分：消费行为。依托 SICAS 模型，分为感知信息、间接消费、直接消费和用户黏度四个阶段。感知信息包括了解渠道、接触类型和人物；间接消费涵盖互动频率、平台和方式；直接消费涉及消费方式、产品种类、消费金额和频率；用户黏度考察满意度、推广意愿、复购意愿及产品缺陷，探究大学生对虚拟偶像的消费行为路径。

第四部分：消费动机。依据 Sheth-Newman-Gross 模型，通过量表调查功能、情感、社会、认知和条件五类消费价值。功能价值涵盖虚拟偶像作品的契合度、质量、性价比等；情感价值关注亲切感、共鸣及对 ACGN 文化的喜爱；社会价值考量自尊感和身份认同；认知价值则关注背景设定、新奇感等；条件价值聚焦虚拟偶像带货的影响。此设计旨在分析影响大学生虚拟偶像消费的因素，探寻其商业价值和市场机会。

5. 质量控制

在调查开展前，从问卷设计、调查规划和问卷预调查三个方面进行质量控制。问卷设计方面，确保题目简洁明了、逻辑清晰，并在问卷网平台上设置设备限制，防止重复作答；限制作答时间，每页需等待 12 秒以提升回答的认真度。问卷发放前，制定详细调查计划，合理配置人员结构，对调查员进行培训，确保他们熟悉问卷内容，以便及时解答线上被调查者的疑问。在正式调查前，采用方便抽样法进行小范围试填，根据反馈修改问卷中的跳转题、多选题和开放性问题。

调查过程中，对各学校的问卷数量、性别比例和有效问卷情况进行监控，确保样本量和性别结构合理。后台实时监控高校样本收集量，根据需要调整传播策略，确保数据符合逻辑。对于前后矛盾、不完整的答案，视为无效并剔除。

调查完成后，通过"问卷网"筛选明显错误的问卷，将有效问卷导入 Excel 进行二次筛选和抽检，确保数据准确。最终获得有效问卷 1297 份，无效问卷 80 份，问卷有效率为 94.2%。

6. 数据处理与检验

根据问卷调查的特性，本次调查主要考虑采用反映内部一致性的指标测量数据的信度，即 Cronbach α 系数。经过检验，如表 6-2 结果所示，本次调查的量表题的 Cronbach α 系数为 0.828＞0.8，该量表的可信度甚佳，说明本次调查可靠。

表 6-2　　　　　　　　　信度分析检验结果表

克隆巴赫 Alpha	基于标准化项的克隆巴赫 Alpha	项数
0.828	0.828	16

结构效度分析采用 KMO 和 Bartlett 球形度检验进行。由表 6-3 结果可知，KMO 值为 0.869，大于 0.7，说明此问卷的结构效度良好。

表 6-3　　　　　　　　　结构效度分析

KMO 取样适切性量数	巴特利特球形度检验		
	近似卡方	自由度	显著性
0.869	23667.774	120	0.000

（二）"虚拟偶像"网络舆情分析

1. 网络舆情预调查

（1）"虚拟偶像"的全国搜索指数中广东省排名第一。

通过360指数对"虚拟偶像"这一关键词进行全国网络搜索,如图6-1结果所示,广东省搜索指数排行第一,除此之外,广东省人口稠密且经济较为发达,对于作为小众亚文化消费的虚拟偶像包容性更强,因此,较为适合开展对于虚拟偶像的调查,而广州作为广东省的经济大市,多数的大学也聚集于此,故选取广州作为调查范围有一定的代表性。

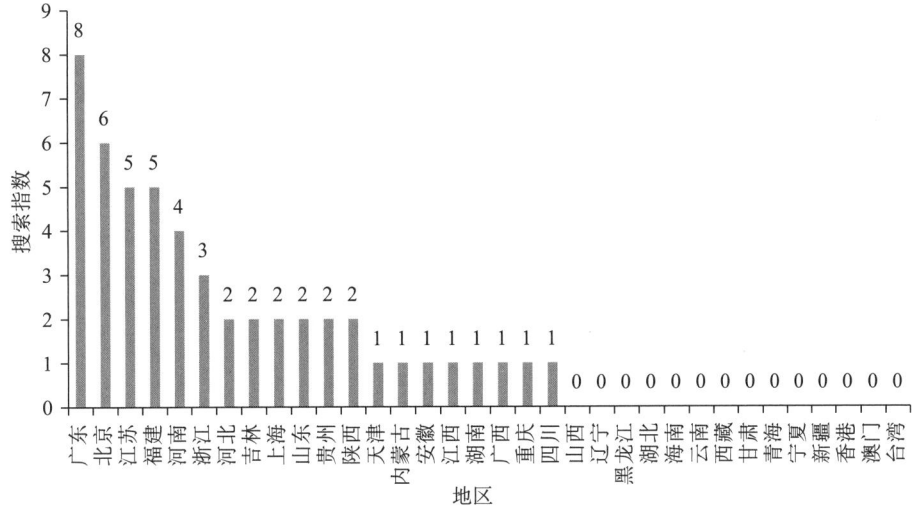

图6-1 全国"虚拟偶像"搜索指数条形图

资料来源:360指数。

(2)"虚拟偶像"的年龄分布中19—24岁占比超半数。

通过360指数以"虚拟偶像"为关键词进行搜索,可以发现搜索"虚拟偶像"人群的年龄分布最为集中是19—24岁,占60%。这一部分的人群对于知识付费最为关注,该年龄段恰好是大学生所处的一般年龄段,因此本次调查的对象定为广州的学生具有一定的科学性(见图6-2)。

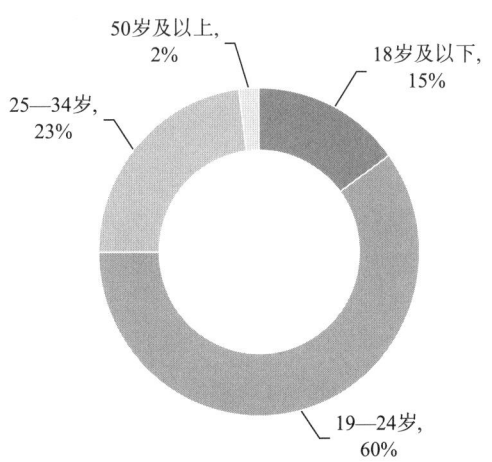

图6-2 搜索年龄分布百分比

2. 网络舆情大数据分析

(1) 虚拟偶像与"可塑性""二次元"和"演唱"有着密切联系。

通过爬虫技术以"虚拟偶像"为关键词在网络上进行统计分析,如图6-3所示,知名度较高的虚拟人物是中国的洛天依和日本的初音未来,从"演唱""曲目""Live"等词语可以推断出大众更关注歌手类型,"加油""支持"等词语可以看出大部分人持肯定态度,不可忽视的是,"二次元""可塑性"出现频次也很高,这反映了虚拟偶像与这两者具有显著的相关性,是大众感兴趣或喜爱虚拟偶像的重要因素。

图6-3 虚拟偶像关键词词云

资料来源:网络检索。

(2) 大部分群众对虚拟偶像持正面态度。

通过civiw.com识微数据分析网站的热点舆情可以了解到,最新的关于洛天依的网络舆情调查是在针对2020年4月21日洛天依与李佳琦的带货直播活动,在这场观众将近700万人的直播中,即使洛天依由于技术故障出现了直播事故,但相关话题下的网络情绪仍然以正面为主(见图6-4)。值得关注的是,洛天依话题热度攀高的四次均与三次元联动有较高关联性,可见虚拟偶像虽托生于二次元,受益于二次元爱好群体,但若想继续扩大自身的知名度与影响力,寻求更大的发展空间,那依托三次元、寻找破圈之力对此也是非常重要的。

(三) 大学生虚拟偶像消费需求偏好的基本情况

1. 受访者基本情况

在性别方面,本次调查中女性虚拟偶像消费者略多于男性,性别比例与高校学生群体相符,显示了样本的代表性。在年级分布上,受访者以本科生为主,尤其集中在大一至大四年级,研究生所占比例较低。这一分布表明,虚拟偶像消费群体以低年级学生为主。在

案例 6　广州市大学生群体虚拟偶像消费需求偏好调查

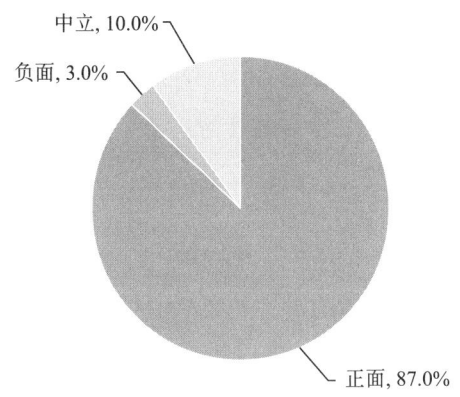

图 6-4　洛天依直播网络情绪百分比

资料来源：civiw.com 识微数据分析网站。

月生活费方面，大多数受访者的月生活费在 1500 元以上，具备一定的消费能力。专业分布显示，经济学专业学生对虚拟偶像的关注度最高，其次是法学、教育学和管理学专业学生，这可能与这些专业对新兴文化接受度高、经济能力较为宽裕有关。

2. 认知情况分析

总体来看，受访者对虚拟偶像的认知度较高，仅有少数人表示完全不了解，这表明调查样本具备一定的虚拟偶像知识基础，有助于有效反映虚拟偶像市场的消费状况。

（1）感知信息。

在获取虚拟偶像信息的途径上，受访者主要通过官方专业网站和弹幕网站获取信息，前者是最常用的获取渠道。这表明受访者倾向于获取权威和专业的信息来源。虚拟偶像的类型中，歌手类形象最为受欢迎，特别是以中国的洛天依和日本的初音未来为代表的歌手偶像，显示了歌手类型的虚拟偶像在受访者中的认知度较高。在网红主播类别中，中国的绊爱具有较高知名度；在团体偶像方面，中国的英雄联盟 K/DA 和王者荣耀的无限王者团受到较多关注。这种偏好表明歌手和团体类虚拟偶像更能引起学生群体的兴趣，而中国本土虚拟偶像在文化和语言的共通性上占据优势，因而相比国外虚拟偶像具有更广泛的受众基础。

（2）间接消费。

在互动平台选择上，受访者主要通过弹幕网站和兴趣社区与虚拟偶像互动，专门的互动应用使用较少。弹幕和兴趣社区的互动频率较高，反映出年轻消费者更偏爱在自己熟悉的社交平台上与虚拟偶像进行互动，主要集中在每周或每月进行几次的频率。常见的互动方式包括评论、弹幕以及点赞和分享，显示大部分消费者以较简单的互动形式参与虚拟偶像活动，而较深入的方式如发帖、打投等选择较少。这表明该群体在虚拟偶像的间接消费上更倾向于便捷、即时的方式，深入互动需求有限。

（3）直接消费。

在直接消费方面，多数受访者表示有较高的消费意愿。主要的消费形式包括购买虚拟偶像相关产品和参加线下演唱会等应援活动。互动性和现场体验较强的活动更容易吸引消费者，而购买周边产品也成为表达喜爱和支持的直接方式，其中影视作品和代言产品的消费意愿较高。这种消费行为不仅是对虚拟偶像的支持，也表达了消费者的身份认同。消费金额方面，大部分受访者每月愿意在虚拟偶像上花费100—500元，这表明大学生群体的消费能力有限，倾向于控制在合理范围内。消费频率上，月度消费较为常见，显示出消费行为集中在较短的时间周期内，有助于品牌在特定时期内提高消费频率。

（4）用户黏度。

在虚拟偶像的用户满意度上，受访者的整体满意度较高，仅有少数人表示不满意。复购意愿和推荐意愿较高，反映出虚拟偶像消费者的忠诚度。然而，部分受访者对虚拟偶像的"灵活性差"和"跟风问题"提出质疑，这可能是因为虚拟偶像的内容和互动形式较为单一，创新和个性化不足。文献指出，虚拟偶像的消费调查中存在粉丝效应，即满意度高的受访者往往是核心消费者，这部分人对虚拟偶像的评价和期望尤具代表性。这意味着虚拟偶像在拟人化效果和角色设定上仍有改进空间，以更好地满足年轻消费者的真实感需求，同时增强用户的黏性和满意度。

（四）大学生虚拟偶像消费需求偏好的差异化分析

消费者作为不同的个体，其特征差异性会对消费行为产生影响，大学生也是如此，其身份特征会带来消费行为的差异。因此，本次调查通过研究不同类型消费者在消费选择方面的差异来制定不同层次策略，满足个性化需求，从而整体上提高大学生消费的意愿和满意度。其中，消费者类型根据消费者特征划分。大学生消费者特征主要包括性别、专业、月生活费。虚拟偶像的相关消费选择主要包括了解途径、偶像类型、互动平台、互动方式、消费方式、消费产品、消费金额（月）。根据不同的数据类型和目的，采用卡方检验和列联分析。

1. 性别与虚拟偶像类型的选择之间存在差异性

由表6-4可知，在歌手、舞姬、配音、网红主播和游戏主播这五类较受大学生群体喜爱的虚拟偶像类型中，男生更加喜欢歌手、配音这两种类型，而女生更加喜欢网红主播和游戏主播这两种类型。

表 6-4　　　　　　　　　　　性别与虚拟偶像类型的交叉表

			偶像类型							
			歌手	舞姬	配音	网红主播	游戏 IP	小说 IP	品牌 IP	总计
性别	男	计数	278	204	211	196	164	124	28	1205
		占性别的%	23.1	16.9	17.5	16.3	13.6	10.3	2.3	100
	女	计数	283	283	262	308	293	122	52	1604
		占性别的%	17.6	17.6	16.3	19.2	18.3	7.6	3.3	100
总计		计数	561	487	473	504	457	246	81	2809

如表 6-5 所示，对性别与虚拟偶像类型进行卡方检验的结果小于 0.05，表明此交叉分析通过显著性水平 α 为 0.05 的检验，即性别与虚拟偶像的选择存在一定的相关性，不同性别大学生群体对虚拟偶像的选择存在显著的差异性。

表 6-5　　　　　　　　　　　性别与虚拟偶像类型的卡方检验结果

	值	自由度	渐进显著性（双侧）
皮尔逊卡方	31.351	6	0.000
似然比	31.430	6	0.000
线性关联	7.759	1	0.005
有效个案数	2809	—	—

注：0 个单元格（0.0%）的期望计数小于 5；最小期望计数为 34.75。

2. 专业与互动平台选择、消费方式之间存在差异性

由表 6-6 可得出以下结论，弹幕网站是经济学、法学、文学和理学、工学学生最偏爱的互动平台，且此类学生占总人数的比例较大，因此该类学生适合作为平台选择策略制定的主要参考人群；而教育学的学生最偏爱的是兴趣社区论坛；管理学的学生不同于其他专业，最常使用的互动平台是虚拟偶像专门的互动 App，但是该类型专业的学生占总人数比例小，不适合作为参考人群，且从其他专业对专门互动的 App 的选择情况上看，该互动平台仍是较小众冷门的互动地。

表 6-6　　　　　　　　　　　专业与消费方式的交叉表

			消费方式					
			购买相关产品	游戏充值	线下观看演唱会等现场应援消费	线下参加 VR 游戏	直播打赏	总计
专业	经济学	计数	156	118	134	87	75	570
		占专业的%	27.4	20.7	23.5	15.3	13.2	100.0
	法学	计数	76	68	70	70	41	325
		占专业的%	23.4	20.9	21.5	21.5	12.6	100.0

续表

			消费方式					
			购买相关产品	游戏充值	线下观看演唱会等现场应援消费	线下参加VR游戏	直播打赏	总计
专业	教育学	计数	77	64	82	78	51	352
		占专业的%	21.9	18.2	23.3	22.2	14.5	100.0
	文学	计数	63	41	57	45	24	230
		占专业的%	27.4	17.8	24.8	19.6	10.4	100.0
	理学	计数	42	39	35	37	27	180
		占专业的%	23.3	21.7	19.4	20.6	15.0	100.0
	工学	计数	40	23	30	25	17	135
		占专业的%	29.6	17.0	22.2	18.5	12.6	100.0
	管理学	计数	38	17	81	20	16	172
		占专业的%	22.1	9.9	47.1	11.6	9.3	100.0
总计		计数	593	433	568	420	293	2307

注：0 个单元格（0.0%）的期望计数小于 5；最小期望计数为 34.75。

如表 6-7 和表 6-8 所示，对专业与互动平台、消费方式进行卡方检验的结果都小于 0.05，表明此交叉分析通过显著性水平 α 为 0.05 的检验，说明专业与互动平台、消费方式存在一定的相关性。不同专业大学生群体对虚拟偶像的互动平台和消费方式的选择存在显著差异。

表 6-7 专业与虚拟偶像互动平台的卡方检验结果

	值	自由度	渐进显著性（双侧）
皮尔逊卡方	214.175	55	0.000
似然比	162.344	55	0.000
线性关联	14.201	1	0.923
有效个案数	2350	—	—

注：13 个单元格（18.1%）的期望计数小于 5；最小期望计数为 0.02。

表 6-8 专业与虚拟偶像消费方式的卡方检验结果

	值	自由度	渐进显著性（双侧）
皮尔逊卡方	96.724	44	0.000
似然比	92.830	44	0.000
线性关联	0.009	1	0.923
有效个案数	2078	—	—

注：1 个单元格（1.7%）的期望计数小于 5；最小期望计数为 4.94。

3. 月生活费与月消费金额、消费方式之间存在差异性

对于月生活费在 2000 元以下的大学生群体，消费方式的偏好是购买相关产品，而月生活费在 2000 元以上的，更加倾向于线下观看演唱会等现场应援的消费方式，这说明了在消费能力较强的情况下，大学生群体更愿意选择演唱会等现场应援的较高消费类型（见表 6-9）。

表 6-9　月生活费与消费方式的交叉表

			消费方式					
			购买相关产品	游戏充值	线下观看演唱会等现场应援消费	线下参加VR游戏	直播打赏	总计
月生活费 Q5	1000 元以下	计数	22	13	20	17	12	84
		占 Q5 的%	26.2%	15.5%	23.8%	20.2%	14.3%	100.0%
	1000—1500 元	计数	186	128	136	113	78	641
		占 Q5 的%	29.0%	20.0%	21.2%	17.6%	12.2%	100.0%
	1500—2000 元	计数	250	201	225	194	141	1011
		占 Q5 的%	24.7%	19.9%	22.3%	19.2%	13.9%	100.0%
	2000—2500 元	计数	92	65	150	74	45	426
		占 Q5 的%	21.6%	15.3%	35.2%	17.4%	10.6%	100.0%
	2500 元以上	计数	43	26	37	22	17	145
		占 Q5 的%	29.7%	17.9%	25.5%	15.2%	11.7%	100.0%
	总计	计数	593	433	568	420	293	2307

如表 6-10 所示，对月生活费与消费方式进行卡方检验的结果小于 0.05，表明此交叉分析通过显著性水平 α 为 0.05 的检验，说明月生活费与消费方式存在一定的相关性。不同生活费水平的大学生群体对虚拟偶像的相关消费方式的选择存在显著差异。

表 6-10　月生活费与消费方式的卡方检验结果

	值	自由度	渐进显著性（双侧）
皮尔逊卡方	41.009	16	0.001
似然比	39.233	16	0.001
线性关联	0.469	1	0.493
有效个案数	2307	—	—

注：0 个单元格（0.0%）的期望计数小于 5；最小期望计数为 10.67。

进一步分析月生活费水平与月意愿消费金额的相关性，由表 6-11 可知，两者存在正向相关关系，即月生活费水平越高，消费者对虚拟偶像的每月意愿消费金额也会相应较

高,反之亦然。在经济学的角度上,消费者的收入水平越高,消费能力越强,其对价格的可接受程度也会越高。一般来说,消费者对价格的接受程度是企业定价的重要依据,而大学生群体的消费能力在整体上是有限的,企业可以根据大学生群体的消费特征,制定相应合理的价格范围,吸引更多的大学生消费群体。

表 6-11　　月生活费与每月消费金额的相关性检验结果

	值	渐进标准误差	近似 Tb	渐进显著性
有序到有序 Gamma	0.396	0.037	9.845	0.000
有效个案数	1059	—	—	—

(五) 基于路径分析的虚拟偶像消费需求影响因素分析

为了确定虚拟偶像消费需求的主要驱动因素,量化影响用户需求的路径和各因素的影响因子的大小,为企业扩大市场份额、提高影响力提供方向,本案例根据 Sheth - Newman - Gross 消费价值模型进行基于 SEM 的验证性因子分析和路径分析。

根据 Sheth - Newman - Gross 消费价值模型,条件价值、社会价值、情感价值、认知价值、功能价值是影响消费需求的五大动机,因此,将这五个价值作为影响消费需求的潜变量,以复购意愿、互动频率、购买频率作为消费需求因子。其中,条件价值是指消费者在面临特定情况时改变选择,但由于在量表题中条件价值这一维度只被"会因虚拟偶像代言而购买相关产品"一个测量指标所解释,解释力度不足,因此,把同时能解释"条件价值"和占比最高的测量指标——代言产品(Q14A3)作为条件价值的观察变量。

1. 模型假设

根据实践经验和文献调查提出假设,上述的五个消费动机价值会对消费需求产生直接或间接影响,同时这五个价值不是各自独立作用,而是相互影响的。基于此,构建相关假设表(见表 6-12),并利用 AMOS 软件对该路径假设进行验证。

表 6-12　　结构方程模型相关假设

假设	模型假设
假设 1	认知价值对消费需求有正向影响作用
假设 2	社会价值对消费需求有正向影响作用
假设 3	条件价值对消费需求有正向影响作用
假设 4	功能价值对消费需求有正向影响作用
假设 5	情感价值对消费需求有正向影响作用
假设 6	认知价值与社会价值存在正相关关系

续表

假设	模型假设
假设 7	认知价值与情感价值存在正相关关系
假设 8	认知价值与功能价值存在正相关关系
假设 9	认知价值与条件价值存在正相关关系
假设 10	社会价值与情感价值存在正相关关系
假设 11	社会价值与功能价值存在正相关关系
假设 12	功能价值与条件价值存在正相关关系
假设 13	情感价值与功能价值存在正相关关系
假设 14	情感价值与条件价值存在正相关关系
假设 15	社会价值与条件价值存在正相关关系

2. 模型的适配度检验

为了验证虚拟偶像消费需求的影响因素相关假设是否成立，本案例使用 AMOS26.0 的路径分析工具来验证理论结构模型的适配度。根据初始模型假设建立 SEM 测量模型，用标准化路径系数量化各因素间的关系大小，并对相关参数进行估计，以研究模型的模拟路径和解释能力。

具体而言，在 AMOS 中绘制虚拟偶像消费需求的影响因素结构模型，在 1297 份有效问卷的基础上，排除其中 Q13 题中选择"没有消费欲望"的个案，从而排除缺失值，得到 1040 份问卷数据，导入 AMOS 后进行分析。模型拟合度检验结果如表 6-13 所示。

表 6-13　　　　　消费需求的影响因素结构模型拟合度检验结果

检验统计量	绝对适配度指数		增值适配度指数			简约适配度指数	
	RMR	GFI	NFI	CFI	IFI	PNFI	PCFI
参数标准	<0.05	>0.9	>0.9	>0.9	>0.9	>0.5	>0.5
模型参数	0.043	0.873	0.887	0.896	0.896	0.728	0.735

由表 6-13 中的虚拟偶像消费需求的结构模型适配度参数显示：RMR = 0.043（小于 0.05），GFI = 0.873（接近 0.9），NFI = 0.887（接近 0.9），CFI = 0.896（接近 0.9），IFL = 0.896（接近 0.9），PNFI = 0.728（大于 0.5），PGFI = 0.735（大于 0.5）。以上数值反馈虚拟偶像消费需求的结构方程模型具有良好的适配度，说明理论研究的路径关系与实际的测量数据比较符合。

3. 路径分析结果

AMOS 软件运行结果如表 6-14 所示。表中 Estimate 指路径系数估计，S.E. 指标准误差，C.R. 指临界比值，P 为检验假设中的 p 值，为保证 95% 的可靠性，若 p 值小于 0.05，则路径系数与0有显著差异。

表6-14 路径分析结果

潜在变量间的路径关系			Estimate	S. E.	C. R.	P
条件价值	←→	情感价值	0.001	0	1.532	0.125
情感价值	←→	认知价值	-0.05	0.012	-4.011	***
认知价值	←→	社会价值	-0.076	0.011	-7.012	***
社会价值	←→	功能价值	0.022	0.009	2.336	0.019
条件价值	←→	认知价值	0.005	0.002	2.659	0.008
条件价值	←→	社会价值	0.002	0.001	1.85	0.064
条件价值	←→	功能价值	0.034	0.009	3.83	***
情感价值	←→	社会价值	0.039	0.01	3.942	***
情感价值	←→	功能价值	0.005	0.003	1.626	0.104
认知价值	←→	功能价值	0.032	0.01	3.08	0.002
消费需求	←	条件价值	0.359	0.644	0.558	0.577
消费需求	←	情感价值	0.439	0.372	1.18	0.238
消费需求	←	认知价值	0.338	0.061	5.505	***
消费需求	←	社会价值	0.296	0.067	4.434	***
消费需求	←	功能价值	0.045	0.084	0.538	0.591

注：*** 表示在1%的显著性水平下显著。

从对消费需求产生影响的因子来看，在五个因素中，一方面，"消费需求←认知价值"以及"消费需求←社会价值"这两个路径的系数是显著的，即消费者从虚拟偶像上获得的认知价值和社会价值对其产生直接、显著的影响，假设1、假设2成立。另一方面，从五个因素之间的相关关系来看，假设6—假设12路径系数都是显著的，即假设6—假设12成立。

从结构模型的路径分析可得出，认知价值和社会价值这两个变量直接对虚拟偶像的消费需求产生影响。

第一，认知价值对虚拟偶像消费需求的直接效益为0.338，其路径系数最大，从中可以判断它是影响虚拟偶像消费需求的最关键的因素。所以，虚拟偶像企业创建虚拟人物时，以大众的感受为主，从人设、背景设定上带给大众新的认知，优化消费者的体验感，不能一味模仿日本虚拟偶像的设定，要有自己的创新点。

第二，社会价值对虚拟偶像消费需求的路径系数为0.296，在这个方面，消费者强调了因追求虚拟偶像这种小众亚文化而获得了自尊自信和群体认同感，因此，企业要注重发展虚拟偶像带有的社会符号文化，提高文化价值，稳固消费群体。

第三，情感价值、功能价值、条件价值未能通过显著性检验，显然这三者并不是虚拟偶像消费需求的直接因素，但是情感价值和条件价值可以通过影响认知价值间接作用于消费需求，功能价值影响认知价值和社会价值从而间接影响消费需求。

（六）基于二元 Logistic 回归的具体影响因素探究

本节针对不同的互动方式、消费方式寻找与其相关的具体的影响因子，由于互动方式、消费方式均为二分类变量，故采用二元 Logistic 回归分析方法。

1. 互动方式

以互动方式中的各个选项（Q11A1—Q11A6）为因变量，以 16 个测量指标（Q17A1—Q18A7）为自变量进行二元 Logistic 回归，检验结果如表 6 – 15 所示，在 5% 的置信水平下，只有"评论、发弹幕"以及"观看实时直播互动"通过了模型拟合度检验。

表 6 – 15　　　　　　　　互动方式的模型拟合度检验结果

	卡方	自由度	显著性
评论、发弹幕	9.777	8	0.281
观看实时直播互动	13.144	8	0.107

由表 6 – 16 可知，倾向于"评论、发弹幕"的人主要是由于能参与二次创作和出于对 ACGN 的喜爱，发生比分别为 1.532、1.262，因此，不能脱离二次元文化，支持二次创作的相关平台能获得更多的用户量。同时，这部分群体与"会因为虚拟偶像而改变购物意向"有一定的相关性。

表 6 – 16　　　　　　　　互动方式的回归分析结果

	评论、发弹幕			观看实时直播互动		
	B	显著性	Exp（B）	B	显著性	Exp（B）
背景设定符号爱好	-0.001	0.997	0.999	-0.156	0.456	0.856
人设风格符号爱好	-0.089	0.744	0.915	0.075	0.795	1.078
人设稳定，不会翻车	0.278	0.169	1.321	0.641	**0.008**	1.898
作品的产出率高	0.026	0.895	1.026	0.165	0.420	1.179
能参与虚拟偶像的二次创作	0.427	**0.048**	1.532	0.008	0.973	1.008
相关作品或产品的质量高	0.166	0.448	1.181	-0.283	0.224	0.753
相关作品或产品的类型符合爱好	-0.043	0.883	0.958	0.705	**0.045**	2.023
相关作品或产品性价比高	0.373	0.456	1.452	-0.171	0.749	0.843
相关作品或产品样式多	0.032	0.869	1.033	-0.209	0.302	0.811

续表

	评论、发弹幕			观看实时直播互动		
	B	显著性	Exp（B）	B	显著性	Exp（B）
虚拟偶像作为新科技能带来新奇感	0.139	0.486	1.149	0.109	0.597	1.115
虚拟偶像能带来亲切感	-0.083	0.302	0.920	-0.067	0.422	0.935
虚拟偶像能产生情感的共鸣	0.179	0.060	1.196	0.307	**0.002**	1.360
虚拟偶像作为小众亚文化能带来自尊自信	0.111	0.395	1.118	0.325	**0.021**	1.384
追求虚拟偶像能带来群体认同感	-0.198	0.114	0.821	-0.335	**0.010**	0.716
对ACGN的喜爱是追求虚拟偶像的重要基础	0.233	**0.014**	1.262	0.048	0.629	1.050
会因虚拟偶像的代言或推荐而改变购物意向	-0.616	**0.030**	0.540	-0.448	0.087	0.639
常量	-3.958	0.000	0.019	-4.013	0.000	0.018

注：加粗表示在5%的显著性水平下显著。

倾向于"观看实时直播互动"的群体更注重的是虚拟偶像人设的稳定性、相关作品的类型、虚拟偶像文化带来的自尊自信以及群体认同感。其中，"相关作品或产品的类型符合爱好"与"观看实时直播互动"的发生比为2.023，即每出现一个单位的消费者喜爱的虚拟偶像相关作品或产品，观看实时直播的人数会增加两倍。因此，直播平台应该推广契合消费者爱好的产品类型从而带来更大的虚拟偶像的流量市场。

2. 消费方式

以消费方式中的各个选项（Q13A1—Q13A7）为因变量，以16个测量指标（Q17A1—Q18A7）为自变量进行二元Logistic回归，检验结果如表6-17所示，在5%的置信水平下，只有"购买相关产品"的模型检验p值为0.209（>0.05），通过模型拟合度检验。

表6-17　　　　　　　　　消费方式的模型拟合度检验结果

	卡方	自由度	显著性
购买相关产品	10.881	8	0.209

如表6-18结果所示，得出如下结论：

（1）"是否购买相关产品"与"作品的产出率高"具有正向的相关性。这说明了像虚拟偶像这种主要以音舞、影视等作品为主的，其作品的新鲜感往往存在有限的时效性，较高的产出率会更吸引大学生消费群体的购买。

（2）"是否购买相关产品"与"相关作品或产品性价比高"显著相关，且其OR值高达5.912，即大学生消费者较看重性价比，所以重视质量、把握好价格更加有利于提高大学生群体在这方面的消费满意度，从而增强用户黏性。

（3）"是否购买相关产品"与"产生情感的共鸣"具有一定的相关性。虚拟偶像相关产品对于消费者特别是粉丝群体而言，是一种认同或者是喜爱与追求的象征，以此能获得陪伴和满足感，所以产生情感的共鸣成为了主要的消费动机之一。

（4）"是否购买相关产品"与"获得群体认同感"具有一定的相关性。购买虚拟偶像相关产品是一种身份的表明，向他人表明自己对虚拟偶像的认同喜爱，或者表明自己的粉丝身份，这也是对自己所属群体的寻找和思考。除此之外，虚拟偶像作为完美的理想人物，这种身份、喜爱的表明能给现实生活带来一种积极的形象，所以获得群体认同感也是主要的消费动机之一。

表 6-18　消费方式的回归分析结果

	B	显著性	Exp（B）
背景设定符号爱好	0.249	0.275	1.282
人设风格符号爱好	0.372	0.220	1.450
人设稳定，不会翻车	0.244	0.287	1.276
作品的产出率高	0.543	0.013	1.720
能参与虚拟偶像的二次创作	-0.081	0.769	0.922
相关作品或产品的质量高	0.000	0.999	1.000
相关作品或产品的类型符合爱好	0.030	0.923	1.031
相关作品或产品性价比高	1.777	0.002	5.912
相关作品或产品样式多	-0.370	0.094	0.691
虚拟偶像作为新科技能带来新奇感	-0.103	0.655	0.902
虚拟偶像能带来亲切感	-0.062	0.489	0.940
虚拟偶像能产生情感的共鸣	0.289	0.007	1.335
虚拟偶像作为小众亚文化能带来自尊自信	0.181	0.222	1.198
追求虚拟偶像能带来群体认同感	0.337	0.018	1.400
对 ACGN 的喜爱是追求虚拟偶像的重要基础	0.208	0.050	1.231
会因虚拟偶像的代言或推荐而改变购物意向	-0.452	0.157	0.636
常量	-13.777	0.000	0.000

3. 具体相关产品的影响因素分析

本节在购买了相关产品的人群中，更进一步地研究具体的产品类型与哪些具体的影响因子具有相关性。

同样运用二元 Logistic 回归分析方法，结果如表 6-19 所示，音乐专辑、代言产品、影视作品通过了模型拟合优度检验。

表 6-19　　　　　　　　　相关产品的模型拟合优度检验结果

	卡方	自由度	显著性
音乐专辑	11.705	8	0.165
影视作品	3.562	8	0.894
代言产品	6.438	8	0.598

从二元 Logistic 回归结果（见表 6-20）可以看出，消费者购买相关产品的动因主要源于对虚拟偶像的情感共鸣、个性化人设的吸引力，以及对 ACGN 文化的喜爱。这些因素共同作用，形成了消费者对虚拟偶像的心理依附和情感连接，进一步转化为购买行为。虚拟偶像不仅满足了消费者的个性化需求，还通过情感共鸣使消费者产生身份认同和归属感，尤其在人设风格契合的情况下，这种情感驱动力更强烈。同时，ACGN 文化作为一种独特的亚文化，吸引了一批忠实的爱好者，这些人群在消费上表现出较高的忠诚度和支持度，因此容易被虚拟偶像及其周边产品所吸引。

表 6-20　　　　　　　　相关产品的影响因素的 Logistic 回归结果

	影响因素	B	显著性	Exp（B）
购买音乐专辑	对 ACGN 的喜爱是追求虚拟偶像的重要基础	0.220	0.047	1.246
	人设风格符合爱好	0.217	0.000	3.376
购买影视作品	虚拟偶像能产生情感的共鸣	0.506	0.000	1.659
	对 ACGN 的喜爱是追求虚拟偶像的重要基础	0.494	0.000	1.639
购买代言产品	虚拟偶像能产生情感的共鸣	0.253	0.014	1.287
	对 ACGN 的喜爱是追求虚拟偶像的重要基础	0.212	0.043	1.236

总体来看，情感因素和文化认同是推动消费者选择购买虚拟偶像相关产品的重要原因。

五、结论与建议

（一）研究结论

1. 大学生虚拟偶像消费存在多元化的偏好，受背景因素影响显著

不同背景的大学生在虚拟偶像消费需求上呈现多样化的特征，性别、专业和消费能力等因素显著影响了他们的消费偏好。具体而言，男性大学生更倾向于选择歌手类虚拟偶像，因为他们更注重音乐表现力和视听娱乐，而女性大学生则更关注网红和游戏类角色，因其在互动和情感代入方面具有更高的吸引力。此外，大学生的专业背景也对其消费偏好产生影响，文科类学生在虚拟偶像消费上更倾向于追求情感共鸣，而理工类学生则更关注虚拟偶像的技术表现和创新性。消费能力同样是影响虚拟偶像消费的重要因素，消费能力较强的学生更愿意支持高端的虚拟偶像产品，如付费观看线上演唱会和购入周边产品，而消费能力较弱的学生则更倾向于选择免费内容或低成本的体验。这些背景因素共同影响了大学生对虚拟偶像的接受度和消费行为，形成了多层次的消费模式。

2. 大学生偏好本土虚拟偶像，并关注其与本土文化的契合度

大学生群体对本土虚拟偶像表现出更强的兴趣，特别是歌手类虚拟偶像因其娱乐性和互动性而广受欢迎。这种偏好与大学生对文化认同的需求密切相关，他们更倾向于支持符合本土文化审美和情感需求的虚拟偶像形象，而对国外虚拟偶像的关注度相对较低。通过分析大学生对不同类型虚拟偶像的接触情况可以看出，歌手类偶像的接触率和影响力远高于其他类型。此外，大学生对虚拟偶像的要求不仅停留在外观层面，他们更重视偶像形象是否符合本土文化特征，以及是否能够反映出独特的民族风格和内在含义。因此，大学生对本土虚拟偶像的偏好既是对文化认同的体现，也为本土虚拟偶像市场的发展提供了广阔的空间。

3. 互动体验和情感共鸣是推动大学生虚拟偶像消费的重要动力

大学生在虚拟偶像消费中表现出强烈的参与意识，他们偏爱能产生情感共鸣和互动体验的虚拟偶像，这种情感连接成为推动其消费的关键因素。通过线上互动、评论区留言和参与二次创作，大学生能够与虚拟偶像形成情感上的共鸣，获得一种归属感和满足感。此外，大学生还倾向于支持那些能够与其价值观和兴趣相契合的虚拟偶像，影视作品和代言产品等与虚拟偶像有关的内容因此受到了广泛关注。互动体验带来的情感满足不仅增强了用户的忠诚度，也增加了他们对虚拟偶像消费的持续投入。这种情感共鸣不仅体现在虚拟偶像的外在形象上，更涉及偶像背后所传达的文化内涵和价值观，使大学生在消费中感受到心理满足和身份认同。

4. 技术表现与认知价值共同决定虚拟偶像的吸引力，影响大学生消费意愿

虚拟偶像的技术表现和所体现的认知价值对大学生的消费决策有显著影响。在技术方面，大学生更倾向于选择高质量、高科技表现的虚拟偶像形象，他们对动画制作、音效处理等细节尤为关注。技术表现越逼真、互动越真实的虚拟偶像，越能获得大学生的青睐。此外，虚拟偶像所传达的认知价值也是影响大学生消费的重要因素，他们追求虚拟偶像所表达的正能量、社会责任感和文化归属感，使虚拟偶像不仅是娱乐消费品，更是价值观和文化认同的载体。认知价值高的虚拟偶像往往能够通过其积极的形象和深厚的文化底蕴打动大学生，进而促使他们在消费行为中实现对自我价值的认同。因此，虚拟偶像的技术水平和价值内涵成为大学生选择的重要参考指标。

（二）对策建议

1. 基于大学生的多元需求，提供多层次、定制化的虚拟偶像产品与服务

企业应当深入研究大学生在性别、专业和消费能力等方面的差异，提供多层次的虚拟偶像产品与服务，更好地满足他们的多元化需求。例如，可以针对男性大学生推出更具音乐表现力的歌手类虚拟偶像，针对女性大学生推出互动性更强的游戏和网红类偶像。同时，企业可以根据不同消费能力设计不同档次的产品，从基础的免费内容到高端的定制服务，满足消费能力不同的学生群体的需求。通过细分市场和个性化定制，企业可以提高用户的黏性和满意度，从而实现更高的市场渗透率。

2. 加强本土文化元素的融入，打造更具民族特色的虚拟偶像形象

针对大学生对本土虚拟偶像的偏好，企业应当注重虚拟偶像形象与本土文化的契合度。通过融入中国传统文化元素，如传统服饰、节日文化或历史背景等，赋予虚拟偶像更丰富的民族特色，以增强其对大学生的吸引力。此外，企业可以通过合作或赞助方式，与本地文化活动或媒体进行联动宣传，使虚拟偶像在本土文化语境中更加生动地呈现，从而有效提升大学生的文化认同感和对本土虚拟偶像的支持度。

3. 构建多元化的互动平台，增强用户与虚拟偶像的情感连接

为了提升大学生在虚拟偶像消费中的参与感，建议企业构建一个多元化的互动平台，提供丰富的互动体验，如粉丝社区、虚拟偶像的直播互动、线上线下联动活动等，让用户有机会与虚拟偶像进行深度互动。同时，可以鼓励用户进行二次创作，提供一些开放的创作平台或素材，让他们能够在创造中表达对虚拟偶像的喜爱，进一步增强他们的情感连接和忠诚度。通过建立深层的情感连接，企业可以有效地提升用户的忠诚度和消费频率。

4. 提升虚拟偶像的技术表现和文化内涵，满足大学生对高认知价值的需求

企业应加大技术研发投入，提升虚拟偶像在动画质量、音效处理和互动真实感等方面的表现，使其在视觉和听觉上更具吸引力，以满足大学生对技术先进性和真实性的高要求。此外，企业应结合虚拟偶像形象的定位，注重其文化内涵和社会价值的传递，塑造一个有深度、有价值观的虚拟偶像形象。通过传递积极的价值观和文化归属感，企业不仅可以在市场上树立良好的品牌形象，还能进一步激发大学生对虚拟偶像的长久支持和消费意愿。

六、总结

本案例围绕广州市大学生群体，调查了该类群体对虚拟偶像消费的需求偏好，探讨了消费行为与消费动机之间的关系。虚拟偶像作为一种新兴的娱乐消费形式，逐渐受到年轻

消费者的青睐，尤其是在大学生群体中。通过对 14 所高校的学生进行问卷调查，研究了大学生的虚拟偶像消费行为，包括认知情况、消费方式、消费动机等方面。结果表明，性别、专业、月生活费等因素显著影响了大学生的消费选择，同时功能价值、情感价值、社会价值和认知价值也是其消费动机的重要驱动因素。基于这些调查结果，研究提出了加强虚拟偶像个性化、提高互动体验以及注重技术创新等市场优化建议。

案例使用说明

一、教学目的与用途

1. 适用课程

本案例适用于《统计学》《统计综合案例分析》《市场营销学》《学术规范与论文写作》等统计学专业课程。

2. 本案例教学目标

本案例以"虚拟偶像"市场为主线，重点描述了虚拟偶像在中国市场的崛起与发展，最终通过对广州大学生群体对虚拟偶像的消费行为进行调研，为当下虚拟偶像市场优化发展提出了建议。通过对该案例的分析，引导学生：

（1）学习 SICAS 消费者行为模型和 Sheth – Newman – Gross 消费价值模型，理解其在消费者行为分析中的应用。

（2）思考如何从消费者行为和动机出发，识别虚拟偶像消费背后的深层次需求，并通过对不同阶段消费者行为特征的分析，进一步理解大学生群体虚拟偶像消费需求和潜在市场机会。

（3）通过案例思考如何根据 SICAS 模型中的行为阶段和 Sheth – Newman – Gross 模型的价值因素设计出合理的营销策略，以提升虚拟偶像对消费者的吸引力和用户黏性。

二、启发性思考题

为了激发学生的思考，培养学生的批判性思维和创新能力，以下是一些启发性思考题，供教师在课堂讨论或学生自主学习时参考。

1. 消费者行为方面

（1）大学生作为消费主力，他们的消费动机会呈现出哪些独特的行为模式？

（2）虚拟偶像的流行反映了当代年轻人哪些深层次的文化需求？

2. 市场策略方面

（1）企业如何把握技术驱动和文化共鸣之间的战略平衡？

（2）虚拟偶像的市场发展对传统娱乐产业产生了什么样的结构性影响？

3. 思政融入

结合中国特色社会主义现代化发展目标，虚拟偶像如何在青年中推广积极的文化价值观？

三、背景信息

1. 行业背景

近年来，中国动漫产业的市场规模不断扩大，二次元文化逐渐从一个小众圈子走向大众视野。2012 年，中国推出了第一个虚拟偶像"洛天依"，迅速引起了年轻市场的关注和追捧。此后，虚拟偶像市场迎来了爆发式增长，多家公司和平台纷纷推出自己的虚拟偶像项目。虚拟偶像的种类也从最初的音乐创作和舞台表演扩展到了商业推广、品牌代言、直播互动等多种形式，形成了一个多元化的市场格局。同时，先进的技术支持也进一步推动虚拟偶像的发展高度，包括绘画、动画、计算机图形（CG）、人工智能（AI）等技术的进步不仅提升了虚拟偶像的视觉效果，还增强了用户的互动体验，使虚拟偶像的内容创作和分发更加高效和精准。最后，虚拟偶像吸引了以大学生为代表的年轻一代，特别是 Z 世代。这一群体对小众亚文化和二次创作有较高的兴趣，更愿意为虚拟偶像相关的商品和服务付费。加之社交媒体和网络平台的普及也使虚拟偶像的传播更加广泛，进一步扩大了产业消费群体，为虚拟偶像产业发展提供了强劲的动力。

2. 制度背景

中国政府对虚拟偶像产业的发展给予了积极的政策支持和引导，在鼓励虚拟偶像"良性破圈"的同时，坚持正确的价值导向。首先，通过制定和实施一系列政策措施，如提供税收优惠、资金扶持和技术研发支持等，大力支持虚拟偶像产业的健康发展，并鼓励虚拟偶像企业与高校、科研机构合作，推动技术创新和人才培养。随着虚拟偶像市场的快速发展，政府通过进一步完善相关法律法规，加强对虚拟偶像内容的版权保护，打击侵权行为，维护市场秩序。《中华人民共和国著作权法》及相关实施细则对虚拟偶像的内容创作和传播进行了明确规定，保护创作者的合法权益。同时，监管部门进一步加大对虚拟偶像市场的监督检查力度，确保市场公平竞争，保护了消费者的合法权益。最后，政府鼓励虚拟偶像与优秀传统文化相结合，推动文化传承与创新，积极举办各类文化活动和比赛，为虚拟偶像企业提供展示和交流的平台，推动了行业的创新发展。

四、案例分析思路及要点

1. 分析思路

教师可以根据自己的教学目标（目的）灵活使用本案例。这里提出本案例的分析思路，仅供参考（见图6-5）。

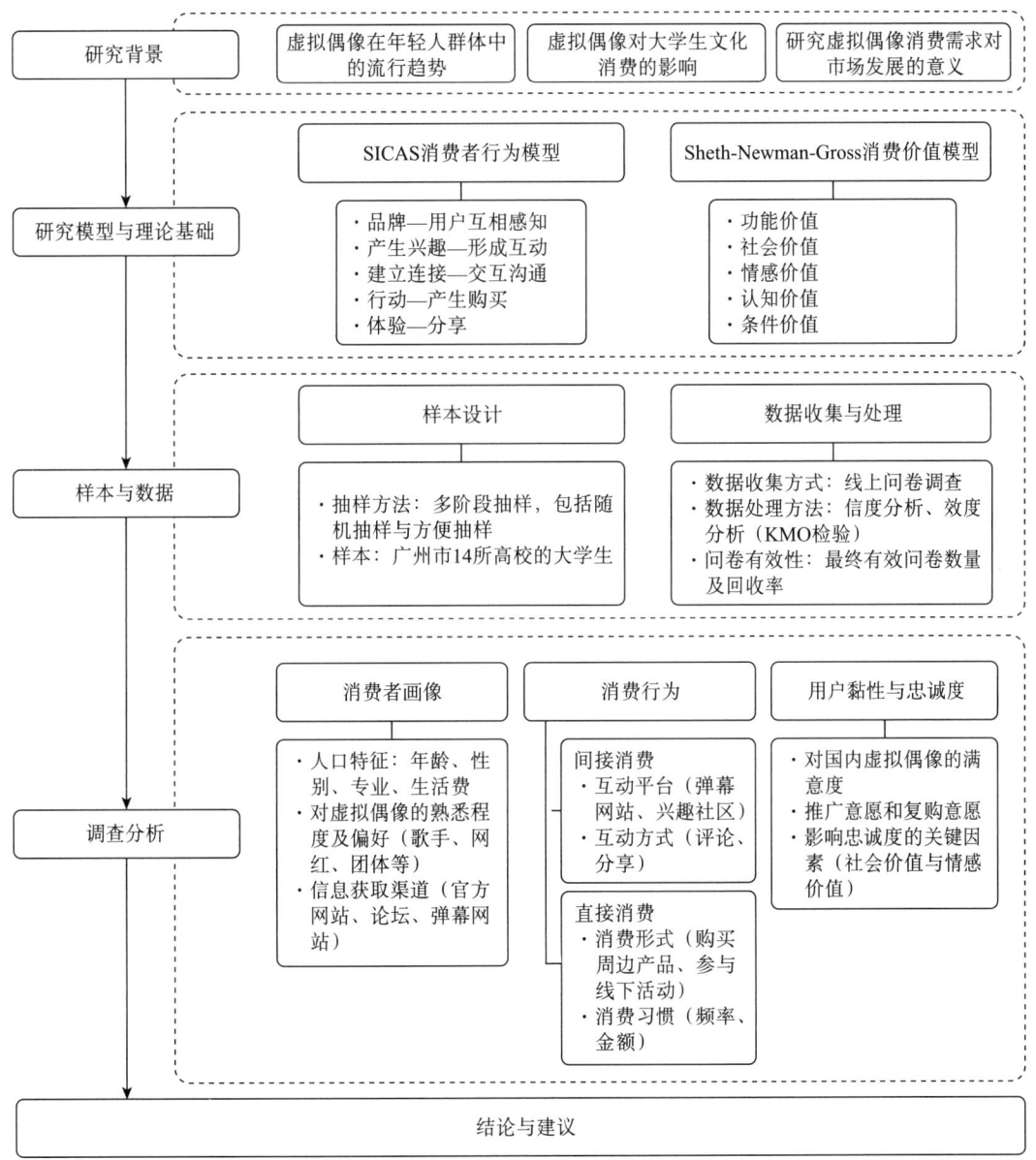

图6-5 案例分析框架

本案例基于消费者行为与消费者动机分析的视角，以广州大学生群体为研究对象，运用 SICAS 消费者行为模型和 Sheth – Newman – Gross 消费价值模型对该群体在虚拟偶像消费中的行为路径与驱动因素进行了系统分析。研究旨在深入理解大学生群体对虚拟偶像的消费偏好及其背后的动机因素，并基于研究结果提出合理的营销策略，以提升虚拟偶像市场在年轻消费群体中的吸引力和用户黏性。

本案例从理论上系统回顾了现有文献，指出当前研究大多聚焦于对虚拟偶像的文化传播、技术支持以及粉丝经济模式的探讨，缺乏对虚拟偶像消费市场的细化分析。因此，本案例在消费者行为分析上创新性地从消费行为路径和动机因素方面对虚拟偶像消费市场进行分析，并根据分析结果对虚拟偶像市场的优化提出建议。

案例通过问卷调查的方式收集了广州市 14 所高校大学生的 1297 份有效样本，包括身份特征、认知情况、互动情况、消费情况、用户黏度、消费动机六个维度。在数据处理过程中，对收集的数据进行了信度分析和效度分析，以确保数据的可靠性和科学性。基于这些数据，建立了 SICAS 消费者行为模型和 Sheth – Newman – Gross 消费价值模型对大学生群体在虚拟偶像市场消费中的行为路径与消费动机进行量化分析。

根据收集到的数据对消费者画像、消费行为和用户黏性与忠诚度进行分析，得出大学生群体在虚拟偶像消费中的主要行为特征和动机驱动因素。最后，基于分析结果提出一系列促进虚拟偶像市场优化的营销策略，包括加强本土文化元素的融入，打造更具民族特色的虚拟偶像形象、构建多元化的互动平台，增强用户与虚拟偶像的情感连接等。

案例教学中，关键在于通过理论与实证相结合的方式，培养学生运用消费者行为学、心理学、统计学等多学科的理论基础，分析消费者行为并提出优化方案的能力。案例分析的逻辑路径应从研究问题的提出开始，经过数据收集、模型应用、调查分析，最终提出优化虚拟偶像市场营销策略的建议。

2. 覆盖的知识点

（1）消费者行为数据分析：对收集到的数据进行数据预处理，并使用统计方法（如描述性统计、相关性分析等）初步分析消费者行为特征。

（2）因子分析和结构方程模型：在 Sheth – Newman – Gross 模型的应用中，使用因子分析来验证不同价值因素的适用性；使用结构方程模型（SEM）量化各价值因素对消费行为的影响路径和权重，帮助确定主要驱动力。

（3）问卷的信度与效度分析：采用反映内部一致性的 Cronbach α 系数测量数据的信度，采用 KMO 和 Bartlett 球形度检验分析结构效度。

（4）多变量分析：在分析不同因素对消费行为影响的差异时，使用卡方检验、方差分析（ANOVA）等方法来识别不同消费者群体的特征差异。

（5）数据挖掘和网络爬虫技术：使用网络爬虫技术获取网络舆情数据，结合 Python 等数据分析工具制作词云图，挖掘消费者对虚拟偶像的偏好和热词。

3. 能力训练点

（1）将消费者行为模型与消费动机理论应用于大学生群体虚拟偶像消费需求偏好的案例分析中，旨在培养学生理论联系实际的能力。

（2）在提出问题后，对虚拟偶像市场发展现状进行定量分析与定性分析，并寻找合适的模型进行评估，旨在训练学生分析问题和解决问题的能力。

（3）基于分析结果，培养学生评估现有政策的能力，识别政策缺口，并且能够有针对性地提出具体的政策建议，以促进虚拟偶像市场的发展。

五、理论依据与分析

1. 理论依据

（1）SICAS 消费者行为模型。

SICAS 模型作为一种全景化的消费者行为模型，非常适合分析虚拟偶像消费者的互动和行为过程。SICAS 模型将消费者行为分为五个阶段：感知、兴趣、连接、行动和分享。其核心价值在于其关注互动和体验的多维度特性，能够帮助企业更好地把握消费者在不同阶段的需求，从而提供更具针对性的营销策略。

这一模型帮助研究人员更全面地理解消费者在与虚拟偶像互动中的各个层面，如大学生如何从了解虚拟偶像开始，到对其产生兴趣，再到通过互动、购买等方式加深连接，最终通过社交平台分享体验。SICAS 模型在此案例中的应用帮助构建了一个逻辑清晰的消费路径分析框架，揭示了虚拟偶像从吸引用户注意到促进购买的全过程。该模型尤其适合虚拟偶像这样具有高互动性和情感联结的产品类型。

（2）Sheth-Newman-Gross 消费价值模型。

Sheth-Newman-Gross 模型提出五种消费价值：功能价值、社会价值、情感价值、认知价值和条件价值，这些价值维度能够很好地解释大学生群体在虚拟偶像消费中的多样化需求。功能价值关注虚拟偶像的实用性，如虚拟偶像为用户带来的娱乐体验；社会价值强调粉丝通过支持偶像获得的社群归属感；情感价值反映了消费者在与偶像互动过程中的情感共鸣；认知价值则与虚拟偶像的新颖性和吸引力有关；条件价值体现了粉丝在特定情境下的消费选择。通过这五个维度，研究可以细致地分析不同因素对虚拟偶像消费的影响。

2. 分析方法

（1）关键词词频分析和词云图。

在舆情分析中，关键词词频分析和词云图是一种直观的文本分析方法，其优点在于直观性和高效性，通过统计关键词的频率并生成词云图，可以快速发现大众对虚拟偶像的关注点和情感态度。例如，在该案例中，词频分析显示出"二次元""演唱""虚拟"等词汇的高频出现，揭示出用户对虚拟偶像形象塑造及表演功能的高度关注。同时，词云图将这些关键词可视化，使研究人员能够一目了然地看到舆论热点。这种方法为后续的定量分析提供了方向，能够帮助企业及时了解用户关注点，以调整虚拟偶像的内容策略。

（2）信度分析和结构效度分析。

信度分析和结构效度分析是对问卷数据的质量控制方法。信度分析通过 Cronbach α 系数测试问卷内部一致性，以保证问卷题目可靠；结构效度分析则通过 KMO 和 Bartlett 球形度检验评估问卷结构的合理性。在本案例中，信度分析确保了关于虚拟偶像消费行为的调查数据的内部一致性，结构效度分析则验证了问卷中不同维度的设问能够准确反映大学生对虚拟偶像的认知和行为。这些分析方法的应用，确保了数据的可靠性和有效性，为后续的数据分析提供了坚实的基础。

（3）卡方检验和列联分析。

卡方检验和列联分析主要用于分析分类变量之间的关联性。例如，案例中使用卡方检验来分析性别、专业和月生活费等变量对虚拟偶像消费选择的影响。通过列联分析，可以直观地看到不同特征的大学生在虚拟偶像消费上的偏好差异，例如，是否偏好二次元风格的虚拟偶像，或是否倾向于在虚拟偶像周边产品上花费更多。卡方检验结果可以说明这些变量之间是否存在显著差异，从而为企业在用户细分上提供数据支持，有助于企业制定针对性的营销策略和产品定位。

（4）结构方程模型（SEM）。

结构方程模型（Structural Equation Modeling，SEM）是一种综合性的数据分析方法，结合了因子分析和回归分析，用于探讨变量间的因果关系及其潜在结构。在虚拟偶像消费研究中，SEM 可以帮助研究人员深入理解影响消费行为的多种因素以及这些因素之间的互动关系。具体来说，SEM 可以将虚拟偶像的不同消费动机，如情感价值、社会价值、认知价值等，视为潜在变量，并分析它们如何通过不同路径影响大学生的消费选择。通过 SEM 的路径分析功能，研究人员能够清晰地绘制出消费动机和行为之间的关系路径，揭示哪些因素对消费决策的影响最大。

SEM 的一个重要优势在于它允许同时处理多个因变量，并且可以估计直接效应和间接效应。例如，在虚拟偶像消费中，情感价值不仅可能直接影响购买意愿，还可能通过社交互动间接增强购买行为。这样的多路径分析使 SEM 成为复杂消费行为研究中的理想方法。在虚拟偶像案例中，使用 SEM 可以测量和解释大学生在虚拟偶像互动中的多层次需求，并揭示如何通过调整不同价值驱动因素（如提升情感共鸣或强化社群归属感）来提高消费者的购买意愿。

此外，SEM 可以通过模型拟合指标（如 CFI、TLI、RMSEA 等）来验证模型的适配度，确保分析的准确性。这些拟合指标可以帮助研究人员判断模型是否合理，数据是否与理论假设相符。在该案例中，SEM 的应用有助于确认 Sheth-Newman-Gross 消费价值模型是否能够准确解释虚拟偶像的消费动机，并评估不同消费价值在影响消费行为中的相对重要性。

（5）二元 Logistic 回归分析。

二元 Logistic 回归分析用于探讨二元结果变量与多个自变量之间的关系。在虚拟偶像消费案例中，Logistic 回归分析帮助研究了互动方式、消费方式等因素对虚拟偶像购买意愿的影响。例如，是否愿意为虚拟偶像的演唱会付费作为二元结果变量，通过回归模型，可以估计出不同消费动机对这种消费行为的影响大小。这一分析方法能够定量地测量消费决策的驱动因素，使其更有针对性地制定推广策略和产品设计。

六、教学组织方式

本案例的计划安排课堂讨论时间为 50—60 分钟，建议课堂时间安排及提问逻辑如下：

1. 课前安排

发放案例正文文本及思考题（课前一周）。

2. 课中计划

（1）案例引入：询问大家对 SICAS 消费者行为模型和 Sheth-Newman-Gross 消费价值模型的概念是否已经课前熟悉。简单总结两个模型的核心思想，并概述此次案例讨论的主旨（5 分钟）。

（2）小组讨论：将案例启发式问题投屏，分组自由讨论，老师走动交流；每个组将自己讨论出的答案进行总结列出框架（15 分钟）。

（3）班级讨论：按照各思考题，请各组进行总结发言；可以每个组随机要求回答不一样的问题，然后让其他组加入补充；老师在白板上记录各组发言的要点，并鼓励各组之间互动评价（20—30 分钟）。

（4）总结提升：将所利用的理论框架结合案例进行总结（10 分钟）。

3. 课后安排

个人反思报告，对案例讨论的收获和延展性的思考，以电子文档的方式发到课程微信群进一步分享交流，旨在深化学生的知识点记忆和进一步的思考（课后一周内）。

七、案例的后续进展

在现有案例研究的基础上，学生可以撰写一篇分析报告，深入探讨虚拟偶像产业的未来发展潜力及其对青年文化、社会价值和市场格局的影响。报告可以选择性的包含以下内容：

（1）虚拟偶像市场未来发展趋势的分析。探讨未来可能的技术创新，如人工智能、VR/AR等，对虚拟偶像产业的潜在影响。

（2）用户需求和行为偏好的变化预测。调查虚拟偶像可能对青年心理和价值观带来的正负面影响，并提出合理的引导措施。

（3）产业升级与本土化发展的策略建议。探讨产业链上下游的合作机会，特别是在虚拟偶像内容制作、技术支持和周边产品开发方面，提出产业升级建议。

（4）政策建议与道德思考。讨论虚拟偶像在隐私、安全及真实性方面可能引发的伦理问题，并提出道德应对措施。

八、其他教学支持材料

为支持虚拟偶像消费偏好的案例分析，以下是相关的计算机程序和软件包的建议及其使用说明，便于学生进行数据分析、市场预测和互动可视化。

1. 数据分析软件：SPSS、R、Python

（1）可得性：SPSS为付费软件，适合在学校或企业购买使用；R和Python为开源软件，可在各大开源平台免费下载。

（2）用途：学生可利用SPSS进行调查数据的统计分析，包括描述性统计、相关分析、回归分析等。Python和R则可用于数据清洗、可视化以及高级统计分析，特别是通过"pandas"和"matplotlib"库在Python中进行数据处理和展示。

（3）教学建议：引导学生使用SPSS进行基本的统计分析，并通过Python/R完成更复杂的数据处理和可视化任务。可以安排课程或实践课对这些工具的基本操作和使用方法进行讲解。

2. 网络爬虫工具：Python（BeautifulSoup，Scrapy）

（1）可得性：Python 为开源软件，BeautifulSoup 和 Scrapy 库可在 Python Package Index（PyPI）中免费获取。

（2）用途：用于获取和分析网络数据，帮助学生了解舆情数据、评论内容和关键词趋势，辅助分析虚拟偶像的网络热度和用户反馈。

（3）教学建议：安排专门的 Python 编程课程或讲解，教学生如何使用 BeautifulSoup 和 Scrapy 等库爬取网络数据，以及如何使用自然语言处理技术进行文本分析。

3. 市场调研工具：问卷星

（1）可得性：问卷星提供教育版或免费版，方便教学使用。

（2）用途：用于在线问卷设计和数据收集，帮助学生了解市场调研的基本流程并收集初步数据。

（3）教学建议：在课程中示范如何使用这些工具设计有效的问卷，并将其应用到虚拟偶像消费偏好的实际案例研究中。

第三部分 论文写作类案例

案例 7

经济集聚、产业结构升级与绿色经济效率协调发展

——基于京津冀与粤港澳大湾区的比较分析[①]

[①] 本案例改编自刘照德和聂普焱撰写的《经济集聚、产业结构升级与绿色经济效率协调发展——基于京津冀与粤港澳大湾区的比较分析》,由陶诗琪、陈玮琳、周佳敏、李淑格、杨晓燕和陆春静协助整理。

案例正文

基于经济集聚、产业结构升级和绿色经济效率相互协调的视角，构建三系统耦合协调评价指标，以京津冀与粤港澳大湾区作为研究对象，运用耦合协调模型、探索性数据分析和空间计量模型，探究了两大城市群的经济集聚—产业结构升级—绿色经济效率系统的耦合协调程度和空间关联效应。结果显示：第一，京津冀地区的耦合协调度呈增长趋势，但整体协调水平偏低，其耦合协调类型从濒临失调到勉强协调再到初级协调；粤港澳大湾区整体耦合协调水平较高且增长趋势明显，2005年为初级协调，2018年转为中级协调。第二，三系统耦合协调度在京津冀和粤港澳大湾区均呈现正向的空间相关性和空间依赖特征。第三，对外开放程度、政府支持力度、人力资本、研发投入、经济发展水平对京津冀城市群和粤港澳大湾区的三系统协调度具有影响，但各因素影响的显著程度和方向有差异。

一、引言

随着中国经济的发展，京津冀和粤港澳两大城市群作为国家经济发展的重要引擎，其经济集聚能力、产业结构变革及绿色经济的发展，直接关系到实现经济高质量发展和"双碳"目标。中国在"十四五"规划中分别对两大区域提出"加快推动京津冀协同发展""积极稳妥推进粤港澳大湾区建设"等要求，旨在推动两大区域的经济协调发展。一方面，城市群经济的集聚效应能促进产业升级和结构优化，进而推动区域整体产业结构升级。另一方面，集聚效应在促进城市群经济发展时，会导致废水废气排放量增加，带来环境问题，使区域绿色经济效率降低。通过促进产业转型升级，使高能耗、高污染产业提高能源利用效率，能有效降低环境负担，实现城市群绿色低碳循环发展。现有文献集中于经济集聚与产业结构升级、绿色经济效率之间的关系，但缺乏对三者内在联系和互动机制的系统性分析。本案例旨在填补这一空白，重点探讨经济集聚、产业结构升级与绿色经济效率之间的耦合关系。选取系统耦合视角，结合耦合协调模型和探索性空间数据分析法，对京津冀与粤港澳两个城市群的数据进行实证研究，以定量测量三者的协调度并揭示其时空演化特征与影响机制。

二、背景

（一）制度背景

1. 经济政策

《京津冀协同发展规划纲要》：明确了京津冀协同发展的战略目标和发展路径，提出推动经济一体化、交通一体化和空间一体化的具体措施；《关于推进京津冀协同发展核心区建设的实施意见》：强调北京非首都功能的疏解，加强与周边地区的经济合作；《粤港澳大湾区发展规划纲要》：提出构建国际一流湾区和世界级城市群，强调交通、科技创新、金融服务等各方面的协同发展；《关于推动粤港澳大湾区建设的指导意见》：指导各市加强政策协调和资源共享，促进区域经济一体化。

2. 环境政策

《京津冀大气污染防治协作机制实施方案》：旨在加强三地在大气污染防治方面的协作，设定具体的治理目标和措施；《京津冀地区水污染防治实施方案》：针对水污染问题，制定具体的治理措施和责任分配；《粤港澳大湾区生态环境保护规划》：提出加强大湾区内生态环境保护与治理，推动区域协同治理；《广东省生态环境保护行动计划（2021—2025）》：加强大湾区内的生态环境治理，提高环境质量，保护生态系统。

（二）行业背景

京津冀地区随着北京市"非核心功能"疏解政策的推行，企业和服务向河北和天津转移，形成明显经济集聚效应，且该地区积极发展高端制造业、科技创新和服务业。北京吸引高新技术企业，天津在传统制造业转型中发挥重要作用，河北则推动绿色经济和新兴产业发展。

粤港澳区域通过政策支持和资金投入，促进城市间协同合作与资源共享，形成强大的经济聚集效应。粤港澳大湾区产业结构升级体现在高科技、金融服务、文化产业和现代物流等领域，深圳作为科技创新先锋，吸引创业公司和外资，在电子科技与互联网方面领先。广州、佛山等地发展制造业与服务业结合的经济模式，广州在金融和贸易服务上独占鳌头，同时推动人工智能、生物医药和绿色产业等新兴领域发展，实现高质量经济增长。

三、文献述评

当前关于经济集聚、产业结构升级与绿色经济效率的文献主要集中在以下三个方面。

一是关于经济集聚对产业结构升级的研究。大多学者认为,经济集聚能使区域内产业、劳动力和经济资源产生"集聚效应"[1]。通过同质企业的集聚,能增加员工交流与学习的机会,促进知识溢出和技术创新[2],从而形成规模经济的外部性,推进区域经济转型[3][4]。除"集聚效应"外,经济集聚还存在"配置效应",即国际资本倾向于流向更专业化的资本密集型产业区域,这一效应能加快地区产业的技术创新,推动整体产业升级[5][6]。

二是关于经济集聚影响地区绿色经济效率的研究。一部分学者认为,经济聚集会带来环境污染,对绿色经济效率存在一定负向影响[7]。经济集聚外部性在促进城市经济规模扩张时,也加快了城市的资源消耗,使生态环境恶化。当然也有学者持相反观点[8][9],他们认为经济集聚使区域能够通过集中处理环境污染,提高节能减排效率,进而提升绿色经济效率[10][11]。城市规模不同,其减排作用不一,中小城市比大城市更明显[12]。

三是关于产业结构升级与绿色经济效率的研究。大多数学者认为产业结构升级与绿色经济发展呈正向促进关系[13][14][15]。产业结构的升级能够显著提升城市的节能减排效应,提高绿色经济效率[16][17]。但也有学者认为,处理污染排放会增加企业的生产成本,降低生产效

---

[1] Marshall A. Industrial Organization, Continued. The Concentration of Specialized Industries in Particular Localities [M]. Principles of Economics, London: Palgrave Macmillan UK, 1920: 222 – 231.

[2] 祝红,任鹏. 经济集聚与区域经济高质量发展 [J]. 中国高校社会科学,2022 (6):134 – 141 + 157.

[3] Capello R. Regional Economics [M]. London: Routledge, 2007.

[4] 韩峰,阳立高. 生产性服务业集聚如何影响制造业结构升级? ——一个集聚经济与熊彼特内生增长理论的综合框架 [J]. 管理世界,2020 (2):72 – 94 + 219.

[5] 张华,梁进社. 产业空间集聚及其效应的研究进展 [J]. 地理科学进展,2007 (2):14 – 24.

[6] 黄庆华,时培豪,胡江峰. 产业集聚与经济高质量发展:长江经济带107个地级市例证 [J]. 改革,2020 (1):87 – 99.

[7] Aghion P, Festré A. Schumpeterian Growth Theory, Schumpeter, and Growth Policy Design [J]. Journal of Evolutionary Economics, 2017 (27):25 – 42.

[8] Ren W, Zhong Y, Meligrana J, et al. Urbanization, Land Use, and Water Quality in Shanghai: 1947 – 1996 [J]. Environment International, 2003 (5):649 – 659.

[9] Zhiyu L, Yatong Z, Songfeng C, et al. Research on Influencing Factors of Regional Economic Green Growth under Carbon Emissions constraint [C] // . IOP Conference Series: Earth and Environmental Science, 2020 (1):12 – 19.

[10] 谢丽娟,丁焕峰,王露. 金融集聚与区域创新:空间效应与作用机制 [J]. 广东财经大学学报,2023 (2):19 – 31 + 59.

[11] 周侃,王强,樊杰. 集聚对区域水污染物排放的影响及溢出效应 [J]. 自然资源学报,2019 (7):1483 – 1495.

[12] 周清香,李娟娟. 经济集聚对绿色发展效率的影响效应及作用机制 [J]. 统计与决策,2023 (12):138 – 142.

[13] Jalil A, Feridun M. The Impact of Growth, Energy and Financial Development on the Environment in China: A Cointegration Analysis [J]. Energy Economics, 2011 (2):284 – 291.

[14] Kerui D, Yuanyuan C, Xin Y. Environmental Regulation, Green Technology Innovation, and Industrial Structure Upgrading: The Road to the Green Transformation of Chinese Cities [J]. Energy Economics, 2021 (98):103 – 132.

[15] 石映昕,杨云霞. 协同创新、产业结构升级与绿色经济效率 [J]. 云南财经大学学报,2023 (1):1 – 17.

[16] 余泳泽,孙鹏博,宣烨. 地方政府环境目标约束是否影响了产业转型升级? [J]. 经济研究,2020 (8):57 – 72.

[17] Millimet D L, Roy S, Sengupta A. Environmental Regulations and Economic Activity: Influence on Market Structure [J]. Social Science Electronic Publishing, 2009 (1):99 – 118.

率和利润，从而导致企业退出行业，进而对区域行业结构产生负向影响[①][②]。

综上可知，目前学界大多聚焦于经济集聚、产业结构升级和绿色经济效率两两之间因果关系的研究，且研究结论并不一致。而实际上经济集聚、产业结构升级和绿色经济效率三者间存在内在联系和作用机制，但目前将三者作为一个整体从时空耦合视角研究三者耦合演化规律的文献较少。为此，本案例选取京津冀和粤港澳两大城市群为研究样本，聚焦经济集聚、产业结构升级和绿色经济效率三者的耦合关系进行研究。

本案例可能的边际贡献主要有：第一，构建了包括经济集聚、产业结构升级和绿色经济效率三者为一个整体的研究框架，探讨了其耦合协调的作用机制；第二，构建了两大城市群经济集聚、产业结构升级与绿色经济效率的耦合协调度模型，并分析了其时空特征；第三，定量研究了两大城市群经济集聚、产业结构升级和绿色经济效率三系统耦合协调发展的影响因素，为探寻两大城市群经济协调发展的差异及路径提供了理论依据。

四、研究设计

（一）耦合协调作用机制

城市群经济绿色协调发展需要多因素的共同协调，而经济集聚、产业结构升级与绿色经济效率是影响城市群经济协调发展的重要因素。通过构建三者的耦合协调模型（见图7-1），能够揭示城市群的发展规律特征，进而为推动城市群经济环境协调发展提供重要启示。

（二）变量及其测度

1. 经济集聚

目前，学界主流使用夜间灯光数据作为地区发展规模及经济集聚效应的替代指标。这是由于夜间灯光数据不存在信息缺失的问题并具备亮度等级与空间的双重属性，该指标被认为是研究区域经济发展的重要客观指标。本案例选择2005—2019年整合的 DMSP - OLS

[①] 郑小强，蒲泱竹. 成渝双城经济圈产业结构升级与环境效率——基于非动态面板门槛模型 [J]. 软科学，2021（11）：58-64.

[②] Yizhen W, Kaifang S, Zuoqi C, et al. Developing Improved Time - series DMSP - OLS - like Data (1992 - 2019) in China by Integrating DMSP - OLS and SNPP - VIIRS [J]. IEEE Transactions on Geoscience and Remote Sensing, 2021 (60): 1 - 14.

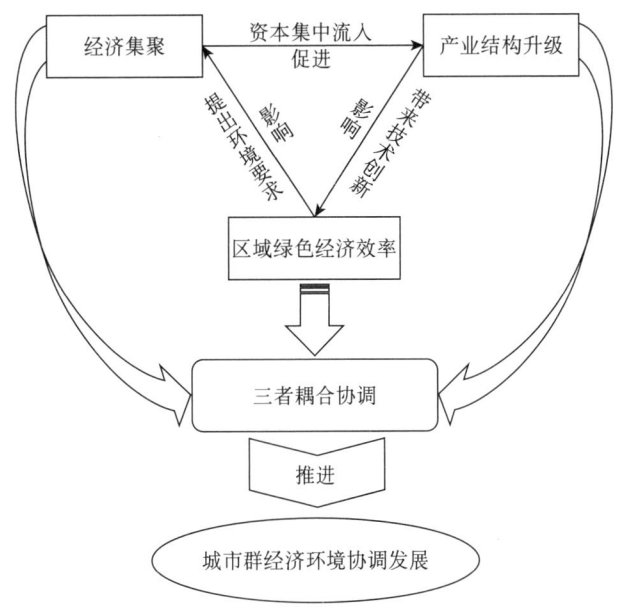

图 7-1 经济集聚、产业结构升级与绿色经济效率交互耦合作用机制

及 SNPP-VIIRS 的京津冀、粤港澳两地区夜间灯光数据①，借鉴 Wu 等的做法以平均灯光强度表示区域经济聚集水平，计算公式为：

$$ANI = \frac{TNI}{M} \quad (7-1)$$

其中，ANI 为平均夜间灯光强度，TNI 为区域总夜间灯光强度，M 为区域像素个数和。

2. 产业结构升级

现有研究中对产业结构升级的测度方式主要有以下两种：一是从产业结构合理化和产业结构高级化维度来测算②③；二是通过对第一、第二、第三产业增加值比重依次赋予权重 1、2、3，然后求和来测度产业结构升级。本案例综合两种方法④⑤，选取产业结构合理化和产业结构高级化的熵权法加权指标测度产业结构升级（见表 7-1）。

一是产业结构合理化（Ris）。合理化指数采用泰尔指数进行测度，具体测算公式为：

$$Ris_{it} = \sum_{m=1}^{3} y_{itm} \ln\left(\frac{y_{itm}}{l_{itm}}\right), \quad m = 1,2,3 \quad (7-2)$$

---

① 干春晖，郑若谷，余典范. 中国产业结构变迁对经济增长和波动的影响 [J]. 经济研究，2011 (5)：4-16+31.
② 孙伟增，牛冬晓，万广华. 交通基础设施建设与产业结构升级——以高铁建设为例的实证分析 [J]. 管理世界，2022 (3)：19-34+58+35-41.
③ 李海奇，张晶. 金融科技对中国产业结构优化与产业升级的影响 [J]. 统计研究，2022 (10)：102-118.
④ 廖正方，王丽. 金融科技与京津冀地区产业结构升级 [J]. 北京社会科学，2023 (5)：22-32.
⑤ 张哲华，钟若愚. 数字经济、绿色技术创新与城市低碳转型 [J]. 中国流通经济，2023 (5)：60-70.

应用统计案例

表 7-1　　　　　　　　　　产业结构升级指标评价体系

系统层	准则层	指标层
产业结构升级	产业结构合理化	第一产业从业人员（人）
		第二产业从业人员（人）
		第三产业从业人员（人）
		第一产业生产总值（万元）
		第二产业生产总值（万元）
		第三产业生产总值（万元）
	产业结构高级化	第一产业劳动生产率（万元/人）
		第二产业劳动生产率（万元/人）
		第三产业劳动生产率（万元/人）

其中，y_{itm} 表示第 t 年 i 城市的第 m 产业生产总值占地区生产总值的比重，l_{itm} 表示第 t 年 i 城市的第 m 产业从业人员占总从业人员的比重。

二是产业结构高级化（Ais）。其计算公式为：

$$Ais_{it} = \sum_{m=1}^{3} m \times \ln(lp_{itm}) \tag{7-3}$$

其中，lp_{itm} 为劳动生产率，即城市第一、第二、第三产业生产总值除以城市就业人数。

3. 绿色经济效率

SBM-DEA 模型基于数据包络分析（DEA）的非径向 SBM 模型，是一种使用线性规划来估计多个决策（DMU）的有效性的非参数方法。与传统 DEA 方法相比，其优点是考虑变量松弛问题和非期望产出因素，计算结果更加准确。因此，本案例借鉴已有文献的普遍做法[1][2]，先构建绿色经济效率评价体系（见表 7-2），然后建立包含非期望产出的 SBM-DEA 模型，通过综合投入产出比对两大城市群的绿色经济效率进行测度。

本案例采用的投入指标有三个：一是劳动投入，采用各地级市年末从业者人数进行衡量；二是资本投入，采用资本存量表征。资本存量使用永续盘存法进行测算得到，具体测算公式为：

$$K_t = K_{t-1} \times (1-\delta) + \frac{I_t}{d_t} \tag{7-4}$$

其中，K_t 为 t 时期的资本存量，I_t 为 t 时期的固定资产投资，d_t 是固定资产投资价格指数[3]，折旧率 δ 设为 10.96%[4]。基期资本存量 K_0 采用 2005 年资本存量数据。

---

[1] 苑凯，胡彪，牛亭云. 区域绿色技术创新与生态经济发展耦合协调时空演化分析——以京津冀地区为例 [J]. 大连理工大学学报（社会科学版），2023（9）：1-10.

[2] 单豪杰. 中国资本存量 K 的再估算：1952—2006 年 [J]. 数量经济技术经济研究，2008（10）：17-31.

[3] 张军，吴桂英，张吉鹏. 中国省际物质资本存量估算：1952—2000 [J]. 经济研究，2004（10）：35-44.

[4] 余菲菲，胡文海，荣慧芳. 中小城市旅游经济与交通耦合协调发展研究——以池州市为例 [J]. 地理科学，2015（9）：1116-1122.

三是能源消耗总量，以城市全社会用电量占所属省份的比重为权重，根据省际能源消耗总量折算得出各城市能源消费量。产出指标具体有四个，具体如表 7-2 所示。

表 7-2　　　　　　　　　　　绿色经济效率指标评价体系

系统层	准则层		指标层
绿色经济效率	投入指标		劳动投入
			资本投入
			能源消耗总量
	产出指标	期望产出	实际 GDP
		非期望产出	工业烟（粉）尘排放量（吨）
			工业废水排放量（万吨）
			工业二氧化硫排放量（吨）

（三）研究方法

1. 耦合协调模型

本案例借鉴既有文献的通常做法[①][②]，构建城市群耦合协调度模型分析两大城市群经济集聚、产业结构升级及绿色经济效率之间的耦合协调关系，具体模型构建为：

$$C = 3 \times \left[\frac{U_1 U_2 U_3}{(U_1 + U_2 + U_3)^3} \right]^{\frac{1}{3}} \quad (7-5)$$

$$T = \alpha U_1 + \beta U_2 + \gamma U_3 \quad (7-6)$$

$$D = (C \times T)^{\frac{1}{2}} \quad (7-7)$$

其中，U_1 为经济集聚指数，U_2 为产业结构升级指数，U_3 为绿色经济效率指数；α、β、γ 为各系统权重指数，取 $\alpha = \beta = \gamma = 1/3$；$C$、$T$、$D$ 分别为耦合度、综合得分、耦合协调度。D 值区间为 [0, 1]，D 值越大则表明系统耦合协调水平越高。本案例将 D 值所代表的耦合协调度划分为十个等级，具体如表 7-3 所示。

表 7-3　　　　　　　　　　　耦合协调度等级划分标准

发展阶段	0—0.1	0.1—0.2	0.2—0.3	0.3—0.4	0.4—0.5
协调等级	极度失调	严重失调	中度失调	轻度失调	濒临失调
发展阶段	0.5—0.6	0.6—0.7	0.7—0.8	0.8—0.9	0.9—1.0
协调等级	勉强协调	初级协调	中级协调	良好协调	优质协调

[①] 宋金昭，胡湘湘，王晓平等. 黄河流域新型城镇化、产业结构升级与绿色经济效率的时空耦合研究 [J]. 软科学，2022（10）：101-108.

[②] Anselin L. Local Indicators of Spatial Association——LISA [J]. Geographical Analysis, 1995（27）：93-115.

2. 探索性空间数据分析法

探索性空间数据分析（ESDA）是一种将空间数据分析方法和可视化技术相结合而成的综合统计方法。在对样本数据不进行任何假设的前提下，描述和可视化数据的空间分布，识别异常值，检测城市群的经济空间集聚及展示数据的空间结构，从而揭示地理现象间的空间相互作用机制。其核心是解构与地理位置相关的数据之间空间依赖、空间关联或空间自相关关系。

（四）数据来源

受限于数据的可获得性，本案例最终选用 2005—2019 年京津冀和粤港澳相关数据作为研究样本。文中所用数据来自《香港统计年鉴》《澳门统计年鉴》《香港环保工作报告》《香港渠务署可持续发展报告》《澳门环境状况报告》《中国统计年鉴》《中国电力年鉴》及北京市、天津市、广东省、河北省统计年鉴。对具有价格影响的变量，均以 2005 年为基期进行了平减（因数据的缺失，本案例将城市所在省份的相应价格指数作为替代）；对缺失值运用移动平均法进行补齐。

五、经济集聚、产业结构升级与绿色经济效率协调度时空特征

（一）经济集聚、产业结构升级与绿色经济效率发展态势及空间特征

1. 经济集聚的时空演变

2005—2019 年两大城市群的经济集聚水平演变经历了四个阶段，具体如图 7-2 所示。

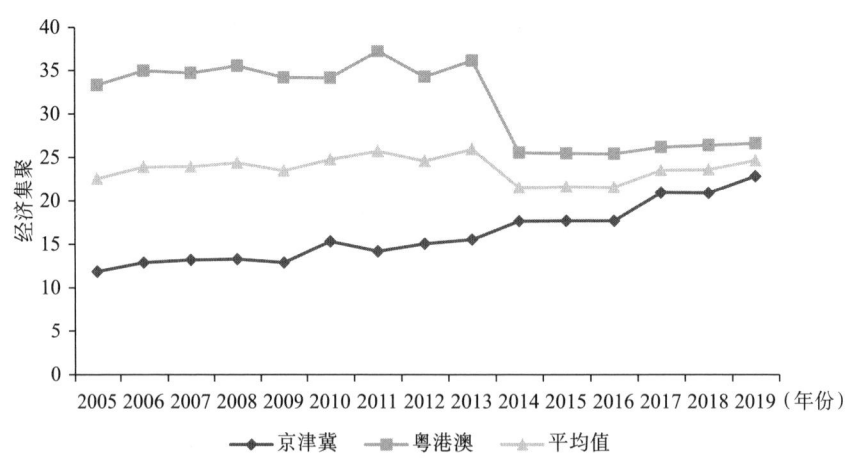

图 7-2　2005—2019 年京津冀和粤港澳经济集聚水平演变趋势

第一阶段为2005—2013年,经济集聚平均水平呈现波动上升趋势,数值从2005年的22.66增长至2013年的25.91,增幅为14.34%。京津冀地区经济集聚水平从2005年的11.96增加至2013年的15.70,增幅为31.27%;粤港澳地区经济集聚水平从33.37增加至36.12,增幅为8.24%。粤港澳地区经济集聚水平虽然高于京津冀地区,但增幅远小于后者。尽管2008年美国次贷危机所引起的全球经济衰退也影响了中国的市场化水平,中国的城市化发展、对外贸易、固定资产投资等都受到了不同程度的影响,但2009年中央政府实施的4万亿元投资计划效果逐步显现,带动了经济增长,为区域发展提供了动力。

第二阶段为2013—2014年,两大城市群经济集聚平均水平急剧下降,从2013年的25.91降至2014年的21.60,降幅为16.6%。这是因为2013年中国产业结构发生了历史性变化,经济下行压力增大,国内产能过剩问题突出,严峻的市场环境与调控措施影响了国内市场经济。粤港澳地区受到了显著影响,经济集聚水平由36.11降至25.51。京津冀地区经济集聚水平虽仍低于均值,但在2013—2014年呈上升趋势,数值由15.70增至17.69。

第三阶段为2014—2016年,经济集聚平均水平停止下跌,恢复了2年的平稳期,经济集聚水平保持在21.64。原因可能在于,在全面宽松和大规模投资的刺激下,经济衰退局面得到缓解。粤港澳地区的经济集聚水平维持在25.52,京津冀地区的经济集聚水平维持在17.76,两地区的经济集聚水平差距明显缩小。

第四阶段为2016—2019年,平均经济集聚水平呈加速上升趋势,数值从2016年的21.63增长至2019年的24.76,增幅为14.47%。这是因为2016年的中国经济整体表现符合经济发展新常态下的速度变化、动力转换以及结构优化等基本特征,各项措施为经济发展提供了良好的环境和条件。京津冀地区的经济集聚值从2016年的17.76增加至2019年的22.81,增幅为28.43%,发展速度较快。粤港澳地区经济集聚值从25.49增至26.70,保持平稳状态,仍处于领先水平。

总体来看,粤港澳地区经济集聚呈前高后低趋势,而京津冀地区经济集聚水平呈上升趋势,且二者的经济集聚水平差距在逐步缩小。

2. 产业结构升级

图7-3数据显示,京津冀与粤港澳地区的产业结构升级指数总体均呈逐步上升趋势,京津冀地区产业结构升级指数高于粤港澳地区,两地区差距保持在0.2左右。

3. 绿色经济效率

图7-4数据显示,京津冀、粤港澳地区的绿色经济效率指数均处于相对平稳状态,但粤港澳地区绿色经济效率远高于京津冀地区。粤港澳地区基本保持在0.8左右的高位水

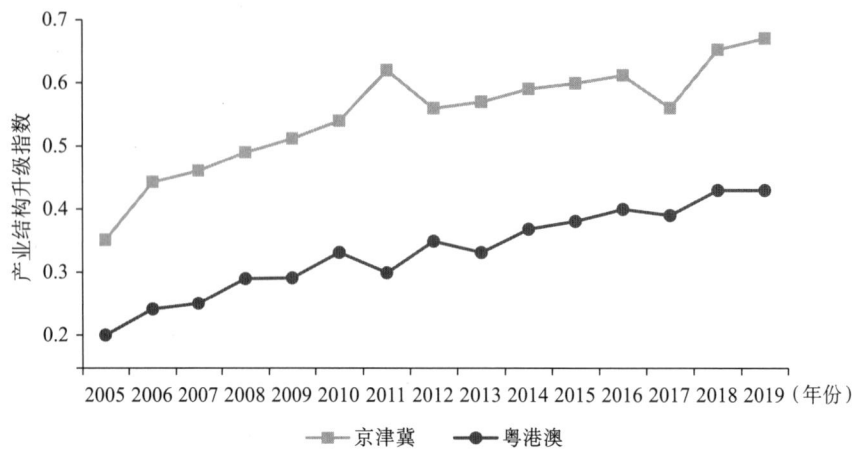

图 7-3 2005—2019 年京津冀和粤港澳产业结构升级指数水平

平,京津冀地区则保持在 0.5 左右。原因可能在于:京津冀地区经济增长更多依赖高污染、高能耗的产业,不能有效地兼顾生态环境与经济活动两个方面,低技术、低附加值产业使环境问题日益突出,从而降低了其绿色经济效率。

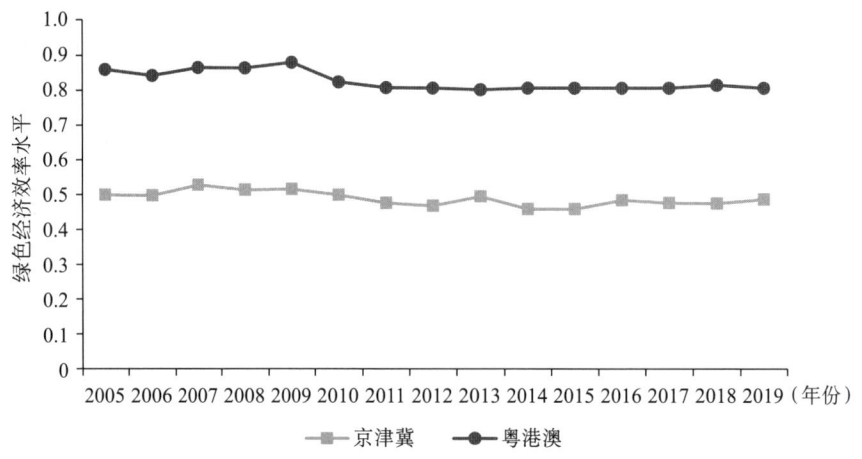

图 7-4 2005—2019 年京津冀和粤港澳绿色经济效率水平

(二)耦合协调发展趋势特征

京津冀地区与粤港澳地区的耦合协调类型见图 7-5。结果显示,京津冀地区的耦合协调度呈增长趋势,但整体协调水平较低,从 2005 年的 0.508 上升为 2019 年的 0.643,耦合协调类型从 2005 年的勉强协调变为 2019 年的初级协调。粤港澳地区的耦合协调度亦呈增长趋势,整体协调水平明显优于京津冀地区,其耦合协调度从 2005 年的 0.611 变为 2019 年的 0.712,耦合协调类型由初级协调变为中级协调,并保持至今。

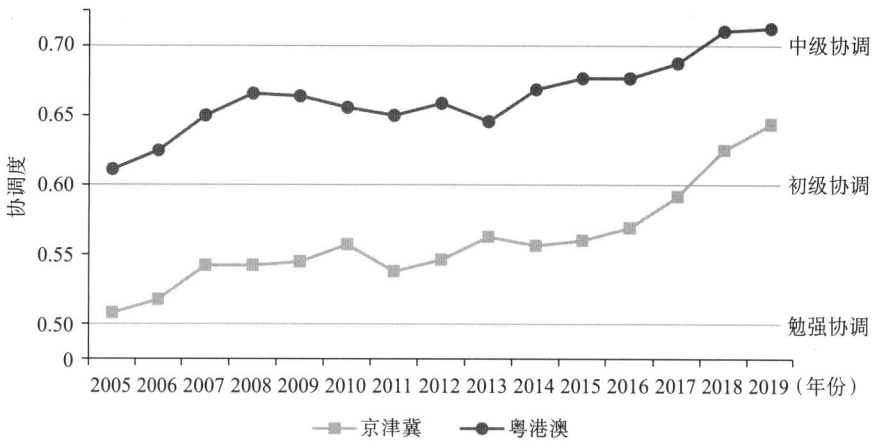

图 7-5　京津冀与粤港澳三系统耦合协调度及其类型

从两大城市群具体城市的耦合协调度结果来看，北京市作为京津冀经济协调发展的"核心"和"引领"区，其系统耦合协调水平一直领先于京津冀地区。耦合协调类型由 2005 年的初级协调上升到 2006 年中级协调，之后除个别年份外，基本保持了良好协调的高水平。

广州、深圳、香港和澳门作为粤港澳地区的四大重点城市，对粤港澳地区的发展起到了重要的支柱作用。广州与香港的耦合协调度从 2005 年的初级协调变为 2019 年的中级协调，深圳耦合协调度从 2005 年的中级协调变为 2019 年的优质协调，澳门耦合协调类型从 2005 年的初级协调变为 2019 年的良好协调。对比两大城市群可知：2005 年粤港澳大湾区中城市协调等级最低为中度失调，最高为优质协调，而京津冀城市群中最差为中度失调（承德市），最高为初级协调。

（三）三系统耦合协调度空间自相关分析

1. 全局空间自相关分析

为研究经济集聚、产业结构升级与绿色经济效率三系统耦合协调度的空间相关性，测算了三系统的全局 Moran's I，结果具体如表 7-4 所示。

表 7-4　　　　　2005—2019 年三系统耦合协调度全局 Moran's I

年份	Moran's I 值
2005	0.3660***
2006	0.3605***
2007	0.3268***
2008	0.3869***

续表

年份	Moran's I 值
2009	0.3644 **
2010	0.3077 ***
2011	0.3500 ***
2012	0.3449 ***
2013	0.2674 ***
2014	0.2418 ***
2015	0.2457 ***
2016	0.1966 ***
2017	0.1927 ***
2018	0.0951 **
2019	0.0264 **

注：* 代表 $p<0.05$，** 代表 $p<0.01$，*** 代表 $p<0.001$。

结果显示，京津冀城市群与粤港澳大湾区的全局 Moran's I 值历年均为正值且均在 1% 的统计水平下显著，这说明两大城市群的经济集聚、产业结构升级与绿色经济效率协同发展存在显著的空间集聚效应。

2. 局部空间自相关分析

由于全局莫兰指数无法探究城市群内部辐射带动作用，为剖析两大城市群区域内部城市的空间关联关系，本案例选取局部空间自相关的 LISA 集聚图识别京津冀城市群与粤港澳大湾区三系统协调度的空间关联性。结果显示，2019 年，北京市属于京津冀城市群中的"高—低"型集聚城市，其对周边地区的辐射带动作用较弱。深圳市属于粤港澳大湾区城市群中的"高—低"型集聚城市，粤港澳大湾区内部城市之间的协调度差异仍然较大，北部地区协调度较低。

（四）三系统耦合协调发展的影响因素分析

1. 变量选取及说明

京津冀和粤港澳城市群三系统协调度受到多种因素影响，本案例基于已有研究以及经济集聚、产业结构升级与绿色经济效率耦合协调发展的现实情况，选取以下主要因素进行实证分析：一是对外开放程度（Open），使用实际利用外资金额的自然对数作为其代理变量；二是政府支持力度（Gov），采用政府财政一般预算支出与地区生产总值的比值衡量；三是人力资本（Hc），采用普通高等学校在校人数与城市总人口的比值衡量；四是固定资产投入（Inv），采用全社会固定资产投资与 GDP 的比值来表示；五是研发投入（R&D），采用 R&D 内部经费投入总量与国内生产总值的比值衡量;六是经济发展水平(Rgdp),采用人均地区生产总值衡量。

2. 影响因素分析

因三系统耦合协调度具有溢出效应,本案例采用空间计量模型进行实证估计。首先,通过 Hausman 检验进行判断,统计值分别为 23.17 和 184.39,且均在 1% 的统计水平下显著,故选择固定效应模型。其次,进行 LR 检验和 Wald 检验,检验结果分别在 5% 的统计水平下显著,故选择固定效应的空间杜宾模型作为基准模型。最后,采用空间杜宾模型对京津冀城市群和粤港澳大湾区耦合协调度的影响因素进行回归分析,结果具体如表 7-5 所示。

表 7-5　　　　　　　　　影响因素空间计量回归

变量	京津冀城市群 (1) SDM	粤港澳大湾区 (2) SDM
Open	0.010**	0.020***
	(2.17)	(3.87)
Gov	0.141***	0.399***
	(2.74)	(5.96)
Hc	4.593***	0.234
	(9.84)	(0.62)
Inv	-0.043***	0.003
	(-4.01)	(0.24)
R&D	0.988***	1.536***
	(3.73)	(4.64)
Rgdp	0.183***	0.039
	(10.89)	(1.53)
W×Open	0.031*	-0.020**
	(1.80)	(-2.15)
W×Gov	0.860***	-0.163
	(4.29)	(-1.32)
W×Hc	9.858***	0.461
	(6.91)	(0.67)
W×Inv	-0.006	-0.055***
	(-0.16)	(-2.68)
W×R&D	1.341	-0.711
	(1.31)	(-1.25)

续表

变量	京津冀城市群 （1） SDM	粤港澳大湾区 （2） SDM
W × Rgdp	0.168*** (3.34)	0.110*** (2.61)
样本量	195	165
拟合优度	0.182	0.130
极大似然估计值	330.9171	303.7494

注：括号内的数值为 t 值；*、** 及 *** 分别表示 10%、5%、1% 的显著性水平。

根据表 7-5 的回归结果可知，实证考察的 6 个因素均对三系统协调度具有影响作用，但对不同地区的影响有一定差异。对外开放程度（Open）、政府支持力度（Gov）、人力资本（Hc）、研发投入（R&D）及经济发展水平（Rgdp）对京津冀城市群具有显著正向促进影响，即京津冀城市群对外开放程度越高，政府支持力度越大，人力资本水平越高，研发投入越高，经济发展越迅速，三系统耦合协调度也随之提高。而固定资产投入（Inv）对京津冀城市群三系统耦合协调度水平存在显著负向作用。

粤港澳大湾区耦合协调度水平的影响因素中，对外开放程度（Open）、政府支持力度（Gov）与研发投入（R&D）具有正向影响；人力资本（Hc）、固定资产投入（Inv）与经济发展水平（Rgdp）则未能通过显著性检验，其对耦合协调度影响不明显。

总之，两地区耦合协调度水平均受到对外开放程度、政府支持力度与研发投入变化的正向影响。此外，京津冀城市群受到固定资产投入的负向影响，这可能是因为城市群中固定资产投资领域主要为第二产业，其对环境的破坏程度大，不利于城市群的耦合协调发展。

六、研究结论与政策建议

（一）研究结论

本案例基于系统耦合视角，以京津冀城市群和粤港澳大湾区为研究对象，运用耦合协调模型和空间数据分析法，测算两大区域"经济集聚—产业结构升级—绿色经济效率"的耦合协调度，探讨其空间发展模式与关联效应，得出以下结论。

第一，粤港澳大湾区的经济集聚指数高于京津冀，但京津冀的指数逐年上升且差距缩小。同时，京津冀的产业结构升级指数高于粤港澳，且均呈上升趋势。粤港澳的绿色经济效率约为 0.8，明显高于京津冀的 0.5。

第二，从耦合协调度看，粤港澳整体协调水平高且处于中级协调等级，而京津冀则较低，处于初级协调等级。从 2014—2019 年的耦合协调度来看，仅北京市的协调水平高于 0.8，其他城市多在 0.5—0.7，最低的张家口市长期低于 0.5；粤港澳中东莞、深圳和澳门的协调度高于 0.8，仅江门等城市低于 0.6。

第三，空间自相关分析显示，京津冀和粤港澳均呈现正向的空间相关性和空间依赖特征，耦合协调度较高和较低地区均趋于集聚，然而这种相关性逐渐减弱。京津冀的局部空间集聚以北京市"高—低"型集聚为主，而粤港澳则以深圳市"高—低"型集聚为主。

第四，在影响因素分析中，对外开放、政府支持与研发投入均对两区域的协调度产生正向影响；但人力资本和经济发展水平仅对京津冀有效，固定资产投入则对其协调度有显著负向影响。

（二）政策建议

第一，京津冀与粤港澳大湾区应建立统一市场机制，发挥市场在资源配置中的核心作用。实证数据显示，两个城市群在经济集聚、产业升级和绿色经济效率上互相促进。习近平总书记强调要推动京津冀协同发展和粤港澳大湾区高质量发展，因此应构建统一市场体制，消除地方保护和市场分割，为城市群协调发展提供保障。

第二，针对不同城市群特点，制定精准的三元系统耦合协调策略。京津冀应利用北京的集聚经济优势，推动传统产业结构升级，形成低碳发展模式，并建设企业间的帮扶机制，促进绿色创新的分享。在粤港澳大湾区，深圳应加强与周边城市的协同，提升经济与环境的协调发展能力。

第三，京津冀需提升经济集聚水平，推动产业结构升级和绿色发展，培育具有国际竞争力的产业集群。加强产业转移与合作，提升现代化水平，探索形成世界级产业集群的路径。

第四，统一的绿色发展规划和政策协作至关重要。由于京津冀的绿色经济效率低于粤港澳，应明确绿色发展战略和措施，确保地区间协同。同时，京津冀地区政府应出台支持绿色发展的政策，推行财政补贴和税收优惠。鉴于固定资产投资对耦合协调水平的负面影响，需设定环境标准，增加对第一产业和第三产业的投资比例。

七、总结

本案例选取京津冀和粤港澳两大城市群为研究样本，聚焦经济集聚、产业结构升级和绿色经济效率三者的耦合关系。本案例的研究为促进中国城市群绿色协调发展提供了新思路，丰富了城市群经济集聚、产业结构升级与绿色经济效率的相关研究成果，在实现"双碳"目标下为推动城市群的绿色经济发展提供了参考和借鉴。

案例使用说明

一、教学目的与用途

1. 适用课程

本案例适用于《统计学》《统计综合案例分析》《学术规范与论文写作》等统计学专业课程。

2. 本案例教学目标

本案例以耦合协调模型的应用为主线，重点描述了对复杂经济现象的量化分析，最终提出针对区域协调发展的政策建议。通过对该案例的分析，引导学生：

（1）学习耦合协调模型的应用，理解其在城市群经济集聚中的作用。

（2）思考经济集聚对绿色经济效率和产业结构升级的影响。

（3）通过案例思考经济集聚、产业结构升级和绿色经济效率之间的交互作用，并提出政策建议。

二、启发性思考题

为了激发学生的思考，培养学生的批判性思维和创新能力，以下是一些启发性思考题，供教师在课堂讨论或学生自主学习时参考。

1. 区域经济与绿色效率方面

（1）在绿色经济效率研究中，京津冀和粤港澳大湾区的数据具有哪些特殊的研究价值？

（2）空间集聚效应对城市群之间的绿色发展有何影响？

2. 产品升级与政策引导方面

（1）创新驱动在提升绿色经济效率中的作用是什么？

（2）京津冀和粤港澳大湾区的产业升级路径对绿色发展有何启示？

（3）如何通过政策手段同时提升经济集聚和绿色经济效率？

3. 思政融入

在中国式现代化进程中,如何以"双碳"目标引领绿色经济转型?

三、背景信息

1. 制度背景

在国家政策层面,"十四五"规划明确提出要"加快推动京津冀协同发展"及"积极稳妥推进粤港澳大湾区建设",旨在通过顶层设计促进区域协调发展。党的二十大报告强调,在推动经济高质量发展的同时,必须注重经济社会的绿色化、低碳化、可持续化发展,这对京津冀与粤港澳大湾区城市群提出了更高的环保标准和发展要求。在这样的政策引导下,京津冀和粤港澳大湾区正加快从政策落实向绿色、协调发展的转型,力求在经济集聚、产业结构升级与绿色经济效率协调发展上实现新的突破。

2. 行业背景

中国正处于经济转型升级的阶段,是从高速增长转向高质量发展的关键期。京津冀与粤港澳大湾区作为重要的经济增长极,在推动全国经济高质量发展中具有不可替代的作用。这两个区域分别位于中国北方和南方,各自具备独特的产业优势和地理优势,在经济集聚、产业结构升级与绿色经济效率协调发展上表现出较大的发展潜力。随着国家政策的大力支持和市场机制的逐步完善,京津冀和粤港澳大湾区在全国经济格局中的地位愈发重要,为中国的经济高质量发展提供了强劲动能。

四、案例分析思路及要点

1. 分析思路

教师可以根据自己的教学目标(目的)来灵活使用本案例。这里提出本案例的分析思路(见图7-6),仅供参考。

本案例基于系统耦合视角,以京津冀城市群和粤港澳大湾区为研究对象,运用耦合协调模型、探索性数据分析和空间计量模型,测算京津冀城市群和粤港澳大湾区"经济集聚—产业结构升级—绿色经济效率"三大系统耦合协调度,探讨了其耦合协调程度和空间关联效应,全面分析了这三大系统的相互作用与协调发展路径。研究旨在揭示影响两大城市群系统协调度的关键因素,并提出相应的政策建议,以推动两大城市群经济协调发展,进而促进中国城市群经济绿色高质量发展。

(1)首先,本案例从理论上系统回顾了现有文献,指出当前研究大多聚焦于经济集

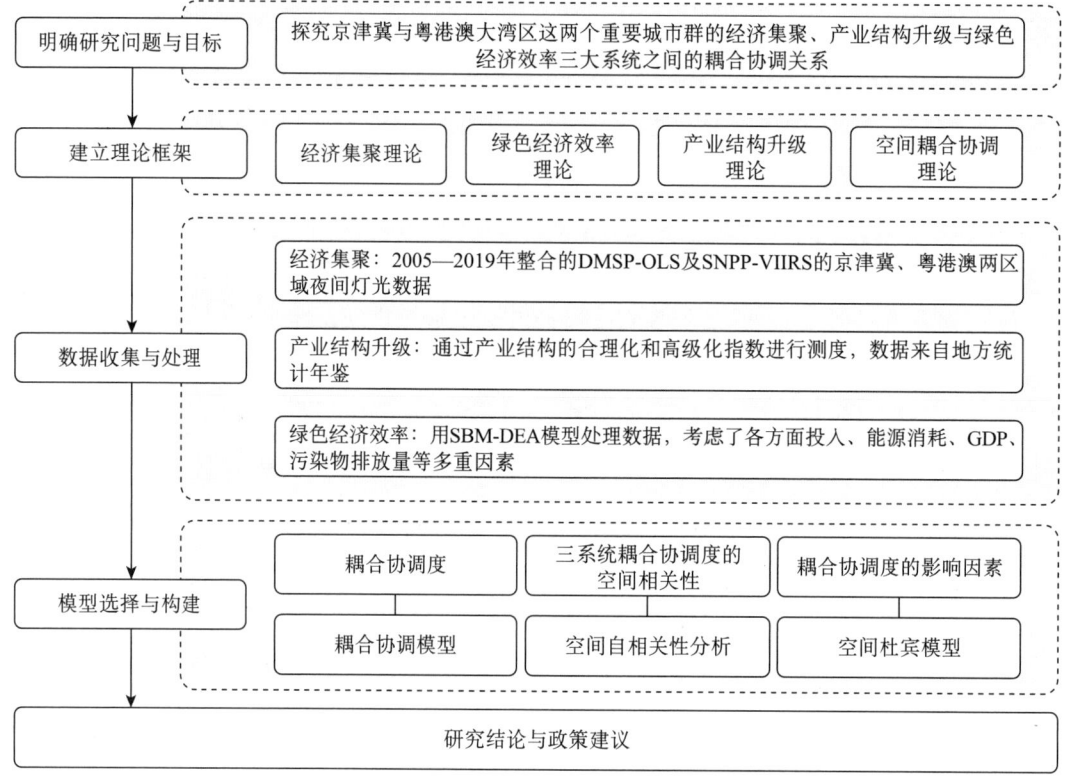

图 7-6 案例分析框架

聚、产业结构升级和绿色经济效率两两之间因果关系的研究,缺乏对三者整体耦合协调的全面分析。因此,本案例在理论上创新性地提出了这三大系统的耦合协调框架,并通过实证分析验证了该模型的有效性。

(2) 研究选取了 2005—2019 年的相关数据,包括使用夜间灯光数据作为经济集聚的衡量指标,选取产业结构合理化和产业结构高级化的熵权法加权指标来测度产业结构升级,建立 SBM-DEA 模型并通过综合投入产出比对两大城市群的绿色经济效率进行测度,最终构建了系统的评估框架。通过对这些数据的处理和计算,得出了每个系统的指数,并进一步将它们整合到耦合协调模型中,具体评估了两大城市群的协同发展情况。

(3) 通过实证分析发现,京津冀地区的耦合协调度呈增长趋势,但整体水平偏低,类型依次为濒临失调、勉强协调到初级协调。粤港澳大湾区的协调水平较高,且增长趋势明显,2005 年为初级协调,2018 年升级为中级协调。同时,两大区域的三系统耦合协调度均呈现正向的空间相关性和依赖特征。此外,对外开放程度、政府支持、人力资本、研发投入和经济发展水平等因素对京津冀和粤港澳大湾区的协调度有影响,但影响程度和方向存在差异。

（4）基于这些发现，本案例提出了一系列促进区域协调发展的政策建议，包括建立统一大市场机制、因地制宜制定不同城市群三元系统耦合协调的精准提升策略、京津冀城市群继续提升经济集聚水平以及制定统一的绿色发展规划并加强政策协同等。

在案例教学中，关键在于通过理论与实证相结合的方式，培养学生运用经济学、产业结构和环境科学等多学科的理论基础，分析复杂的区域发展问题并提出解决方案的能力。案例分析的逻辑路径应从问题识别开始，经过数据收集、模型应用、政策评估，最终提出政策建议。

2. 覆盖的知识点

（1）耦合协调模型。

案例使用了耦合协调模型来分析经济集聚、产业结构升级和绿色经济效率之间的关系。这一模型是统计模型在经济学中的应用实例，涉及多变量系统的耦合分析，有助于学生理解复杂系统间的交互影响。

（2）空间计量经济学。

案例中应用了空间计量模型，包括探索性空间数据分析法（ESDA），以分析区域内部的空间关联效应和经济现象的空间集聚特性。这部分内容涉及空间统计和空间自相关的基础知识，对于学生理解地理和空间因素对经济的影响非常关键。

（3）SBM–DEA模型。

绿色经济效率的测算使用了 SBM–DEA 模型，该模型基于数据包络分析（DEA）的非径向 SBM 模型，是一种使用线性规划来估计多个决策（DMU）的有效性的非参数方法。学生在该部分能学到如何运用非参数方法来评价效率，尤其是包含非期望产出变量的情况。

（4）空间自相关分析。

案例使用全局和局部空间自相关分析来展示区域内经济现象的集聚和关联性。这一分析方法能够让学生认识到如何通过统计方法揭示数据背后的地理空间结构。

3. 能力训练点

（1）将经济学、产业结构理论和环境科学理论应用于经济集聚、产业结构升级与绿色经济效率协调发展的案例分析中，旨在培养学生理论联系实际的能力。

（2）在提出问题后，对京津冀与粤港澳大湾区经济集聚、产业结构升级与绿色经济效率协调发展的发展现状进行定量分析与定性分析，并寻找合适的模型进行评估，旨在训练学生分析问题和解决问题的能力。

（3）基于分析结果，培养学生评估现有政策的能力，识别政策缺口，并能够有针对性地提出具体的政策建议，以促进京津冀与粤港澳大湾区经济集聚、产业结构升级与绿色经济效率的协调发展。

五、理论依据与分析

1. 理论依据

(1) 经济集聚。

经济集聚是指在一个特定的地理区域内,生产要素(如劳动力、资本、技术等)和经济活动(如企业、产业等)在空间上集中分布的现象。这种现象通常发生在城市或城市群中,通过同质或相关企业的聚集,形成规模效应,促进知识和技术的交流与传播,提高资源配置效率,并带来一系列正面的经济效果。具体来说,经济集聚可以带来以下几个方面的影响:

①规模经济:企业之间的近距离可以降低交易成本,共享基础设施和服务,从而产生规模经济。

②知识溢出:邻近的企业和机构更容易进行知识和技术的交流,促进了创新和技术进步。

③专业分工:不同企业在同一地区内的聚集有助于形成更细的专业化分工,进一步提升生产效率。

④市场接近:供应商、客户和劳动力都在附近,减少了物流成本,增加了市场的可达性。

⑤外部激励效应:由于竞争加剧和信息流通加快,促使企业不断改进技术和管理,提高竞争力。

经济集聚理论认为经济集聚能产生"集聚效应",通过同质企业的集中,促进知识溢出和技术革新,形成规模经济。此外,"配置效应"使资本倾向于流向更专业化的区域,推动产业升级。

(2) 产业结构升级。

产业结构升级是指一个国家或地区在经济发展过程中,其产业体系从低级形态向高级形态转变的过程。这种转变通常伴随着技术进步、生产效率的提高以及经济结构的优化。产业结构升级主要体现在以下几个方面:

①产业合理化:通过调整各产业之间的比例关系,使整个产业结构更加符合市场需求和发展趋势。这包括减少对资源密集型和劳动密集型产业的依赖,增加知识密集型和技术密集型产业的比例。

②产业高级化:推动产业向更高附加值的方向发展,即从第一产业(农业)向第二产业(工业),再向第三产业(服务业)逐步过渡,且在每一个产业内部也向着更高端的产

品和服务方向发展。例如，在制造业中，从简单的加工组装转向高技术含量、高附加值的制造活动。

③技术创新与应用：通过引入新技术、新工艺和新的管理模式来提升传统产业的竞争力，同时培育和发展新兴产业。技术创新是推动产业升级的重要驱动力，它能够帮助企业降低成本、提高产品质量和生产效率。

④环保与可持续性：随着社会对环境保护意识的增强，产业结构升级还意味着要减少污染排放、节约资源能源，实现绿色低碳发展。这意味着企业需要采用清洁生产技术，改进生产工艺流程以降低环境影响。

产业结构升级理论从产业结构合理化（采用泰尔指数测度）和高级化（基于劳动生产率指标）两个维度来衡量产业结构的变化及其对经济发展的影响。

（3）绿色经济效率。

绿色经济效率（SBM-DEA）是指在经济发展过程中，通过优化资源配置和提高生产效率，同时减少对环境的负面影响，实现经济增长与环境保护的双赢。具体来说，绿色经济效率关注的是如何在保证经济产出的同时，最小化资源消耗和环境污染，促进可持续发展。它强调的是经济效益与生态效益的统一，即在不牺牲环境质量的前提下推动经济增长。在衡量绿色经济效率时，通常会考虑以下因素：

①期望产出：如实际GDP等经济指标，反映了经济体的生产能力和发展水平。

②非期望产出：包括各类污染物排放（如工业废水、废气等），这些是经济活动产生的负面外部性。

③资源利用效率：指单位资源消耗所能产生的经济价值，如能源使用效率或水资源利用效率。

④技术创新：采用更先进的技术降低生产过程中的资源消耗和污染排放。

⑤环境政策与管理：有效的环保法规和管理制度对于提升绿色经济效率至关重要。

绿色经济效率理论运用SBM-DEA模型考虑了期望产出（如GDP）和非期望产出（如工业污染排放量），综合评价区域绿色经济效率。本案例采用劳动投入、资本投入以及能源消耗总量作为投入指标，先构建绿色经济效率评价体系，然后建立包含非期望产出的SBM-DEA模型，通过综合投入产出比对两大城市群的绿色经济效率进行测度。

2. 分析方法

（1）耦合协调度模型。

耦合协调度模型是一种用于评估两个或多个系统之间相互作用及其协调发展水平的方法。这种模型特别适用于那些需要考虑不同因素、子系统或者变量间关系的情况，如城市化与生态环境的关系、经济与环境的协调发展等。通过量化这些系统间的相互影响程度以及它们共同发展的状态，可以帮助决策者更好地理解现状，并制定相应的政策来促进更均衡的发展。

本案例构建了包括经济集聚、产业结构升级和绿色经济效率三个因素在内的耦合协调度模型，用以评估两大城市群这三者之间的协调关系。该模型通过计算整体耦合度 C、综合得分 T 以及最终的耦合协调度 D，来反映系统内部各要素间的相互作用情况。

（2）探索性空间数据分析法（ESDA）。

探索性空间数据分析（ESDA）是一种用于研究地理数据中空间模式、趋势和异常的方法。ESDA 的目标是通过图形化和统计技术来发现数据中的空间结构，从而帮助研究人员更好地理解地理位置对现象的影响。该方法强调了可视化的重要性，并鼓励研究者在分析过程中保持灵活性和交互性。其核心为解构与地理位置相关的数据间空间依赖、空间关联或空间自相关关系。空间依赖是指一个地点的观测值受其邻近地点观测值的影响，体现了地理现象之间的相互作用。空间关联描述了不同地理变量之间的统计关系，揭示了它们在空间分布上的相互联系。空间自相关则衡量同一变量在不同地理位置上观测值的相关性，帮助识别数据中的聚类或分散模式。

本案例使用 ESDA 方法识别数据的空间分布模式、异常值及空间自相关性，帮助理解京津冀和粤港澳大湾区内不同城市之间在经济集聚、产业结构升级及绿色经济效率方面的空间关联效应。

（3）回归分析法。

回归分析法主要用于研究一个或多个自变量（也称为解释变量或预测变量）与一个因变量（也称为响应变量或结果变量）之间的关系。其主要目的是通过建立数学模型来估计和预测因变量的值，并且可以用来理解自变量如何影响因变量。本案例采用杜宾模型对京津冀城市群和粤港澳大湾区耦合协调度的影响因素（如对外开放程度、政府支持力度等）进行回归分析，揭示这些因素如何具体地影响到京津冀与粤港澳大湾区的耦合协调发展水平。

六、教学组织方式

本案例的计划安排课堂讨论时间为 50—60 分钟，建议课堂时间安排及提问逻辑如下：

1. 课前安排

发放案例正文文本及思考题（课前一周）。

2. 课中计划

（1）案例引入：询问大家对经济集聚、产业升级、绿色经济效率概念是否已经课前熟悉。简单总结经济集聚、产业升级、绿色经济效率的概念，并概述此次案例讨论的主旨（5 分钟）。

（2）小组讨论：将案例启发式问题投屏，分组自由讨论，老师走动交流；每个组将自己讨论出的答案进行总结列出框架（15 分钟）。

（3）班级讨论：按照各思考题，请各组进行总结发言；可以每个组随机要求回答不一样的问题，然后让其他组加入补充；老师在白板上记录各组发言的要点，并鼓励各组之间互动评价（20—30 分钟）。

（4）总结提升：将所利用的理论框架结合案例进行总结（10 分钟）。

3. 课后安排

个人反思报告，对案例讨论的收获和延展性的思考，以电子文档的方式发到课程微信群进一步分享交流，旨在深化学生的知识点记忆和进一步的思考（课后一周内）。

七、案例的后续进展

在案例教学结束后，学生需撰写一篇报告，针对京津冀或粤港澳大湾区的经济集聚效应进行深入分析。报告需包括以下内容：

（1）耦合协调模型的应用与分析；

（2）三系统协调度计算结果；

（3）结合数据提出的政策建议。

此外，学生还应对未来几年可能的经济发展趋势作出预测，进一步讨论产业结构升级和绿色经济效率的协同发展方向。

八、其他教学支持材料

建议使用 Stata 软件进行实证分析，重点应用其空间计量分析功能，探讨京津冀与粤港澳大湾区的经济集聚、产业结构升级与绿色经济效率三者之间的关系。同时，辅助以 Excel 表格进行数据存储与处理。

教师可以提前整理好数据，提供包含京津冀和粤港澳大湾区的经济集聚、产业结构升级、绿色经济效率等关键变量的 Excel 表格，方便学生快速导入 Stata 中进行数据处理与建模分析。

教师可以在课堂上演示如何使用 Stata 进行数据处理和回归分析，包括如何运用 Moran 指数进行空间依赖性分析，以及如何使用 Stata 的 spregress、spmap 命令进行空间计量回归分析。教师还可以提供一个简单的 Stata 操作手册，帮助学生了解如何进行面板数据处理和模型估计，运行耦合协调模型和空间计量模型，如空间杜宾模型（SDM）和探索性空间数据分析（ESDA）。

案例 8

基于机器学习的空气污染与气象因素混合暴露对呼吸道疾病死亡的预测与预警模型[①]

---

① 本案例改编自孙红英等撰写的《基于机器学习的空气污染与气象因素混合暴露对呼吸道疾病死亡的预测与预警模型》,由彭肇维、李恒亮、杨俊杰、杨志宏、聂琪宗和曹柳智协助整理。

案例 8　基于机器学习的空气污染与气象因素混合暴露对呼吸道疾病死亡的预测与预警模型

案例正文

在极端天气频繁出现以及空气污染日益加剧的当下，天气相关疾病的发病率逐年上升。空气污染与极端温度对敏感人群的生命构成了严重威胁，其中空气污染与呼吸系统疾病的关联尤为紧密。鉴于当前关注度存在失衡状况，为了更精准地预测与预警呼吸系统疾病导致的死亡事件，及时开展干预措施刻不容缓。本案例依据现有的研究成果，凭借海量的环境监测数据，通过将机器学习中的 XGBoost 和支持向量机（SVM）分别与广义可加模型（GAM）结合构建回归模型，并运用分布滞后非线性模型（DLNM）设定预警阈值，以此对数据进行转换并打造预警系统。根据 DLNM 模型，探讨了气象因素的累积滞后效应。空气温度与 PM2.5 之间存在累积滞后效应，当滞后期分别为 3 天和 5 天时，效应达到最大值。如果低温和高环境污染物（PM2.5）持续影响较长时间，呼吸系统疾病的死亡风险将持续上升，基于 DLNM 的预警模型表现更为优越。

一、引言

近年来，极端天气事件的频繁出现和空气污染的日益严重，已经导致与气象相关的疾病发病率逐年攀升，对人类健康构成了严峻挑战。极端温度，作为一种不适宜的气候条件，已成为循环系统和呼吸系统疾病的关键环境风险因素。同时，空气污染——包括有害气体和颗粒物——在全球范围内也是导致高死亡率的重要因素，其中，细颗粒物（PM2.5）被认为是空气污染中最危险的成分之一。

大量研究表明，PM2.5 污染浓度与呼吸系统疾病发病率和死亡率呈显著正相关，还能促进炎症反应、降低肺顺应性等。同时，天气及其变化会影响人类健康，过高或过低的温度以及暴露于空气污染物和气象因素都会增加各种疾病的死亡风险及其协同影响。然而，当前的研究领域尚存在若干局限性。一些研究在疾病预测和预警方面，主要依赖于特定疾病的二分类或多分类数据，这限制了对疾病复杂性的理解。此外，部分研究采用相关矩阵和广义相加模型来构建预测模型，但这些方法在量化影响因素的具体强度方面存在不足，难以精确捕捉和表达这些因素对疾病发生的具体影响。

在此背景下，本案例根据现有研究和大量环境监测数据，对研究对象的年龄进行划分，将机器学习方法 XGBoost 和 SVM 分别与 GAM 模型结合建立回归模型，并使用分布滞后非线性模型 DLNM 对数据进行转换并设置预警阈值，进而建立预警模型。同时，本案例致力于深入分析温度和 PM2.5 浓度在不同时间段及不同年龄层人群中的影响差异，旨在为制定呼吸系统疾病应对气象变化的适应性策略提供科学依据。此外,本案例亦旨在为临床干预措施提供有力的支持和参考,以期优化疾病预防和治疗策略,提高公共卫生干预的效果(见图8-1)。

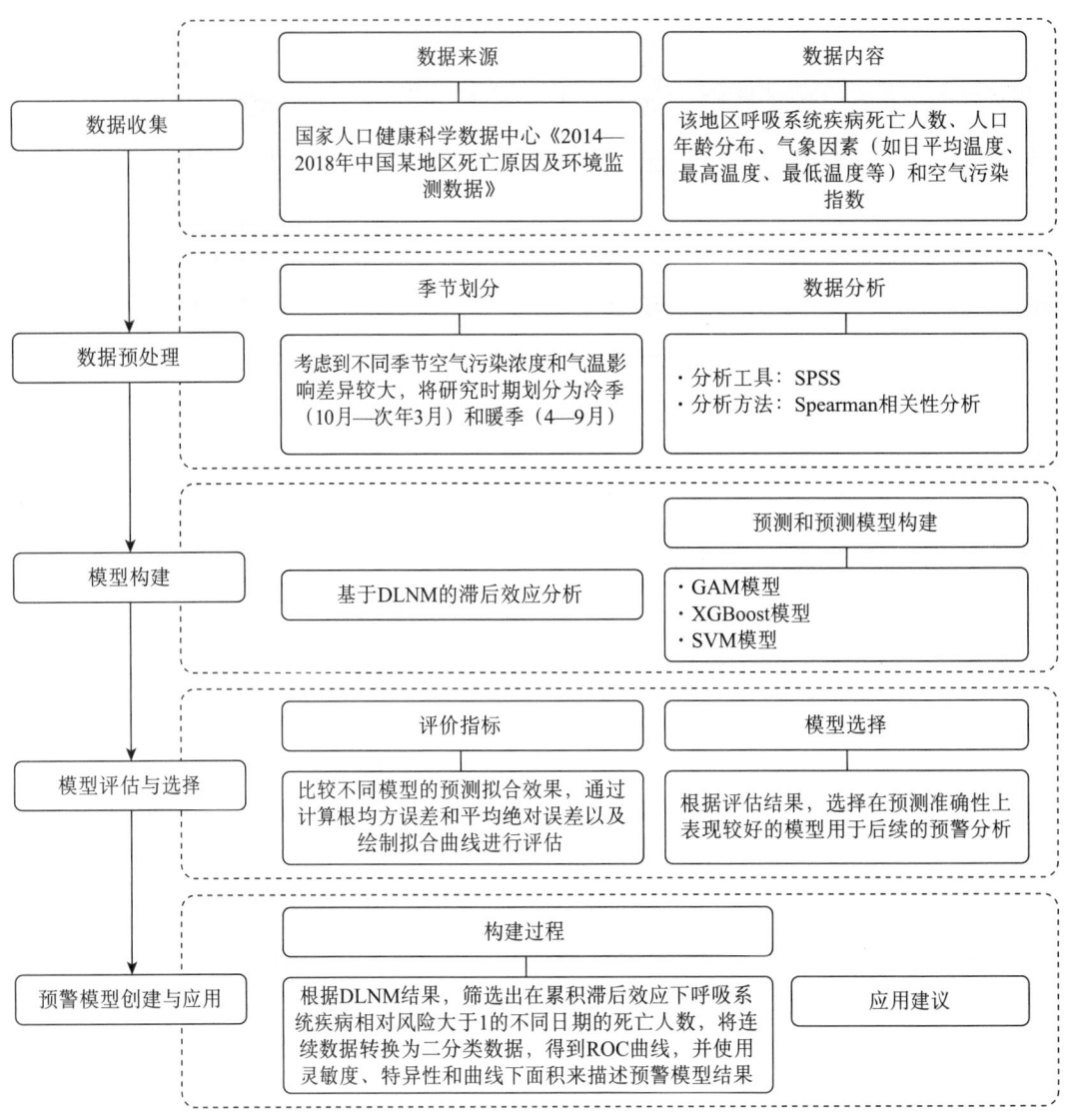

图8-1 案例结构流程

二、文献综述

近年来,极端天气事件的频发和空气污染的加剧导致与气象相关的疾病数量不断攀升。这些环境问题对敏感人群构成了严重的健康威胁,甚至危及生命。极端温度,即那些

案例8　基于机器学习的空气污染与气象因素混合暴露对呼吸道疾病死亡的预测与预警模型

超出适宜温度范围的温度——适宜温度是指与最低死亡风险相对应的温度——已成为循环系统和呼吸系统疾病的主要环境诱因。

一项发表在《柳叶刀·星球健康》杂志上的国际研究（参考消息2021年报道）指出，全球每年有超过500万人的死亡与气候变化引发的异常寒冷或炎热天气直接相关。在全球范围内，约9.4%的年度死亡与"不适宜"的温度条件有关。根据《2019年全球疾病负担》报告，不适宜温度在中国居民死亡风险因素中位列第八。此外，空气污染，包括气体和颗粒物，是全球范围内导致高死亡率的重要因素。全球疾病负担（GBD）研究估计，2019年全球有460万人因室外空气污染而过早死亡，其中细颗粒物（PM2.5）是空气污染中最主要的危险成分。

Huang等在2019年的研究中[①]，对PM2.5和PM1.0的样本进行了采集和分析，探讨了它们的特性及其对小鼠肺部损伤的影响。研究发现，PM2.5的污染浓度与呼吸系统疾病的发病率和死亡率之间存在显著的正相关关系。进一步的实验结果表明，PM2.5能够激发小鼠体内的炎症反应（Xing等，2019）[②]，并降低人体的肺顺应性（Yang等，2017）[③]，这些变化与呼吸系统疾病风险的增加、肺功能下降以及急性加重紧密相关。此外，已有研究指出，气候及其变化对人类健康有着深远的影响，尤其是极端的温度条件对健康构成威胁，老年人更容易受到寒冷的影响（Anenberg等，2018）[④]。

实际上，暴露于空气污染物和气象因素会提升多种疾病的死亡风险（Markandya和Chiabai，2009[⑤]；Lu等，2015[⑥]；Shah等，2017[⑦]；Wang等，2019[⑧]；Anwar等，2019[⑨]；

[①] 黄丽坤，徐媛媛，王广智等. 哈尔滨市大气细颗粒物污染特征及其毒性效应［J］. 中国环境学，2019，39（12）：5326-5332.

[②] 邢顾颂，梁刚，武美琼等. 不同城市PM 2.5对易感小鼠线粒体损伤的影响［J］. 中国环境科学，2019，39（12）：5319-5325.

[③] Yang L, Wang WC, Lung SC（2017）Polycyclic aromatic hydrocarbons are associated with incremented risk of chronic obstructive pulmonary disease during haze events in China. Sci Total Environ 574：1649-1658.

[④] Anenberg SC, Henze DK, Tinney V（2018）Estimates of the global burden of ambient PM2.5, ozone, NO_2 on asthma incidence and emergence room visits. Environ Health Perspect 126（10）：107004.

[⑤] Markandya A, Chiabai A（2009）Valuing climate change impacts on human health：empirical event from the literature. Int J Environ Res Public Health 6（2）：759-786.

[⑥] Lu F, Zhou L, Xu Y（2015）Short-term effects of air concentration on daily morbidity and years of life loss in Nanjing, China. Sci Total Environ 536：123-129.

[⑦] Shah PL, Herth FJ, Geffen WHV, Deslee G, Slebos DJ（2017）Lung volume reduction for emphysema. Lancet Respir Med 5（2）：147-156.

[⑧] Wang N, Mengersen K, Tong S（2019）Short-term association between ambient air concentration and lung cancer morality. Environ Res 179（Pt A）：108, 748.

[⑨] Anwar A, Ayub M, Khan N（2019）Nexus between air collection and neonatal deaths：a case of Asian countries. Int J Environ Res Public Health 16（21）：4148.

Silva 等，2020①），以及它们对人类健康的协同影响（Analitis 等，2018②；Li 等，2017③）。因此，及时的干预措施对于更准确地预测和预警呼吸系统疾病的死亡风险至关重要。Zhong（2020）④ 和 Gao（2021）⑤ 等针对与气象因素和空气污染密切相关的传染病进行了预测和预警研究，并运用了梯度提升决策树（GBDT）、支持向量回归（SVR）、随机森林（RF）等机器学习算法进行疾病预警。然而，这些研究的数据大多集中在特定疾病的二分类或多分类上。同时，一些研究采用了 Spearman 相关矩阵和广义相加模型（GAM）来构建预测模型，但在具体量化影响因素的强度方面存在一定的局限性（Gasparrini 和 Antonio，2014⑥；Zhou，2005⑦；Curriero，2002⑧；Gan，2020⑨）。

因此，基于当前已有的研究成果，并以丰富的环境监测数据作为依托，针对研究对象的年龄实施细致的划分操作。一方面，将机器学习领域中的极限梯度提升（XGBoost）以及支持向量机（SVM）分别与 GAM 模型予以有机结合，以此构建起回归模型；另一方面，借助分布滞后非线性模型（DLNM）对数据进行转换处理，同时设定相应的预警阈值，最终成功建立起预警模型。通过深入剖析温度以及 PM2.5 浓度在不同时间节点以及不同年龄段人群中所产生的影响，能够为深入探索并制定呼吸系统疾病应对气象变化的适应性策略提供明确的方向指引，为临床干预措施的实施提供有力的支持与参考依据，助力提升公共卫生应对的整体水平与成效。

三、数据与方法

（一）数据来源

本案例数据来源于国家人口健康科学数据中心《2014—2018 年中国某地区死亡原因

---

① Silva AV, Oliveira CM, Canha N (2020) Long-term assessment of air quality and identification of aerosol sources at Setu'bal, Portugal. Int J Environ Res Public Health 17 (15): 5447.

② Analitis A, De'Donato F, Scotichini M (2018) Synergistic effects of ambient temperature and air concentration on health in Europe: results from the PHASE Project. Int J Environ Res Public Health 15 (9): 1856.

③ Li J, Woodward A, Hou XY (2017) Modification of the effects of air pollutants on mortgage by temperature: a systematic review and meta-analysis. Sci Total Environment 575: 1556-1570.

④ Zhong PL (2020) Epidemiological characteristics, influencing factors and model prediction of influenza in China. Guangzhou University of Traditional Chinese Medicine (doctoral dissertation).

⑤ 高琦. 气象因素对手足口病发病的影响及预测预警研究 [D]. 济南：山东大学，2021.

⑥ Gasparrini, Antonio (2014) Modeling exposition-lag-response associations with distributed lag nonlinear models. Stat Med 33 (5): 881-899.

⑦ 周凌柯. 数据校正技术的研究及应用 [D]. 杭州：浙江大学，2005.

⑧ Curriero FC (2002) Temperature and mortality in 11 cities of the Eastern United States. Am J Epidemiol 155 (1): 80-87.

⑨ Gan T (2020) Identification of prognostic gene markers in patients with laryngeal and hypopharyngeal carcinoma based on feature selection method. Jilin University (master thesis).

及环境监测数据》,涵盖了该地区 2014—2018 年 1826 天呼吸系统疾病死亡人数。鉴于该地区不同季节条件下空气污染物浓度和气温的影响差异较大,本案例进一步将研究期划分为冷季和暖季,以便探究寒季和暖季期间空气污染物(PM2.5)浓度和气温变化对呼吸道疾病死亡风险的影响。

(二)统计分析方法

本案例的数据采用 SPSS 25.0 进行分析,得到呼吸系统死亡、气象因素、大气污染数据的分布情况。同时也采用 Spearman 相关分析(见图 8-2),分析气象因素、空气污染与呼吸系统死亡之间的相关性。另外,将研究期分为冷暖两期,并对不同年龄组之间的死亡率是否存在显著差异进行了探讨。

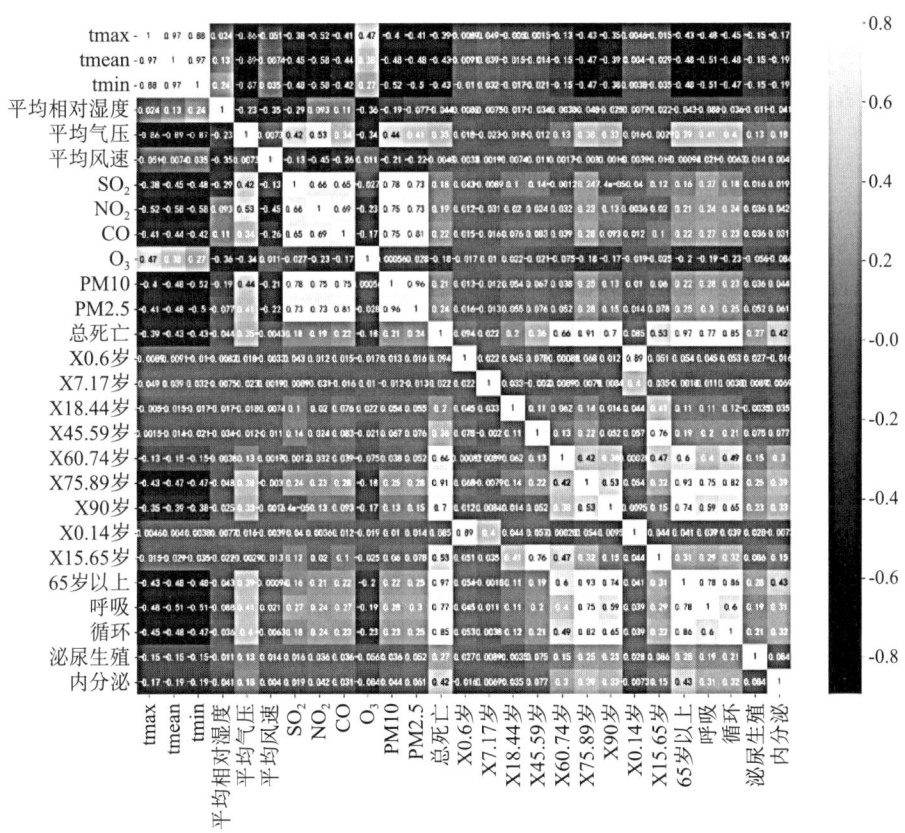

图 8-2 Spearman 相关性分析

四、研究方法学

（一）基于 DLNM 的迟滞效应

气象因素和空气污染物对人体健康的影响是滞后的，它们与死亡的关系是非线性的。本案例采用分布滞后非线性模型（DLNM），拟合呼吸系统疾病日死亡人数与气象因子和空气污染之间的关系。在 DLNM 模型的基础上，通过构建交叉基将滞后维度添加到暴露—反应关系中。利用交叉基函数分析气象因素、空气污染和呼吸系统疾病死亡之间的非线性关系以及气象因素和空气污染的滞后效应。定量分析 PM2.5 与气温、呼吸系统疾病死亡风险的相关性（见图 8-3）。

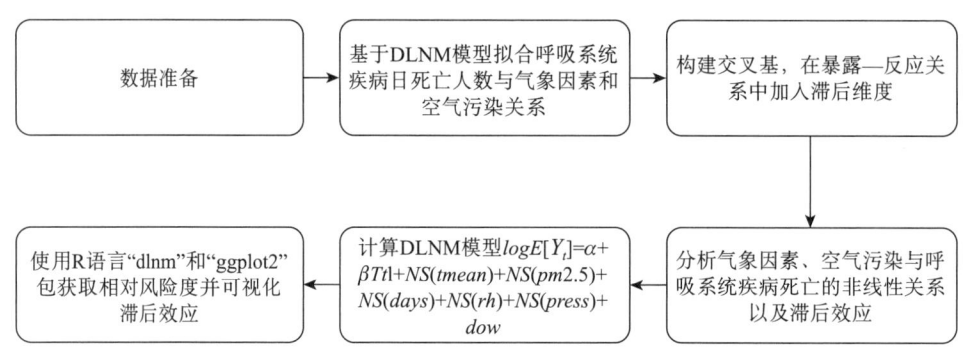

图 8-3 DLNM 模型分析流程

DLNM 模型计算公式：

$$logE[Y_t] = \alpha + \beta Ttl + NS(tmean) + NS(pm2.5) + NS(days) + NS(rh) + NS(press) + dow$$
(8-1)

由于呼吸系统疾病死亡是一个小概率事件，它服从近似泊松分布。式（8-1）中的变量名称及其含义：NS 为自然样条函数。建模中考虑的混杂因素包括平均年龄、相对湿度（rh）、平均温度（$tmean$）、平均气压（$press$）和长期时间趋势（$days$）、PM2.5 浓度（$pm2.5$）、每天估计的呼吸系统疾病死亡人数（$E[Y_t]$）、截距（α）、向量参数（β）和周变量（dow）。

（二）构建预测预警模型

1. GAM 模型

广义可加模型（GAM）是一种灵活的统计建模技术，主要用于分析数据中的复杂关系。与线性模型不同,GAM 可以通过组合多个预测变量的平滑函数来捕捉非线性模式。其优势显著,GAM 模型在拟合数据时具备更高的自由度,在建模之前并不需要分析出响应变量和解释变量之间的关系,尤其是像选择回归样条这类拟合效果较为出色的方法,对响应变量和解释变量进行独立建模,将二者相加得到 GAM,最后求解参数,这样的拟合效果理论上是很强大的(见图 8-4)。

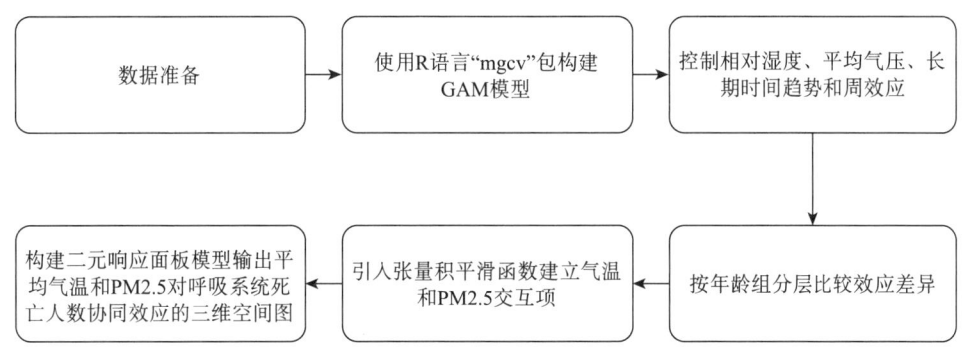

图 8-4 GAM 模型分析流程

本案例的 GAM 模型如下:

$$log(Y_t) = \alpha + t_i(tmean, pm2.5) + s(rh, df) + s(rh, df) + s(press, df) + Time + dow \quad (8-2)$$

式(8-2)中的变量名称及其含义为:Y_t 为第 t 天呼吸系统死亡人数,$tmean$ 为第 t 天的平均气温,$pm2.5$ 为 PM2.5 浓度;s 为平滑函数。根据 AIC(赤池信息准则),时间趋势 df 为 7,相对湿度 df 为 3,平均气压 df 为 3。

2. XGBoost 模型

XGBoost 作为一种 boost 算法族算法框架的 GBDT(Gradient Boosting Decision Tree),用于构建监督回归模型(见图 8-5)。当目标问题是回归问题时,目标函数由损失函数 l 和正则化项 Ω 这两部分组成:

$$obj^{(t)} = \sum_i l(y_i, \hat{y_i}) + \sum_k \Omega(f_k) \quad (8-3)$$

其中,$l(y_i, \hat{y_i})$ 是样本数,l 是真实值,y_i 是真实值,$\hat{y_i}$ 预测值;$\sum_k \Omega(f_k)$ 是常规项,k 是迭代次数,f_k 是迭代错误。

正则项表示为:

$$\Omega(f_k) = \gamma T + \frac{1}{2}\lambda \sum_{i=1}^{T} w_i^2 \quad (8-4)$$

其中,λ 和 γ 是超参数,T 是叶节点数,w_i 是节点值。XGBoost 可以避免过拟合并减少计算，因为其具有正则化、参数调整、50%交叉验证和特征子采样。因此，它在处理多元非线性回归问题方面具有很大的优势。

本案例模型构建的具体步骤如下：（1）对数据进行预处理，分离测试集和训练集，然后通过网格搜索算法对XGBoost模型的超参数进行调整。（2）确定树的数量，经过优化，找到最合适的树是230棵树。（3）调整损失函数的最小值γ。γ值越大，说明模型越保守。合适的γ值可以降低过拟合的风险。（4）对XGBoost的学习率进行调整，并对学习率控制模型的效率和适应性进行每一步50%交叉检验。经过以上步骤，得到最优的模型超参数。

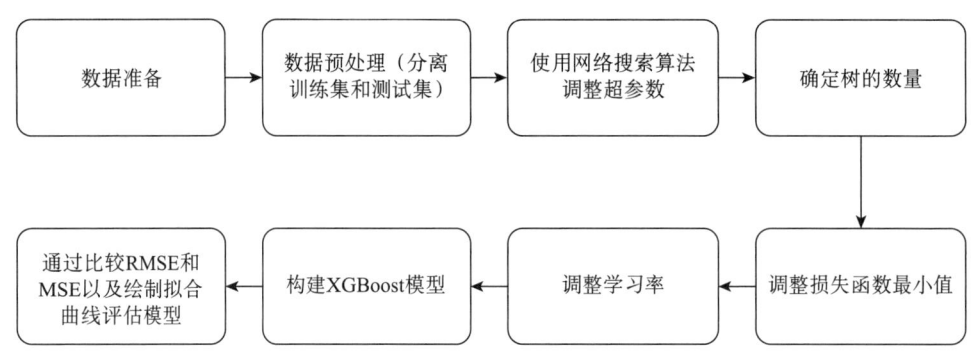

图8-5　XGBoost模型分析流程

3. SVM模型

SVM（支持向量机）是一种具备稀疏性和鲁棒性的广义线性分类器，广泛应用于生物信息学、人像识别、空气污染预警等领域。它以监督学习为基础，通过使不同类别间的距离最大化来实现分类（见图8-6）。

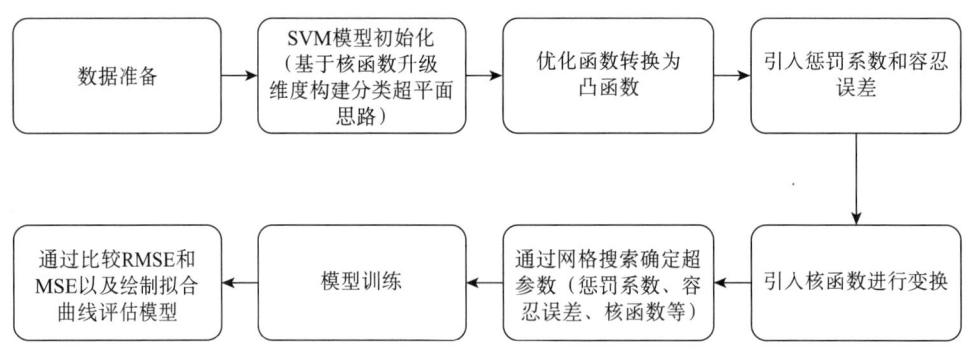

图8-6　SVM模型分析流程

SVM的优化函数最初为凹函数，为了更易求解，将其转换为凸函数，形式为：

$$minf(w) = \frac{\|\vec{w}\|^2}{2} \quad (8-5)$$

其中，w 为权重向量，$\|\vec{w}\|$ 是垂直于决策超平面的法向量。

为了防止过拟合，引入了惩罚系数和容差误差，以平衡准确性与精度，即：

$$minf(w) = \frac{\|\vec{w}\|^2}{2} + C\sum_{i=1}^{s}\varepsilon_i \quad (8-6)$$

其中，C 是惩罚系数，ε_i 是容差误差。在进入高维空间时，需要引入核函数进行转换，即：

$$minf(w) = \frac{1}{2}\sum_{i=1}^{s}a_i a_j y_i y_j k(x_i y_i) + \sum_{i=1}^{s}a_i \quad (8-7)$$

$\sum_{i=1}^{s}\alpha_i y_i = 0$ 且 $0 \leq \alpha_i \leq C$，K 是核函数

通过比较均方根误差（$RMSE$）和平均绝对误差（MAE）并绘制拟合曲线来比较不同模型的预测拟合效果。不同的公式如下：

$$RMSE(X,h) = \sqrt{\frac{1}{m}\sum_{i=1}^{m}(h(x^{(i)}) - y^{(i)})^2} \quad (8-8)$$

$$MAE(X,h) = \frac{1}{m}\sum_{i=1}^{m}|h(x^{(i)}) - y^{(i)}| \quad (8-9)$$

其中，m 为样本数量，$x^{(i)}$ 为真实值，且 $Y^{(i)}$ 为预测值。

五、分析

（一）描述性分析

2014—2018 年该地区日均死亡 102.98 ± 22.08 例，其中男性 58.00 ± 12.77 例，女性 44.97 ± 11.39 例。且男性对气象因素和空气污染的敏感性高于女性。呼吸系统疾病死亡人数为 25971 人，每日呼吸系统疾病死亡人数为 14.22 ± 6.196 人。男性日均死亡人数 58.01 ± 12.77 人，女性日均死亡人数 44.97 ± 11.388 人。同样，男女之间也存在显著差异。男性对气象因素和空气污染的敏感性高于女性。具体如表 8-1 所示。

该地区 O_3、PM10、PM2.5 平均浓度分别为 94.83 ± 41.288（mg/m^3）、63.09 ± 36.275（$\mu g/m^3$）、39.74 ± 25.127（$\mu g/m^3$），与中国《环境空气质量标准》中环境空气污染物一级浓度限值 100mg/m^3、50$\mu g/m^3$、35$\mu g/m^3$ 偏差较大（见表 8-2）。

表 8-1　　描述性分析

指标	亚组	总死亡	
		平均值	标准偏差
总死亡		102.98	22.081
性别	男	58.01*	12.772
	女	44.97	11.388
年龄	0—14 岁	0.64*	0.823
	15—65 岁	22.05	5.538
	65 岁以上	80.29	19.691

注：* 代表 p<0.05。

表 8-2　　环境监测因素描述性分析

	最小值	最大值	均值	标准偏差
最高气温	-2.3	39.2	21.97	8.7493
平均气温	-4.5	32.9	17.534	8.4951
最低气温	-7.6	29.4	13.824	8.83
平均相对湿度	23	100	79.962	11.3435
平均气压	985.7	1039.7	1015.892	8.8947
平均风速	0.1	12	1.982	0.9374
SO_2	4	73	12.94	7.028
NO_2	6	122	39.19	17.664
CO	0.4	2.1	0.834	0.2402
O_3	6	249	94.83	41.288
PM 10	7	282	63.09	36.275
PM2.5	4	219	39.74	25.127

注：* 代表 p<0.05。

通过分析发现，气象因素和大气污染均表现出一定的季节性变化，具体指标如表 8-3 所示。

表 8-3　　环境监测因子的季节变化

		季节	
		暖	冷
平均温度	平均值	24.03	11.01
	标准偏差	4.876	5.9844
平均气压	平均值	1008.844	1022.971
	标准偏差	5.1332	5.6648

续表

		季节	
		暖	冷
平均风速	平均值	1.983	1.982
	标准偏差	0.8087	1.0513
平均相对湿度	平均值	80.476	79.447
	标准偏差	10.269	12.313
SO_2	平均值	10.57	15.31
	标准偏差	4.336	8.301
NO_2	平均值	30.3	48.11
	标准偏差	12.318	17.726
CO	平均值	0.75	0.918
	标准偏差	0.1743	0.2665
O_3	平均值	112.27	77.32
	标准偏差	41.507	32.798
PM10	平均值	48.93	77.31
	标准偏差	23.349	41.077
PM2.5	平均值	30.08	49.45
	标准偏差	14.812	29.284

同时，呼吸系统的死亡人数也呈现出明显的季节变化，暖季死亡人数低，冷季死亡人数高，而且，男性死亡人数高于女性，对各年龄组差异进行对比分析，65 岁以上人群死亡率最高，如表 8-1 和表 8-4 所示。

表 8-4　　　　　　　　　　呼吸道死亡的季节和年度变化

指标	亚组	总死亡	
		平均值	标准偏差
季节	暖	11.58*	3.908
	冷	16.88	6.895
年份	2014	100.73*	18.916
	2015	105.56	18.533
	2016	105.38	20.386
	2017	95.84	25.62
	2018	107.38	24.127

注：* 代表 $p<0.05$。

在暖季，最高气温与死亡的相关系数为 0.098，在 1% 的水平下具有显著性，如表 8-5 所示。

表 8-5　　　　　　　　　　　　　　　暖季气象因子相关分析

	呼吸日死亡人数	最高气温	平均气温	最低气温	平均相对湿度	平均气压	平均风速
呼吸日死亡人数	1						
最高气温	0.098**	1					
平均气温	0.051	0.933***	1				
最低气温	0.013	0.791**	0.939**	1			
平均相对湿度	-0.104**	-0.275***	-0.111**	0.091**	1		
平均气压	0.021	-0.600**	-0.674**	-0.683**	-0.152**	1	
平均风速	-0.009	0.041	0.042	0.038	-0.370**	0.008	1

注：* 代表 $p < 0.05$，** 代表 $p < 0.01$，*** 代表 $p < 0.001$。

在环境监测因子中，PM2.5 与呼吸系统疾病死亡人数的相关系数为 0.123，在 1% 水平下显著，如表 8-6 所示。

表 8-6　　　　　　　　　　　　　　　暖季环境因素相关分析

	呼吸日死亡人数	SO_2	NO_2	CO	O_3	PM10	PM2.5
呼吸日死亡人数	1						
SO_2	0.032	1					
NO_2	0.016	0.650**	1				
CO	0.016	0.527**	0.669**	1			
O_3	0.054	0.390**	0.276**	0.296**	1		
PM10	0.112***	0.685**	0.665**	0.633**	0.578**	1	
PM2.5	0.123***	0.656**	0.679**	0.738**	0.535**	0.945**	1

注：* 代表 $p < 0.05$，** 代表 $p < 0.01$，*** 代表 $p < 0.001$。

相关统计结果显示，在气象因子中，最低气温与死亡人数的相关系数为 0.145，在 1% 水平上显著；平均气压相关系数为 0.163，在 1% 水平下显著，如表 8-7 所示。

表 8-7　　　　　　　　　　　　　　　冷季气象因素

	呼吸日死亡人数	最高气温	平均气温	最低气温	平均相对湿度	平均气压	平均风速
呼吸日死亡人数	1						
最高气温	-0.366**	1					
平均气温	-0.434**	0.902***	1				
最低气温	0.145***	-0.346**	-0.280**	1			
平均相对湿度	0.003	0.098**	0.256**	-0.066*	1		
平均气压	0.163***	-0.710**	-0.755**	0.241**	-0.378**	1	
平均风速	0.003	-0.172***	-0.073*	0.149**	-0.365**	0.115**	1

注：* 代表 $p < 0.05$，** 代表 $p < 0.01$，*** 代表 $p < 0.001$。

案例 8　基于机器学习的空气污染与气象因素混合暴露对呼吸道疾病死亡的预测与预警模型

在空气污染因子中，PM2.5 与呼吸系统疾病死亡人数的相关系数为 0.153，在 1% 水平下显著。CO 相关系数为 0.168，在 1% 水平下显著，如表 8-8 所示。

表 8-8　　　　　　　　　　　冷季环境因素相关分析

	呼吸日死亡人数	SO_2	NO_2	CO	O_3	PM10	PM2.5
呼吸日死亡人数	1						
SO_2	0.035	1					
NO_2	0.02	0.640**	1				
CO	0.168***	0.632**	0.648**	1			
O_3	-0.124***	0.011	-0.340**	-0.333**	1		
PM10	0.108***	0.801**	0.718**	0.714**	-0.017	1	
PM2.5	0.153***	0.755**	0.702**	0.789**	-0.068*	0.953**	1

注：* 代表 p < 0.05，** 代表 p < 0.01，*** 代表 p < 0.001。

结合描述性分析和相关性分析的结果可以看出，与其他因素相比，温度和 PM2.5 对死亡人数的影响最为显著。因此，在后续的模型构建中，将根据气温和 PM2.5 进行设计。

（二）累积和滞后效应

本案例将 DLNM 模型中的滞后天数分别设置为 7 天、14 天和 30 天，并对累积模型和滞后效应模型进行分析，绘制滞后时间—相对风险—气温和 PM2.5 数据变化的等高线图（见图 8-7）。

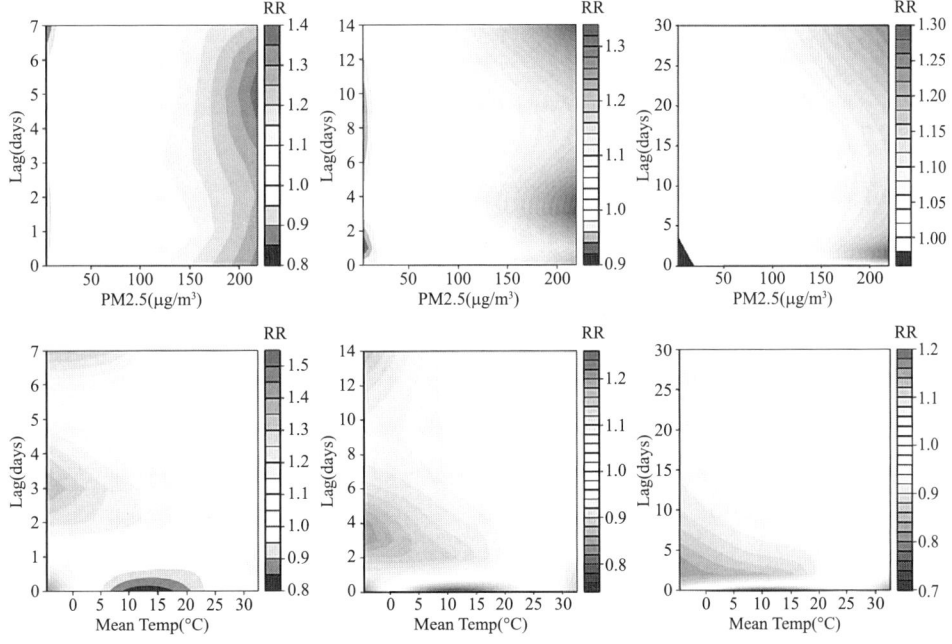

图 8-7　气温、PM2.5、呼吸性死亡等高线图

受长期滞后效应的影响，低温、高温以及高浓度 PM2.5 均可能导致呼吸系统疾病死亡风险的增加。在极端温度条件下，相对危险度较高，尤其是在高温环境下，相对危险度会随着时间延迟的增长而迅速下降。相比之下，低温环境下的相对风险降低速度较慢，影响持续时间较长（见图 8-8）。随着时间延迟的延长，PM2.5 的影响迅速增强。

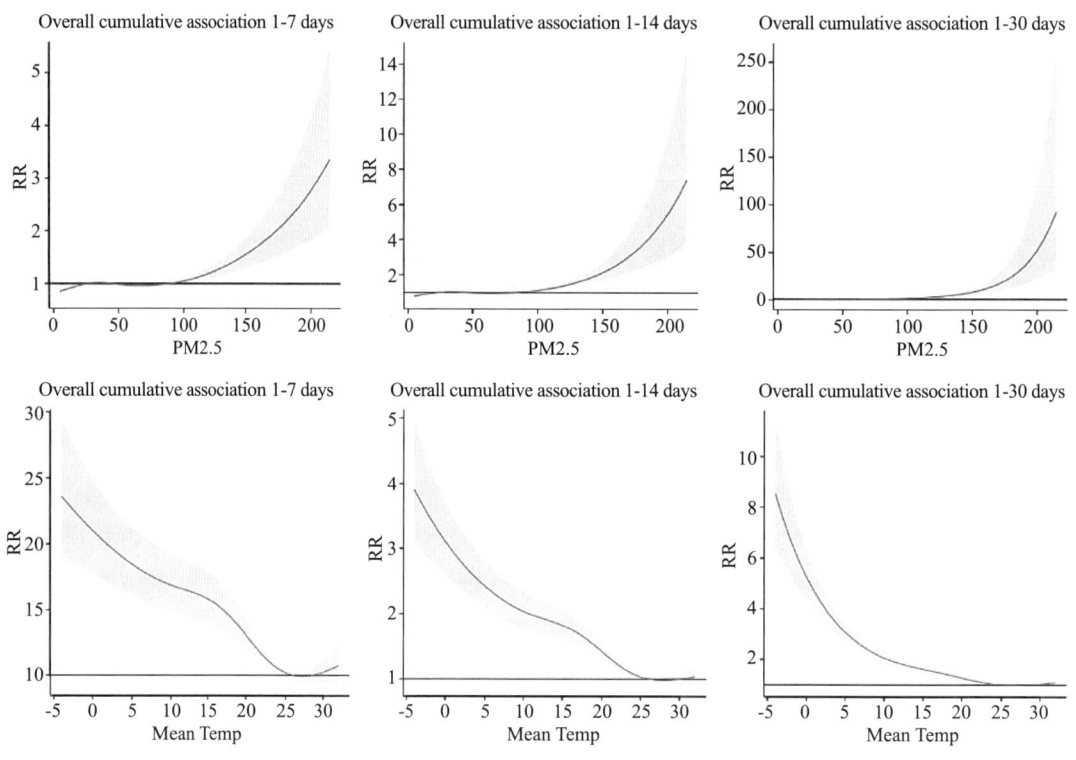

图 8-8 气温、PM2.5 与呼吸性死亡的暴露响应曲线

（三）预报预警模型的结果与对比

1. 构建预测模型

选择 2014—2017 年的数据作为训练集，2018 年的数据作为测试集。GAM 模型的拟合效果如图 8-9 所示，SVM 模型的预测效果如图 8-10 所示，拟合情况良好，但对于部分数据，预测结果低于实际结果。通过网格搜索和手动参数调整，设置了树 240、深度 3、学习率 0.8、叶节点最小损失 0.04 的 XGBoost 模型。其预测效果如图 8-11 所示，其分类效果优于 SVM。

案例 8　基于机器学习的空气污染与气象因素混合暴露对呼吸道疾病死亡的预测与预警模型

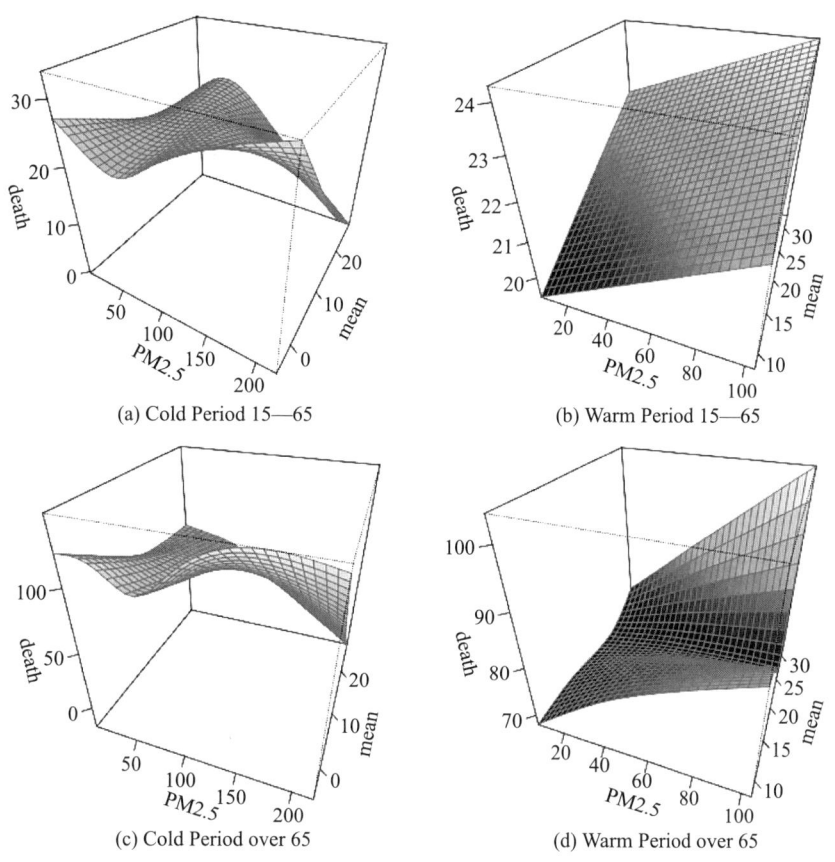

(a) Cold Period 15—65

(b) Warm Period 15—65

(c) Cold Period over 65

(d) Warm Period over 65

图 8 – 9　GAM 模型的预测结果

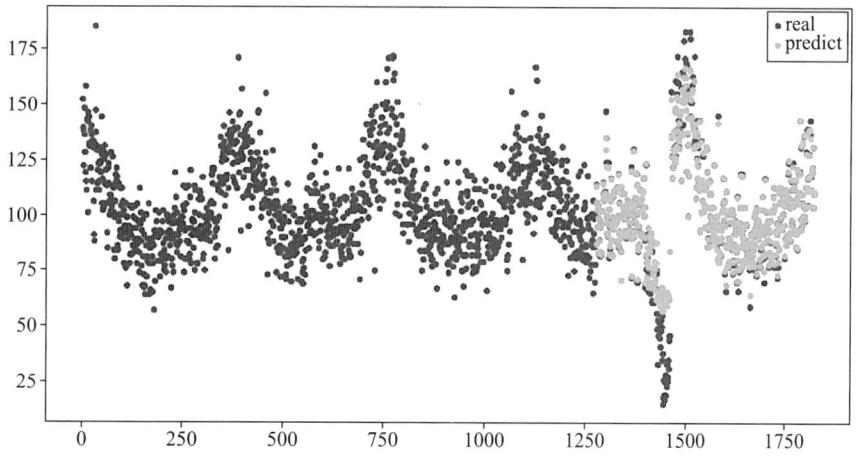

图 8 – 10　SVM 模型的预测效果

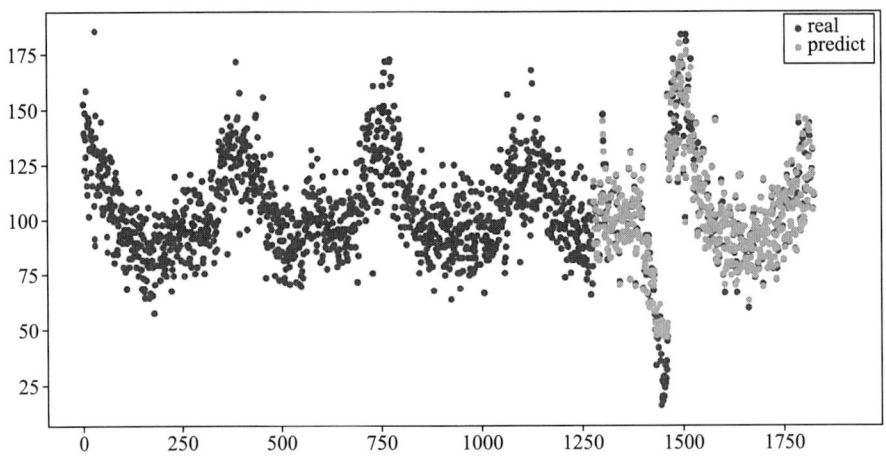

图 8-11 XGBoost 模型的预测效果

2. 预测结果对比

基于基准回归分析,我们采用 GAM 模型对不同年龄段人群进行了分层预测,并以图 8-9 的形式直观展示了 15—65 岁和 65 岁以上人群在冷暖季节的死亡风险。在寒冷季节,当 PM2.5 浓度达到 $50\mu g/m^3$ 且平均气温为 20℃时,15—65 岁年龄段的死亡人数达到峰值。而对于 65 岁及以上的老年人群,死亡人数最多的情况出现在 PM2.5 浓度高达 $150\mu g/m^3$ 且平均气温降至 0℃时。

与寒期相比,暖期的死亡人数较少,但随着 PM2.5 和平均气温的升高,死亡人数也在增加。另外,平均气温在 15—20℃时,死亡人数呈下降趋势,说明 15—20℃是呼吸系统疾病患者适宜的平均温度。

呼吸系统死亡预测结果显示,XGBoost 集成学习框架预测效果最好(见表 8-9 和图 8-11),下面将两种机器模型的预测结果进行对比,其中深色为实际死亡人数,浅色为预测死亡人数。且 SVM 模型的预测结果低于实际结果,XGBoost 模型的符合度最高,优于 SVM 预测结果。

表 8-9　　　　　　　　　　两种机器模型的预测结果对比

	RMSE 测试集	MAE 测试集
SVM	10.673	5.577
XGBoost	4.659	1.913

3. 构建预警模型

根据既往研究,气象条件和空气污染对呼吸系统疾病的发生及死亡具有明显的滞后影响,其中呼吸系统死亡的累积滞后效应在 3—14 天内达到峰值。基于分布滞后非线性模型

（DLNM）的分析结果，我们筛选出了在 7 天累积滞后期间相对风险超过 1 的时间段，并针对这些时间段内呼吸系统疾病的死亡人数进行了统计。通过这种内容替代模型，我们将连续的死亡数据转化为两类：筛选出的日期和未筛选出的日期。该模型进一步生成了接收者操作特征（ROC）曲线，通过曲线下的灵敏度、特异度和面积（AUC）综合评估预警模型的性能。

结果表明，针对最高气温累积滞后效应构建的分类预警模型优于未进行累积滞后转换的二分类数据，曲线下的面积、灵敏度、特异性均大于 0.9（见表 8-10）。对于无滞后阈值的 PM2.5 和气温二值数据，效果非常好。

表 8-10　　　　　　　　　　不同变量滞后阈值的预警模型对比

	敏感性	特异性	准确性	AUC
无滞后阈值的温度	0.9384	0.9257	0.9561	0.9482
温度滞后阈值 3 天	0.9636	0.9864	0.9671	0.9591
无滞后阈值的 PM2.5	0.9370	0.9267	0.9189	0.9169
PM2.5 滞后阈值 5 天	0.7464	0.7007	0.8368	0.7937
无滞后阈值的 PM2.5，温度	0.9455	0.8966	0.9803	0.9445

六、结论

本案例探讨了气象因素和大气污染对呼吸系统疾病死亡的影响及预警模型的建立。结果表明，PM2.5 和气温与呼吸道疾病死亡呈非线性相关，即呼吸系统疾病患者更易受到空气污染物的影响，死亡风险更高。

（一）气象因素和空气污染对呼吸系统疾病死亡的影响

本案例发现 PM2.5 和气温对呼吸系统疾病死亡的影响分别在滞后 5 天和 3 天时达到最大。可能的原因是，空气污染物进入人体后附着在呼吸道黏膜或沉积在肺底部，由于炎症反应和氧化应激反应，耗时较长。与温暖季节相比，寒冷季节的死亡率更高，这可能是因为寒冷刺激的加剧会引起支气管收缩或肺部免疫系统的变化，使人体更容易受到病毒和细菌的感染，从而对肺部造成不可逆的器质性变化。至于不同子群体之间的差异，可以用年龄结构来解释。由于生理适应能力差，老年人比年轻人更容易受到这种变化的影响。此外，这项研究发现男性死亡率更高。

（二）预测与预警模型

对于呼吸系统疾病，预测其发病率和死亡趋势并进行早期干预是非常必要的。本案例以气象数据为基础,采用 GAM 模型、SVM 模型和 XGBoost 集成学习框架对呼吸系统疾病死亡进行预测预警。训练集和测试集的均方根误差比较表明,XGBoost 对训练集和测试集有较好的预测效果。XGBoost 集成学习框架集成了多种算法,耗时少,效率高,可以建立实用有效的预测模型。对于预警模型,筛选累积滞后效应计算出的相对风险度大于 1 的变量,根据筛选结果将其转化为二元变量。对转化结果的敏感性、特异性和曲线下面积进行了计算,发现循环系统疾病预警模型对滞后效应筛选的变量具有较好的预警效果。对于气温,通过 AUC 比较,与不进行迟滞筛选的阈值相比,基于累积迟滞效应划分的阈值更好。在相对湿度低、空气污染颗粒物浓度高的寒冷季节,要提前关注 65 岁以上患有呼吸道疾病老年人,减少气象变化带来的危害。

在未来的研究中,若样本量较大,可以构建更复杂的多维样本,并利用卷积神经网络(CNN)或深度学习 LSTM 模型来实现高精度的预警和预测(见图 8-12)。

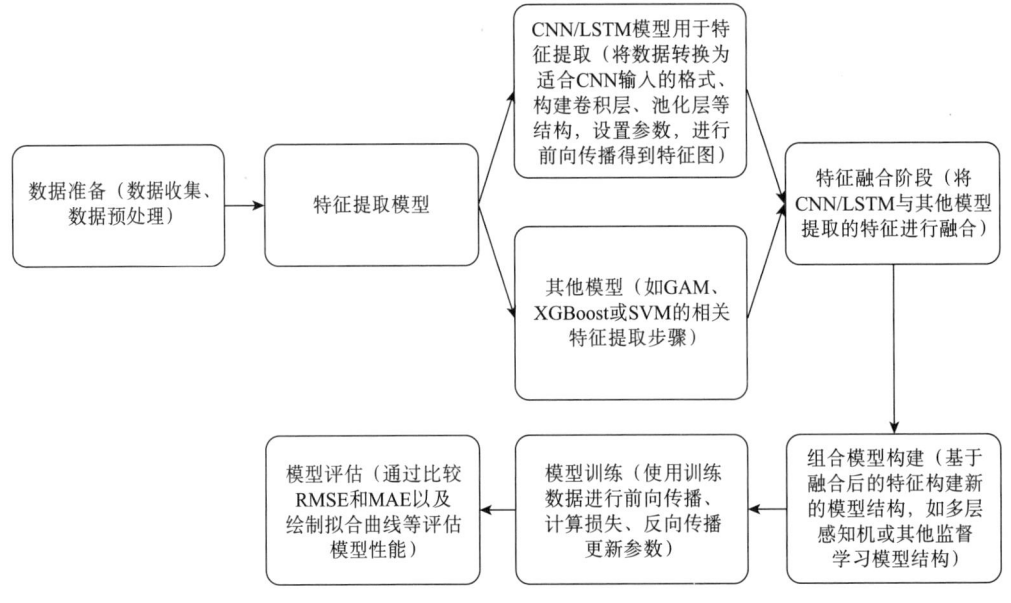

图 8-12 CNN/LSTM 模型分析流程

案例使用说明

一、教学目的与用途

1. 适用课程

本案例适用于《统计学》《统计综合案例分析》《学术规范与论文写作》等统计学专

业课程。

2. 本案例教学目标

本案例以"基于机器学习的空气污染混合暴露和气象因素对呼吸道疾病死亡的预测与预警模型"为主线，重点描述了如何利用机器学习方法结合广义可加模型（GAM）和分布滞后非线性模型（DLNM），构建用于预测和预警呼吸系统疾病死亡事件的模型。通过对该案例的分析，引导学生：

（1）理解并掌握机器学习在环境健康领域的应用。

学习机器学习方法如 XGBoost 和支持向量机（SVM）如何被应用于复杂的环境健康问题中，特别是空气污染和气象因素对呼吸系统疾病的影响。

（2）熟悉广义可加模型（GAM）和分布滞后非线性模型（DLNM）。

深入了解 GAM 在处理多变量数据中的优势，以及 DLNM 如何帮助量化累积滞后效应，从而更好地捕捉环境因素对健康影响的时间动态特征。

（3）学会评估和解释复杂模型的结果。

解读由机器学习算法生成的预测结果，并评估模型性能。同时，学生应了解如何设定合理的预警阈值，为公共卫生政策提供科学依据。

二、启发性思考题

为了激发学生的思考，培养学生们的批判性思维和创新能力，以下是一些启发性思考题，供教师在课堂讨论或学生自主学习时参考。

1. 环境与公共健康方面

（1）如何理解空气污染和气象变化对公共健康影响的复杂性和多样性？

（2）在环境因素日益复杂的背景下，公共卫生政策应如何调整以应对不断变化的健康威胁？

2. 预测模型的社会价值与挑战

（1）机器学习方法在预测呼吸系统疾病死亡风险时的优势和局限是什么？

（2）机器学习模型在公共卫生领域的应用，将带来哪些社会层面的影响和变革？

3. 思政融入

从国家发展战略的角度出发，如何通过改善空气质量来促进经济和社会的可持续发展，实现"健康中国"目标？

三、背景信息

1. 方法背景

机器学习在环境健康研究中的应用机器学习作为一种数据驱动的分析方法,能够在处理大量复杂数据时发现潜在的模式和关系。在环境健康研究领域,机器学习技术被广泛应用于空气污染健康风险评估、疾病预测预警模型的构建等方面。通过机器学习,研究者可以更准确地预测空气污染对人群健康的影响,为政策制定和公共卫生管理提供科学依据。统计学和机器学习可以用于分析空气污染数据,构建预测模型,以及评估不同污染控制措施的效果。

2. 必要性背景

案例研究的必要性鉴于空气污染对公共健康的严重威胁,以及气象因素在污染传播中的关键作用,开展基于机器学习的空气污染混合暴露和气象因素对呼吸道疾病死亡预测与预警模型的研究显得尤为重要。这不仅有助于提高我们对空气污染健康风险的认识,还能为政府、医疗机构和公众提供有效的决策支持和健康保护措施。因此,本案例研究旨在通过实际数据分析,构建一个可靠的预测模型,以期为空气污染防控和健康管理提供实践指导。统计学和机器学习可以用于分析空气污染数据,构建预测模型,以及评估不同污染控制措施的效果。

四、案例分析思路及要点

1. 分析思路

本案例旨在探讨气象因素与空气污染对呼吸系统疾病死亡的影响,结合机器学习和统计建模技术,构建有效的预测预警模型。研究对象为某地区的气象数据与空气污染数据,研究重点是分析这些因素对呼吸系统疾病死亡的影响及其滞后效应。通过描述性统计和相关性分析,筛选出对死亡有显著影响的气象因素和空气污染物,并进一步研究它们的交互效应。为了考虑滞后和累积效应,采用分布式滞后非线性模型(DLNM)分析气温和PM2.5对死亡的动态影响。

在研究方法上,首先,收集并整理气象和空气污染数据,确保数据的准确性和可用性。通过描述性统计分析,展示数据的分布和变化趋势,为后续深入分析奠定基础。其次,运用相关性分析确定关键变量,重点考察气温和PM2.5的影响。再次,运用分布式滞后非线性模型,研究其滞后效应,揭示气象和空气污染因素如何通过滞后效应影响呼吸

案例8　基于机器学习的空气污染与气象因素混合暴露对呼吸道疾病死亡的预测与预警模型

系统疾病死亡风险。最后，基于这些分析结果，构建并评估多个机器学习模型，包括广义相加模型（GAM）、支持向量机（SVM）和极端梯度提升（XGBoost），对死亡风险进行准确预测（见图8-13）。

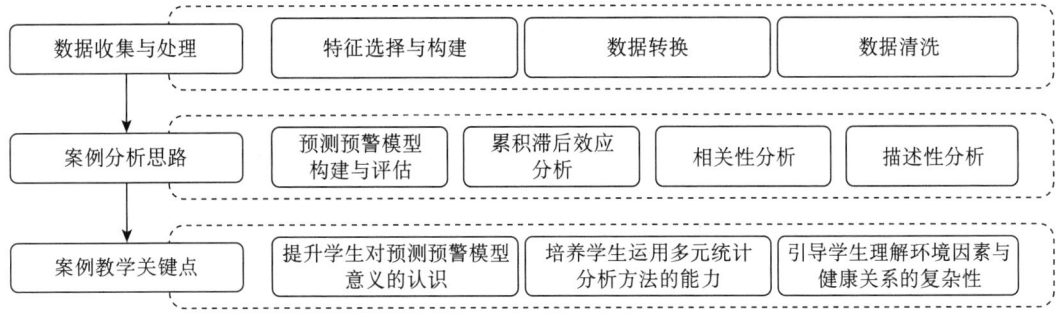

图8-13　案例分析框架

本案例教学的核心在于通过理论与实证分析相结合，培养学生运用统计学与机器学习等学科知识，分析复杂公共卫生问题并提出相应的政策建议。通过这一分析框架，学生将学会如何从数据中提取有效信息，构建预测模型，并最终为公共卫生决策提供科学依据。

2. 覆盖的知识点

（1）分布式滞后非线性模型（DLNM）。

利用DLNM模型拟合呼吸系统疾病日死亡人数与气象因素和空气污染之间的关系，分析其非线性关系和滞后效应。通过构建交叉基函数，将滞后维度添加到暴露—反应关系中，定量分析PM2.5和气温与呼吸系统疾病死亡风险之间的相关性。使用R语言中的"dlnm"和"ggplot2"包进行模型计算和可视化，获取相对风险程度，直观展示滞后效应的变化趋势，为确定累积滞后效应的关键时间点提供依据。

（2）广义相加模型（GAM）。

使用R语言中的"mgcv"包构建GAM模型，检测解释变量与效应变量之间是否存在非线性关系。控制相对湿度、平均气压、长期时间趋势和星期效应等混杂因素，通过年龄组分层比较效应差异。引入张量积平滑函数建立气温与PM2.5的交互项，构建二元响应面模型，获取平均气温和PM2.5对呼吸系统疾病死亡人数协同效应的三维空间图，以直观展示两者之间的复杂关系。

（3）支持向量机（SVM）模型。

SVM作为一种广义线性分类器，具有稀疏性和鲁棒性。在构建SVM模型时，通过优化函数（如最大化不同类别之间的距离）和引入核函数（将样本从低维映射到高维特征空间）来实现对数据的有效分类。运用网格搜索算法获取最优超参数（如惩罚系数和核系数),构建具有较好性能的 SVM 模型。使用均方根误差(RMSE)和平均绝对误差(MAE)等指标评估模型的拟合效果,通过比较不同模型的预测结果,选择性能最佳的模型。

(4) 极端梯度提升(XGBoost)模型。

XGBoost 属于提升算法家族 GBDT 的算法框架,通过构建多个弱学习器来训练数据,集成学习得到强学习器。在构建 XGBoost 模型时,其目标函数由损失函数和正则项组成,正则项可避免过拟合。通过网格搜索和手动参数调整,确定最佳模型参数(如树的数量、深度、学习率等)。使用 RMSE 和 MAE 评估模型拟合效果,XGBoost 在处理多元非线性回归问题上具有优势,其分类效果较好,预测准确性较高。

3. 能力训练点

(1) 引导学生理解环境因素与健康关系的复杂性。

多因素交互影响:通过案例展示气象因素(如气温、湿度、气压等)和空气污染因素(如 PM2.5、PM10、SO_2 等)如何共同影响呼吸系统疾病死亡,使学生认识到环境因素与健康之间并非简单的线性关系,而是多种因素相互交织、协同作用的结果。例如,在不同季节,气象因素和空气污染的组合情况不同,对呼吸系统疾病死亡的影响也存在差异,引导学生思考这种复杂交互作用背后的生理和病理机制,培养学生从多维度分析问题的能力。

(2) 培养学生运用多元统计分析方法的能力。

相关性分析的应用与解读:指导学生如何运用 Spearman 相关性分析方法来探索气象因素、空气污染与呼吸系统疾病死亡之间的关联,并正确解读相关性系数的含义。让学生学会根据相关性分析结果筛选出关键影响因素,同时明白相关性并不等同于因果关系,培养学生严谨的科学思维。例如,通过分析案例中的相关性数据,引导学生讨论哪些因素可能是直接影响呼吸系统疾病死亡的因素,哪些可能是间接因素或仅存在关联关系,启发学生进一步思考如何通过实验设计或其他研究方法来确定因果关系。

(3) 提升学生对预测预警模型意义的认识。

公共卫生决策支持:向学生阐述预测预警模型在公共卫生领域的重要性,如通过提前预测呼吸系统疾病死亡风险,能够为卫生部门制定针对性的干预措施提供依据,合理分配医疗资源,减少呼吸系统疾病对人群健康的危害。结合案例中的预警模型,讨论如何根据预警信息及时采取措施,如在高污染天气或寒冷季节加强对易感人群(如老年人、患有呼吸系统疾病者)的防护和医疗保障,提高学生对模型应用价值的认识,培养学生关注公共卫生问题的社会责任感。

五、理论依据与分析

1. 核心概念

（1）呼吸疾病死亡预测与预警模型。

这是一种综合运用多种技术和数据的模型。它以机器学习方法为核心，结合了如 XG-Boost、支持向量机（SVM）、广义相加模型（GAM）等先进算法，并借助分布式滞后非线性模型（DLNM）进行构建。该模型旨在整合大量的环境监测数据，包括气象因素（如日平均温度、最高温度、最低温度、平均相对湿度、气压等）和空气污染因素（如二氧化氮、可吸入颗粒物、细颗粒物、二氧化硫、一氧化碳和臭氧等）。通过深入分析这些数据之间的复杂关系，尤其是气象因素和空气污染对呼吸疾病死亡的影响，模型能够设定合理的预警阈值。然后将原始数据进行转换，使其符合模型的要求，最终建立起一个能够有效预测和预警呼吸疾病死亡情况的模型。这种模型对于提前发现呼吸疾病死亡风险的变化，采取及时有效的干预措施具有重要意义。

（2）气象因素。

气象因素是影响呼吸疾病死亡的重要因素之一。它涵盖了多个方面，包括日平均温度、最高温度、最低温度、平均相对湿度和气压等。这些因素之间相互关联，并且对呼吸疾病死亡的影响呈现出复杂的特性。研究发现，气象因素对呼吸疾病死亡的影响并非简单的线性关系，而是存在滞后效应和非线性关系。例如，温度与呼吸疾病死亡风险在不同季节表现出不同的相关性。在寒冷季节，低温可能会导致人体的生理机能发生变化，如支气管收缩或肺部免疫系统变化，从而使人体更容易受到病毒和细菌的感染，增加呼吸疾病死亡的风险；在炎热季节，高温同样可能对人体造成不良影响，导致呼吸疾病死亡风险上升。此外，不同的气象因素之间也可能存在相互作用，进一步影响呼吸疾病死亡的风险。

（3）分布式滞后非线性模型（DLNM）。

分布式滞后非线性模型是一种用于分析复杂关系的重要工具。它主要用于拟合呼吸疾病每日死亡人数与气象因素和空气污染之间的关系。在这个模型中，通过构建交叉基的方式，在暴露—反应关系中增加了滞后维度。这使模型能够更好地捕捉气象因素和空气污染与呼吸疾病死亡之间的非线性关系以及滞后效应。例如，它可以定量分析 PM2.5 和气温与呼吸疾病死亡风险的相关性，同时考虑到长期时间趋势、湿度、星期几效应和气压等控制变量的影响。通过这种方式，DLNM 模型能够更准确地描述气象因素和空气污染对呼吸疾病死亡的影响机制，为后续的模型构建和分析提供重要的基础。

2. 相关理论

（1）气象因素与空气污染对呼吸疾病死亡的影响理论。

气象因素和空气污染对人类健康的影响存在明显的滞后性和非线性关系。从滞后性方面来看，气象因素和空气污染对呼吸疾病死亡的影响并不是即时发生的，而是需要一定的时间积累。例如，当人体暴露在污染的空气环境中或受到不利的气象条件影响后，可能不会立即出现呼吸疾病死亡的情况，而是在一段时间后才会显现出风险的增加。从非线性关系方面来看，气象因素和空气污染与呼吸疾病死亡之间的关系并非简单的直线关系。不同季节的气象因素和空气污染水平存在差异，这种差异会导致对呼吸疾病死亡的影响也各不相同。在寒冷季节，由于气温较低，人体的生理机能可能会发生一些变化，如支气管收缩或肺部免疫系统变化，使人体更容易受到病毒和细菌的感染，从而增加呼吸疾病死亡的风险。而在温暖季节，虽然气象条件相对较好，但如果空气污染严重，同样可能对呼吸疾病死亡产生影响。此外，男性和女性对气象因素和空气污染的敏感性也可能存在差异，一般来说，男性可能比女性更敏感。不同年龄组中，老年人的死亡率相对较高，这可能是因为老年人的身体机能下降，对气象因素和空气污染的适应能力较弱。

（2）模型构建理论。

构建预测和预警模型需要综合运用多种理论和方法。首先，利用 DLNM 模型分析气象因素和空气污染的滞后效应和非线性关系是关键的第一步。通过 DLNM 模型，能够确定对呼吸疾病死亡影响显著的因素，如温度和 PM2.5。其次，基于 GAM 模型、XGBoost 模型和 SVM 模型构建预测模型。在构建过程中，通过比较均方根误差（RMSE）和平均绝对误差（MAE）以及拟合曲线来评估不同模型的预测拟合效果，选择最优模型。这是因为不同的模型在处理数据时具有不同的特点和优势，通过比较能够找到最适合实际数据的模型。最后，根据 DLNM 模型的结果设置预警阈值，将数据转换为二分类数据。通过使用 ROC 曲线的灵敏度、特异性和曲线下面积来描述预警模型结果，能够更好地评估预警模型的性能。这种模型构建理论能够确保构建出的模型具有较高的准确性和可靠性，从而更好地服务于呼吸疾病死亡的预测和预警。

六、教学组织方式

本案例的计划安排课堂讨论时间为 50—60 分钟，建议课堂时间安排及提问逻辑。

1. 课前安排

发放案例正文文本及思考题（课前一周）。

案例 8　基于机器学习的空气污染与气象因素混合暴露对呼吸道疾病死亡的预测与预警模型

2. 课中计划

（1）案例引入：与学生讨论机器学习在环境健康领域的应用，询问大家对广义可加模型（GAM）和分布滞后非线性模型（DLNM）的概念是否已经课前熟悉。简单总结两个模型的核心思想，并概述此次案例讨论的主旨（5分钟）。

（2）小组讨论：将案例启发式问题投屏，分组自由讨论，老师走动交流；每个组将自己讨论出的答案进行总结列出框架（15分钟）。

（3）班级讨论：按照各思考题，请各组进行总结发言；可以每个组随机要求回答不一样的问题，然后让其他组加入补充；老师在白板上记录各组发言的要点，并鼓励各组之间互动评价（20—30分钟）。

（4）总结提升：将所利用的理论框架结合案例进行总结（10分钟）。

3. 课后安排

个人反思报告，对案例讨论的收获和延展性的思考，以电子文档的方式发到课程微信群进一步分享交流，旨在深化学生的知识点记忆和进一步的思考（课后一周内）。

七、案例的后续进展

在现有案例研究的基础上，学生可以撰写一篇分析报告进行更深入的探讨，报告可以选择性的包含以下内容：

（1）扩展样本量和多源数据融合：未来可以扩大研究范围，涵盖更多城市和地区，甚至进行全国性或跨国性的研究，以验证现有模型在不同地理和社会经济背景下的适用性和鲁棒性。此外，除了现有的环境监测数据外，还可以引入其他类型的健康数据（如医院就诊记录、门诊数据等）以及社会经济数据（如收入水平、教育程度等），通过多源数据融合，更全面地评估空气污染和气象因素对不同人群健康的影响。

（2）深化模型结构与算法优化：未来可以探索更加复杂的模型结构。例如，卷积神经网络（CNN）或长短期记忆网络（LSTM），用于处理高维时空数据，捕捉更为精细的时间序列特征。

（3）精细化个体差异分析：未来可以通过收集更多的个人健康信息（如慢性病史、遗传因素等），构建个性化的风险评估模型，为每个个体提供定制化的预防建议。

八、其他教学支持材料

（1）数据资料。

原始数据全面呈现：提供案例中所使用的完整原始数据集，即2014—2018年某地区呼吸系统疾病逐日死亡人数详细记录（包含死者性别、年龄、死亡具体日期等信息）、全面的人口年龄结构分布数据（按不同年龄段统计的人口数量及占比）、精确到每日的气象因素观测数据（包括最高气温、最低气温、平均气温、相对湿度、气压、风速等详细指标）以及高分辨率的空气污染指标监测数据（如 PM2.5、PM10、SO_2、NO_2、CO、O_3 等污染物每小时或每日平均浓度值）。数据以结构化、易于访问和分析的格式提供，为学生进行深入的数据探索和分析提供坚实基础。

（2）文献资料。

学术论文精选汇编：广泛收集与环境因素（气象因素、空气污染）与健康（特别是呼吸系统疾病）关系研究、先进统计分析方法（相关性分析、回归分析、时间序列分析、机器学习算法在健康领域应用等方法）以及预测预警模型构建与评估相关的经典学术论文和前沿研究成果，精心整理成系统的电子文献库或印刷成册提供给学生。

（3）分析工具软件。

统计分析软件入门与精通：向学生全面介绍并提供常用且功能强大的统计分析软件，如专业统计软件 SPSS（以其操作简便、界面友好、功能齐全著称，适用于初学者快速上手进行基础统计分析）、开源且高度灵活的 R 语言（拥有丰富的统计分析和数据可视化包，能够满足从简单数据处理到复杂模型构建的多样化需求）以及广泛应用于数据科学领域的 Python（搭配强大的数据处理和分析库）。

案例 9

双向 FDI 协调发展、环境规制与绿色创新效率

——基于两阶段创新价值链的研究视角[①]

---

① 本案例改编自章志华和孙林撰写的《双向 FDI 协调发展、环境规制与绿色创新效率——基于两阶段创新价值链的研究视角》,由李淑格、杨晓燕、陆春静、陶诗琪、陈玮琳和周佳敏协助整理。

案例 9　双向 FDI 协调发展、环境规制与绿色创新效率

案例正文

选取 2003—2019 年我国 30 个省份的面板数据。采用超效率 SBM-DEA 方法测算了绿色科技创新效率与绿色成果转化效率，并构建动态空间面板模型对双向 FDI 协调发展与绿色创新效率的关系进行定量分析。结论显示双向 FDI 对两阶段绿色创新效率的影响处在倒"U"形曲线的左侧，表明双向 FDI 显著促进了两阶段绿色创新效率；双向 FDI 对绿色科技创新效率的影响存在双重门槛效应，当环境规制水平在较低水平时双向 FDI 对绿色科技创新效率的影响为负，当环境规制水平超过第一门槛值时双向 FDI 显著促进了绿色科技创新效率，当环境规制水平继续提高到第二门槛值之上时双向 FDI 对绿色科技创新的促进作用逐渐弱化；双向 FDI 对绿色成果转化效率的影响存在环境规制水平的单一门槛效应，表现为先抑后扬的 V 型关系；东部与中部地区双向 FDI 对绿色科技创新效率的影响存在环境规制的双重门槛效应，而仅仅东部地区双向 FDI 对绿色成果转化效率的影响存在环境规制的单一门槛效应。

一、引言

改革开放四十多年，中国经济取得了巨大成就，但仍依赖要素投入和投资驱动的粗放型发展模式，导致资源消耗和环境污染。2020 年，中国 GDP 突破 100 万亿元，占全球 GDP 超过 17%，能源消费占 26%，CO_2 排放量占 30.7%。这种模式不利于"双碳"目标实现及经济可持续发展。党的二十大报告强调要加快绿色转型，实施全面节约战略，发展绿色低碳产业，倡导绿色消费，推动生产、生活方式向绿色低碳转变。推动经济发展方式从要素驱动转向创新驱动，以技术创新引领绿色低碳发展变得尤为重要。2019 年国家发布指导意见提出，加大绿色技术创新双向开放，吸收国外先进技术，提升国内创新水平。2020 年，中国实际利用外资（FDI）为 1490 亿美元，位居全球第二；对外直接投资（ODI）额为 1330 亿美元，中国成为全球最大的对外投资国之一。这引发了关于双向 FDI 增长是否能提升中国绿色技术创新水平的讨论。绿色技术创新需市场机制与政府环境规制政策共同作用。当前中国正构建"四维一体"的环境规制政策体系，避免单一规制工具导致的"一刀切"问题。在中国持续对外开放背景下，动态调整环境规制强度，最大化释放双向 FDI 的技术溢出效应，对促进绿色发展具有重要意义。

二、文献综述

国内外学者对 FDI 对技术创新影响的研究形成了三种观点:"促进论""抑制论""不确定性论"。支持"促进论"的学者如 Perkins (2012)[①]、钱丽等 (2018)[②] 认为,FDI 有助于提升东道国碳排放技术效率,推动绿色技术创新,从而促进经济增长。相反,"抑制论"者如 Naqeed (2016)[③] 则指出,FDI 可能抑制东道国的技术创新能力。"不确定性论"认为 FDI 的技术溢出效应并不确定,田红彬等 (2020)[④] 指出,在不同环境规制条件下,FDI 对绿色技术创新的影响可能是非线性的。

关于 OFDI 对绿色创新效率的影响,也有类似的观点分歧。"促进论"者如 Lema 和 Lema (2013)[⑤]、Li 等 (2016)[⑥] 及龚新蜀等 (2017)[⑦] 认为,跨国并购和研发可以提高母国绿色技术创新效率。"抑制论"者如梁圣蓉等 (2019)[⑧] 则发现,OFDI 可能导致逆向技术溢出,抑制绿色创新。"非线性论"者如聂名华和齐昊 (2019)[⑨] 指出,OFDI 对绿色技术创新的影响可能存在倒"U"形或门槛效应的关系。

关于双向 FDI 对技术创新影响的研究较少,但已有成果表明其复杂性。王亚飞等 (2021)[⑩]、李金永等 (2021)[⑪] 的研究显示,FDI 和 OFDI 对不同阶段的创新效率影响各异,且环境规制强度对其交互效应有重要影响。杨世迪和韩先锋 (2021)[⑫] 进一步发现,

---

[①] Perkins R. Do Recipient Country Characteristics Affect International Spillovers of CO_2 – efficiency via Trade and Foreign Direct Investmen [J]. Climatic Change, 2012, 112 (2): 469 – 491.

[②] 钱丽,王文平,肖仁桥. 共享投入关联视角下中国区域工业企业绿色创新效率差异研究 [J]. 中国人口·资源与环境,2018 (5): 27 – 39.

[③] Naqeed U R. FDI and Economic Growth: Empirical Evidence from Pakistan [J]. Journal of Economic and Administrative Sciences, 2016 (32): 63 – 76.

[④] 田红彬,郝雯雯. FDI、环境规制与绿色创新效率 [J]. 中国软科学,2020 (8): 174 – 183.

[⑤] Lema A, Lema R. Technology Transfer in the Clean Development Mechanism: Insights from Wind Power [J]. Global Environmental Change – Human and Policy Dimensions, 2013, 3 (1): 301 – 303.

[⑥] Li J, Roger S, Lutao N, et al. Outward Foreign Direct Investment and Domestic Innovation Performance: Evidence from China [J]. International Business Review, 2016 (25): 1010 – 1019.

[⑦] 龚新蜀,李梦洁,张洪振. OFDI 是否提升了中国的工业绿色创新效率:基于集聚经济效应的实证研究 [J]. 国际贸易问题,2017 (11): 127 – 137.

[⑧] 梁圣蓉,罗良文. 国际研发资本技术溢出对绿色技术创新效率的动态效应 [J]. 科研管理,2019 (3): 21 – 29.

[⑨] 聂名华,齐昊. 对外直接投资能否提升中国工业绿色创新效率:基于创新价值链与空间关联的视角 [J]. 世界经济研究,2019 (2): 111 – 122.

[⑩] 王亚飞,权天舒,王亚菲. 中国双向 FDI 对创新效率的影响及异质性考察 [J]. 统计与信息论坛,2021 (5): 23 – 34.

[⑪] 李金永,薛军,冯帆等. 双向 FDI 与中国区域创新 [J]. 经济与管理研究,2021 (9): 14 – 27.

[⑫] 杨世迪,韩先锋. 双向 FDI 与国内绿色创新的异质动态关联研究:基于环境规制的调节分析 [J]. 软科学,2021 (4): 8 – 13.

环境规制水平变化会影响 FDI 与 OFDI 对绿色创新效率的影响。张纪凤等（2023）[①] 发现双向 FDI 协调通过推动资金等要素在国内国外两个市场的双重流动，获取正向、逆向技术溢出效应和生产的规模效应，进而提升绿色技术创新效率。沈映春等（2023）[②] 提出，双向 FDI 溢出均促进了我国区域创新水平的提升。

综上所述，现有文献有关双向 FDI 对绿色创新效率影响的研究可以从三个方面进一步改善：一是扩展研究视角。黄凌云等（2018）[③] 认为双向 FDI 的相互促进关系会导致双向 FDI 交互效应的研究结果产生偏差，为此本文考虑双向 FDI 协调发展对绿色创新效率的影响，并考察环境规制的调节作用；二是改进研究方法。从空间溢出角度探讨环境规制下的双向 FDI 对绿色创新效率的影响；三是构建指标体系，综合运用不同类型的环境规制工具，并基于熊彼特的二阶段创新价值链理论，评估绿色科技创新效率与成果转化效率。本文借助超效率 SBM – DEA 模型测算了 2003—2019 年各省绿色科技创新效率与绿色成果转化效率。

三、理论机制分析

（一）双向 FDI 对绿色创新效率的影响

1. 双向 FDI 对绿色科技创新效率的影响

外国直接投资（FDI）进入会提升国内市场竞争程度，促使我国企业加大研发投入进行技术革新。通过"干中学"与模仿国外先进绿色技术，这些措施提高了国内绿色科技创新效率。随着国内市场竞争加剧和技术水平提高，国内企业加快了"走出去"的步伐。在对外直接投资（OFDI）过程中，通过技术合作、并购等方式获取东道国的先进绿色生产技术，并通过逆向技术转移将这些技术带回母国，从而提升国内绿色科技创新效率。

2. 双向 FDI 对绿色成果转化效率的影响

一方面，FDI 企业在生产过程中为国内劳动者提供技术培训，并为相关产业链企业提供技术支持。随着市场竞争加剧，国内企业被倒逼提高技术创新水平，为发展绿色低碳产业和高新技术产业提供更广阔的空间，有利于提高绿色成果转化率。另一方面，国内企业

[①] 张纪凤，王宏瑞，孙军. 双向 FDI 协调对绿色技术创新效率的影响——基于长三角市场一体化的中介效应 [J]. 科技管理研究，2023，43（9）：197 – 205.

[②] 沈映春，方玉竹，周睿. 双向 FDI 溢出对中国区域技术创新的影响——兼论吸收能力的调节效应和门槛效应 [J]. 科技与经济，2023，36（3）：16 – 20.

[③] 黄凌云，刘冬冬，谢会强. 对外投资和引进外资的双向协调发展研究 [J]. 中国工业经济，2018（3）：80 – 97.

通过 OFDI 突破资源约束，提高资源要素使用效率，推动生产技术水平提高，为绿色技术成果的研发和产业化创造更好条件。此外，通过 OFDI 进行产能合作释放冗余生产要素，从而挪出更多资源用于发展高科技产业与绿色环保产业，有利于提高绿色成果转化率。

假设 1：双向 FDI 对绿色科技创新效率与绿色成果转化效率均有促进作用。

（二）双向 FDI、环境规制与绿色科技创新效率

在"唯 GDP 增长论"的影响下，地方政府为推动经济增长会降低环境规制水平，吸引 FDI 企业输送高污染、高能耗产业，形成"污染天堂"。这不仅影响国内企业经营，还会弱化其绿色技术创新能力。同时，技术创新能力和市场竞争力的弱化不利于国内企业"走出去"，导致 OFDI 获取的技术成果环境承载力低。因此，当环境规制水平较低时，双向 FDI 会加剧污染型产业在国内聚集，阻碍绿色科技创新效率。

随着环境规制水平提高，FDI 企业生产成本上升，加大技术创新资金投入，通过技术创新提高产品质量，降低污染排放量，提升国内绿色科技创新效率，产生"污染光环"效应。同时，环境规制水平提高促使国内企业通过 OFDI 转移污染型产业，集中更多资本、技术发展环保型产业和技术密集型产业，与 FDI 企业形成产业集聚。

然而，环境规制水平过高会增加 FDI 企业环境成本，进而可能降低其"创新收益"，削弱技术创新积极性。同样，过高的环境规制水平也会削弱国内企业通过 OFDI 获取国外先进技术的积极性。因此，制定合理环境规制政策有利于获取双向 FDI 的绿色技术溢出效应。

假设 2：当环境规制水平较低时，双向 FDI 对绿色科技创新效率有抑制作用；中等水平时，有促进作用；高水平时，会弱化促进作用。

（三）双向 FDI、环境规制与绿色成果转化效率

当环境规制水平较低时，企业通常会选择缴纳排污费而非投资绿色技术研发。在总资金不变的情况下，提高排污费会挤占研发资金投入（Petroni G，2018）[①]，增加研发要素供给的不确定性，减少绿色专利等创新产出，最终降低绿色成果的转化效率。当环境规制水平超过一定门槛值后，环境成本超过技术创新投入成本，绿色技术创新收益大于成本（肖仁桥等，2022）[②]。这激励双向 FDI 企业加大技术创新投入，应用更多国外先进绿色生产技

---

① Petroni G, Bigliardi Galati F. Rethinking the Porter Hypothesis: the Underappreciated Importance of Value Appropriation and Pollution Intensity [J]. Review of Policy Research, 2018, 44 (5): 1065 – 1079.

② 肖仁桥, 陈小婷, 钱丽. 异质环境规制、政府支持与企业绿色创新效率：基于两阶段价值链视角 [J]. 财贸研究, 2022 (9): 79 – 93.

术,推动国外绿色先进技术产业化与市场化进程,带动国内关联产业绿色发展,提高绿色成果转化效率。

假设3:当环境规制水平低于门槛值时,双向FDI对绿色成果转化效率有抑制作用;超过门槛值时,有促进作用。

(四) 环境规制的空间溢出效应

我国财政分权体制下,各地区环境规制水平不一致,部分转型困难企业将污染型产业向环境规制水平低的地区转移。一方面,地方政府为获取污染企业产出红利,降低本地区治污成本,将污染型产业向环境规制水平低的地区转移;另一方面,地方政府为经济增长降低环境规制标准,导致本地区环境质量恶化。这种污染型产业的跨地区转移使环境规制水平高的地区无法获取全部收益,产生环境规制的空间溢出效应。

四、实证分析

(一) 数据来源与变量选择

本案例选取2003—2019年中国30个省份(除西藏)的面板数据(数据来源于《中国统计年鉴》、各省统计年鉴、《中国对外直接投资统计公报》以及《中国科技统计年鉴》),采用Gómez–Calvet等(2014)[①]提出的超效率SBM模型对中国30个省份的绿色科技创新效率和绿色成果转化效率进行测算。具体变量设定如表9–1所示。

表9–1   主要变量的描述性统计

变量类型	变量名称	变量符号	均值	标准差	最小值	最大值
因变量	绿色科技创新效率	GIE1	0.771	0.139	0.320	1.060
	绿色成果转化效率	GIE2	0.579	0.124	0.218	1.145
自变量	研发强度	RD	0.014	0.011	0.002	0.074
	双向FDI耦合协调度	OIFDI	0.234	0.138	0.030	1.036
	经济发展水平	lnY	10.330	0.734	8.216	12.009
	产业结构升级	IND	2.326	0.141	2.022	3.445
	人力资本	HR	8.737	1.029	6.040	12.681

---

① Gómez–Calvet R, Conesa D, Gómez–Calvet A R. Extending the Use of Super–efficiency Under Undesirable Output: An Application to Energy Efficiency in the European Union [R]. Working Paper, 2014.

(1) 绿色科技创新效率（$GIE1$）：根据韩先锋等（2022）[①] 的做法，在测算绿色创新效率时采用绿色专利数据表示产出指标，投入指标包括研发人员全时当量和R&D资本存量。

(2) 绿色成果转化效率（$GIE2$）：根据杨世迪和刘亚军（2021）[②] 的做法，采用绿色专利数据、新产品开发经费、能源消耗量作为投入指标，采用新产品销售收入表示期望产出，采用 CO_2 的排放量表示非期望产出。

(3) 环境规制水平（ERP）：参考李小平等（2020）[③] 的做法，采用环境处罚案件数表示命令控制型规制，采用排污收费额表示市场激励型规制，采用地方两会环境提案数表示公众参与型规制，并通过熵值法计算得到环境规制的熵指数 $ERP_i = \sum_{j=1}^{n} \omega_j x_{ij}$。

(4) 双向FDI耦合协调度（$OIFDI$）：采用耦合协调模型测算双向FDI协调发展程度，测算公式如下：

$$OIFDI_{it} = \left[C_{it}(OI) \times \frac{FDI_{it} + OFDI_{it}}{2} \right]^{\frac{1}{2}} = \left[\frac{FDI_{it} \times OFDI_{it}}{(FDI_{it} + OFDI_{it})/2} \right]^{\frac{1}{2}} \quad (9-1)$$

$$C_{it}(OI) = (FDI_{it} \times OFDI_{it})/(\alpha FDI_{it} \times \beta OFDI_{it})^{\gamma} \quad (9-2)$$

其中，$C_{it}(OI)$ 为耦合度，其值越大，则耦合协调度就越高；FDI、$OFDI$ 表示单位 GDP 的外商投资额与对外投资存量；α 和 β 分别表示 FDI 和 $OFDI$ 的权重，均设置为0.5；γ 为调节系数，参照黄凌云等（2018）的做法，本案例取值 $\gamma = 2$。

(5) 研发强度（RD）：采用R&D经费支出与GDP之比表示研发强度。

(6) 经济发展水平（Y）：由于靳巧花和严太华（2019）[④] 认为一个国家的技术创新能力与经济发展水平紧密相关，为此本案例采用人均GDP来衡量经济发展水平。

(7) 产业结构升级（IND）：根据王亚飞等（2021）的研究，利用 $IND = \sum_{i=1}^{3} p_i \times i = y_1 \times 1 + y_2 \times 2 + y_3 \times 3$ 计算产业结构升级指数，IND取值范围介于1—3，其中，p_i 表示三大产业的产值与GDP的比值。

(8) 人力资本（HR）：根据Barro和Lee（1993）[⑤] 的做法，采用平均教育年限表示人

[①] 韩先锋，宋文飞，李勃昕等. 数字金融赋能绿色创新的异质非线性调节效应［J］. 中国人口·资源与环境，2022（10）：65-76.

[②] 杨世迪，刘亚军. 中国对外直接投资能否提升区域绿色创新效率：基于知识产权保护视角［J］. 国际经贸探索，2021（2）：83-98.

[③] 李小平，余东升，余娟娟. 异质性环境规制对碳生产率的空间溢出效应：基于空间杜宾模型［J］. 中国软科学，2020（4）：82-96.

[④] 靳巧花，严太华. OFDI影响区域创新能力的动态门槛效应［J］. 科研管理，2019（11）：57-66.

[⑤] Barro R, Lee J W. International comparison of Educational Attainment［J］. Journal of Monetary Economics, 1993 (3): 363-394.

力资本水平。

(二) 空间权重矩阵的构建

(1) 空间距离矩阵。由于事物之间的空间相关性与距离负相关,因此设地区 i 与地区 j 的空间距离矩阵为 $W_1 = \dfrac{1}{d(i,j)}$,其中,$d(i,j)$ 为地区 i 与地区 j 的距离。

(2) 经济地理矩阵。构造经济地理矩阵 $W_2 = W_1 \cdot diag\left(\dfrac{\overline{Y_1}}{\overline{Y}},\dfrac{\overline{Y_2}}{\overline{Y}},\cdots,\dfrac{\overline{Y_n}}{\overline{Y}}\right)$,其中,$\overline{Y_i}$、$\overline{Y}$ 分别为第 i 个地区人均 GDP 均值、全国人均 GDP 均值。

(3) 研发人员矩阵。白俊红和蒋伏心(2015)[①] 认为研发要素的跨地区流动能够产生技术创新能力提升的空间外溢效应,因此采用引力模型构建研发人员空间权重矩阵,$W_3 = KL_iL_j/D_{ij}$,其中,$K=1$,L_i、L_j 分别表示第 i、j 个地区的研发人员数,D_{ij} 为两个地区的中心位置距离。

(三) 动态空间面板模型的估计

白俊红和蒋伏心(2015)研究发现技术创新的空间溢出效应明显,据此本案例采用 Elhorst (2012)[②] 提出的动态空间面板模型进行分析,不仅考虑了被解释变量的空间溢出效应,还能缓解被解释变量与解释变量之间双向因果关系导致的内生性问题,模型形式如下:

$$GIE_{it} = \tau GIE_{it-1} + \rho W \times GIE_{it} + \beta X_{it} + \mu_i + v_t + \varepsilon_{it} \quad (9-3)$$

若时间滞后项系数 $\tau > 0$,则表明滞后一期的绿色创新效率有助于现阶段的绿色创新效率提升。空间自相关系数 $\rho > 0$,表明绿色创新效率具有明显的空间正相关。X_{it} 为解释变量,包括 RD、OIFDI、$OIFDI^2$、IND、lnY、HR 共六个变量。

通过 Hausman 检验结果可知,固定效应优于随机效应。考虑到被解释变量与解释变量可能存在的双向因果关系以及变量遗漏导致的内生性问题,本案例选用 Han 和 Phillips (2010)[③] 提出的 Han – Phillips GMM 方法克服工具变量法和差分 GMM 存在的弱工具变量问题,从而有效减弱内生性问题的影响。为此,本案例借助 STATA15.0 的空间计量软件包,采用 Han – Phillips GMM 方法对动态空间面板模型的空间固定效应进行实证研究。

---

① 白俊红,蒋伏心. 协同创新、空间关联与区域创新绩效 [J]. 经济研究,2015 (7):174 – 187.
② Elhorst J P. Dynamic Spatial Panel:Models, Methods, and Inference [J]. Journal of Geographical System,2012,14 (1):5 – 28.
③ Han C, Phillips P C B. GMM Estimation for Dynamic Panels with Fixed Effects and Strong Instruments at Unity [J]. Econometric Theory,2010,26 (1):119 – 151.

表 9-2　　　　　　　　　　　动态空间面板模型的估计

变量	绿色科技创新阶段			绿色成果转化阶段		
	W1	W2	W3	W1	W2	W3
$GIE-1$	0.673***	0.684***	0.681***	0.548***	0.548***	0.542***
	(11.17)	(11.51)	(11.81)	(10.64)	(10.64)	(10.40)
$OIFDI$	0.627***	0.630***	0.639***	0.735***	0.734***	0.742***
	(5.95)	(5.98)	(6.15)	(7.62)	(7.67)	(7.75)
$OIFDI^2$	-0.435***	-0.439***	-0.454***	-0.552***	-0.555***	-0.552***
	(-3.89)	(-3.92)	(-4.04)	(-5.39)	(-5.43)	(-5.44)
其他	控制	控制	控制	控制	控制	控制
R^2	0.412	0.416	0.418	0.356	0.358	0.360
似然比值	332.033	328.079	325.958	416.385	415.682	419.134

注：***、**、*分别表示在1%、5%、10%的统计水平上显著，括号中数值表示统计量 t 值。

由表 9-2 可知：(1) 绿色科技创新阶段 OIFDI 的回归系数显著为正，而 $OIFDI^2$ 的系数显著为负，表明双向 FDI 对绿色科技创新效率的影响呈现倒"U"形关系。三个模型的二次曲线拐点分别为 0.721、0.718 和 0.704，均高于 OIFDI 的平均值 0.234，说明现阶段双向 FDI 对绿色科技创新效率有明显的促进作用。(2) 绿色成果转化阶段 OIFDI 的回归系数显著为正，而 $OIFDI^2$ 的回归系数显著为负，表明双向 FDI 对绿色成果转化效率的影响也呈现倒"U"形关系，拐点分别为 0.666、0.661 和 0.672，均大于 OIFDI 的平均值 0.234，说明现阶段双向 FDI 对绿色成果转化效率有明显的促进作用。这种促进作用可能来源于我国对外开放政策的转变，使 FDI 和 OIFDI 质量提高，此时双向 FDI 协调发展程度也不断提高，这有利于获取双向 FDI 技术溢出效应。国内企业通过模仿与学习国外先进技术提升自身水平，并逐步应用到国内市场，通过加强绿色设施投资，推动这些国外绿色先进技术的产业化与市场化进程，并带动国内关联产业的绿色发展，从而能够提高绿色成果转化效率。

（四）门槛值的检验

由于双向 FDI 对两个阶段绿色创新效率的影响可能并不是线性的，且环境规制又是影响双向 FDI 技术溢出效应的重要因素，因此，根据 Hansen（1999）[①] 的门槛回归模型，本案例借助 STATA15.0 软件对环境规制水平的门槛效应进行估计与检验，检验结果如表 9-3 所示。结果表明，在绿色科技创新阶段通过了环境规制水平的双重门槛效应检验，而在绿色成果转化阶段通过了环境规制水平的单一门槛效应检验。

---

① Hansen B E. Threshold Effects in Non-dynamic Panels: Estimation, Testing and Inference [J]. Journal of Econometrics, 1999, 93: 345-368.

表9-3　　　　　　　　　　　　　　　门槛值检验

门槛变量	门槛值	F值	p值	临界值		
				10%水平	5%水平	1%水平
绿色科技	单一门槛值	156.13	0.0000***	33.9067	40.1262	54.5414
创新阶段	双重门槛值	27.35	0.0000***	8.9613	11.7721	15.6423
绿色成果	单一门槛值	107.93	0.0000***	35.6321	40.5081	45.7559
转化阶段	双重门槛值	16.34	0.3233	21.8678	24.1311	26.9267

注：***、**、*分别表示在1%、5%、10%的统计水平上显著。

由表9-4和表9-5可知，绿色科技创新效率与绿色成果转化效率的一阶滞后项GIE-1的回归系数均为正，且在1%的统计水平上显著，表明我国两阶段绿色创新效率在时间上具有"叠加效应"，考虑到两阶段绿色创新效率的提升过程不是一蹴而就的，因此要加强创新人才培养与创新要素积累，持续推动两阶段绿色创新效率的提升。

表9-4　　　　　　　　　　　　　　　门槛值估计

门槛变量	门槛值	估计值	95%置信区间
绿色科技创新阶段	第一门槛值	0.7456	[0.7370, 0.7472]
	第二门槛值	0.8645	[0.8577, 0.8667]
绿色成果转化阶段	第一门槛值	0.8092	[0.8057, 0.8096]

表9-5　　　　　　　　　　　　　动态空间门槛模型的估计

变量	绿色科技创新阶段			绿色成果转化阶段		
	W1	W2	W3	W1	W2	W3
$GIE-1$	0.439***	0.449***	0.448***	0.416***	0.418***	0.408***
	(4.71)	(4.85)	(4.99)	(5.78)	(5.80)	(5.59)
$OIFDI$	-0.648***	-0.656***	-0.655***	-0.275***	-0.276***	-0.276***
	(-6.92)	(-7.03)	(-6.97)	(-3.96)	(-3.98)	(-4.02)
$OIFDI-1$	0.654***	0.659***	0.656***	0.504***	0.505***	0.512***
	(7.73)	(7.82)	(7.73)	(8.71)	(8.76)	(8.96)
$OIFDI-2$	0.216***	0.217***	0.225***			
	(3.85)	(3.89)	(4.01)			
其他	控制	控制	控制	控制	控制	控制
R^2	0.430	0.430	0.425	0.336	0.338	0.348
似然比值	429.665	426.030	422.455	406.915	461.127	465.849

注：$OIFDI-1$、$OIFDI-2$分别表示第一门槛值、第二门槛值。***、**、*分别表示在1%、5%、10%的统计水平上显著，括号中数值表示统计量t值。

双向 FDI 对绿色科技创新效率的影响存在环境规制水平的双重门槛效应。当环境规制水平低于第一门槛值时，双向 FDI 对绿色科技创新效率有抑制作用；当环境规制水平超过第一门槛值时，双向 FDI 对绿色科技创新效率有促进作用；而当规制水平提升至第二门槛值之上时，双向 FDII 对绿色科技创新效率的促进作用逐渐减弱。原因可能在于以下三个方面：

其一，较低的环境规制水平会扩大国外环境污染型产业在国内的生产规模，从而对国内企业的生产经营与绿色技术创新产生不好的影响，削弱了国内企业"走出去"进行 OFDI 的动力，且 OFDI 获得的国外技术成果被低端锁定，最终导致双向 FDI 对绿色科技创新效率有一定程度的阻碍作用。

其二，随着国内环境规制水平的提高，企业在东道国生产过程中加大技术创新力度提高产品质量，但这也会加剧国内市场竞争程度，从而迫使国内企业"走出去"开展国际经营，增强了其在 OFDI 中获得国外绿色先进技术的动力，并与 FDI 企业的技术密集型产业形成产业集聚，推动绿色创新效率提升。

其三，若环境规制水平超过一定的阈值后，反而会加重企业的环境成本，使企业获得的"创新收益"不足以弥补其"遵循成本"，从而会降低企业进行绿色技术创新的积极性，使双向 FDI 获取的绿色先进技术减少，进而弱化绿色科技创新效率的提升。

双向 FDI 对绿色成果转化效率的影响存在环境规制的单一门槛效应。当环境规制水平处于第一门槛值时，双向 FDI 对成果转化效率有抑制作用；超过门槛值后，FDI 对成果转化的促进作用显著。这主要由于较低的环境规制导致企业倾向于缴纳排污费而非增加研发投入，而较高的规制水平则使创新收益超过成本，激励企业引入更多先进技术提高绿色成果转化效率。不过，在这一阶段双向 FDI 对绿色成果转化效率的促进效果小于绿色科技创新阶段，这可能与我国科技创新成果的转化率与转化速度不高有关。

（五）地区异质性分析

考虑到我国经济发展水平、资源禀赋以及对外开放程度存在明显的地区差异性，为此本案例把全样本分成东部、中部与西部三个子样本，以进一步分析双向 FDI 协调发展、环境规制对绿色创新效率影响的地区差异性。

由表 9-6 的回归结果可知，随着环境规制水平的逐渐提高，双向 FDI 协调发展对两阶段绿色创新效率的影响表现出明显的地区差异性。具体表现在：

（1）绿色科技创新阶段。对东部与中部地区以及西部地区来说，双向 FDI 对绿色科技创新效率的影响存在环境规制的双重门槛效应。可能的原因是，东部与中部地区在经济快速发展过程中受到资源与环境的约束更为明显，当环境规制水平超过促进双向 FDI 绿色科技创新效率提升的最优区间时,反而会弱化双向 FDI 对绿色科技创新效率的促进作用。而西部地区经济发展水平不高,传统产业比重过高,新兴产业仍处于起步阶段,环境规制水平仍处在推动双向 FDI 的绿色科技创新效率提升的最优区间。

(2) 绿色成果转化阶段。对东部地区来说,双向 FDI 对绿色成果转化效率的影响存在环境规制的单一门槛效应;对中西部地区来说,双向 FDI 对绿色成果转化效率的影响一直不明显。可能的原因是,东部地区在经济高速发展过程中受到资源环境的约束更大,倒逼双向 FDI 企业加大绿色技术创新投入,将更多的国外先进绿色生产技术应用在国内市场,通过加大绿色设施投资力度,推动绿色技术的市场化进程,带动国内关联产业的绿色发展,从整体上提高绿色成果转化效率。而中西部地区在经济发展过程中受到的资源环境约束相比东部地区要小,企业污染物的治理成本远低于创新成本,其通常会选择缴纳排污费而减少创新活动,且创新的补偿效应又存在时间滞后性,从而导致创新产出减少,不利于绿色成果转化效率的提升。

表 9 – 6　　　　　　　　　　　地区异质性

变量	绿色科技创新阶段			绿色成果转化阶段		
	东部	中部	西部	东部	中部	西部
$GIE-1$	0.463***	0.030	0.062	0.281***	-0.063	0.622**
	(10.88)	(0.25)	(0.39)	(2.23)	(-0.84)	(2.30)
$OIFDI$	-0.413***	-0.278*	0.048	-0.159	-0.050	-0.081
	(-5.25)	(-1.81)	(0.66)	(-1.10)	(-0.59)	(-0.80)
$OIFDI-1$	0.477***	0.325**	-0.098	0.337**	0.031	0.197
	(3.69)	(2.38)	(-0.62)	(2.03)	(0.46)	(1.49)
$OIFDI-2$	0.307***	0.289***	0.393***			
	(3.13)	(2.98)	(3.18)			
其他	控制	控制	控制	控制	控制	控制
R^2	0.622	0.298	0.301	0.286	0.041	0.061
似然比值	118.522	160.056	189.107	7.838	216.936	113.113

注:***、**、*分别表示在 1%、5%、10%的统计水平上显著,括号中数值表示统计量 t 值。

(六) 环境规制的异质性分析

根据李小平等 (2020) 的做法,进一步探讨命令控制型、市场激励型以及公众参与型等不同类型的环境规制工具对绿色科技创新影响的差异性。

由表 9 – 7 的门槛效应检验结果可知,公众参与型环境规制存在单一门槛效应,市场激励型环境规制存在双重门槛效应,而命令控制型环境规制的门槛效应不明显。

表 9-7　　　　　　　　　　异质型环境规制的门槛值检验

门槛变量	门槛值	F 值	p 值	临界值		
				10% 水平	5% 水平	1% 水平
命令控制型	单一门槛值	7.35	0.4433	14.2770	16.2742	24.8570
	双重门槛值	3.07	0.6800	7.3625	19.7687	13.3022
市场激励型	单一门槛值	212.58	0.0000***	23.3596	28.6132	35.0480
	双重门槛值	16.19	0.0167**	10.3216	12.2463	17.2608
公众参与型	单一门槛值	19.20	0.0267**	15.2682	17.1481	21.4156
	双重门槛值	7.41	0.6767	15.1156	17.8770	28.9442

注：***、**、* 分别表示在 1%、5%、10% 的统计水平上显著，括号中数值表示统计量 t 值。

表 9-8 的回归结果显示：

表 9-8　　　　　　　异质型环境规制下动态空间门槛模型的估计

变量	公众参与型环境规制			市场激励型环境规制		
	W1	W2	W3	W1	W2	W3
$GIE-1$	0.630***	0.641***	0.639***	0.446***	0.453***	0.450***
	(8.18)	(8.37)	(8.72)	(4.09)	(5.13)	(5.24)
$OIFDI$	0.033	0.029	0.033	-0.722***	-0.730***	-0.736***
	(0.51)	(0.45)	(0.51)	(-8.06)	(-8.16)	(-8.21)
$OIFDI-1$	0.199***	0.203***	0.201***	0.745***	0.751***	0.756***
	(3.96)	(4.02)	(3.97)	(9.06)	(9.14)	(9.18)
$OIFDI-2$	—	—	—	0.191***	0.192***	0.198***
				(3.05)	(3.17)	(3.47)
其他	控制	控制	控制	控制	控制	控制
R^2	0.367	0.368	0.367	0.460	0.460	0.458
似然比值	344.836	340.797	338.388	436.205	433.628	431.548

注：***、**、* 分别表示在 1%、5%、10% 的统计水平上显著，括号中数值表示统计量 t 值。

（1）双向 FDI 对绿色科技创新效率的影响存在公众参与型环境规制的单一门槛效应。即当公众参与型环境规制强度较低时，双向 FDI 对绿色科技创新效率的影响不明显；当公众参与型环境规制强度超过门槛值后，双向 FDI 显著提升了绿色科技创新效率。这可能是由于，当人们的环境保护意识不强时，难以对双向 FDI 企业的排污行为形成有效约束，不利于绿色创新效率提升。随着人们的环保公众参与度不断提高，能够通过网络、信访等渠道对企业的排污行为形成有效约束。

（2）随着市场激励型环境规制强度的不断提高，双向 FDI 对绿色科技创新效率的影响呈现先上升后下降的变化趋势。由于市场激励型的环境规制政策主要是通过排污收费制度将环境成本内化到企业生产过程中，因此当排污收费标准较低时，企业在生产过程中的环境成本较低，从而会选择缴纳排污费而不是加大研发投入，不利于绿色科技创新效率的提升。当排污收费标准达到一定的水平后，会增加企业在生产过程中的环境成本，从长远利益来看企业会选择技术创新而不是治污减排，因此有利于提升绿色科技创新效率。当排污收费标准继续提高，企业在创新过程中的收益可能不足以弥补其投入成本，从而会抑制绿色技术创新的积极性，反之会弱化对绿色科技创新效率的促进作用。

（七）稳健性检验

1. 以高质量 FDI 与高水平 OIFDI 协调发展衡量双向 FDI 耦合协调度

本案例进一步分析高质量 FDI 与高水平 OIFDI 协调发展对两阶段绿色创新效率的影响。受规模经济的影响，采用各地区的实际利用 FDI 存量与合同项目数之比来衡量 FDI 质量（随洪光等，2017）[①]。由于陈强等（2016）[②] 认为 OFDI 的行业数据中"制造业""科学研究和技术服务业""信息传输、软件和信息技术服务业"最具技术特色，为此本案例采用三大行业的 OFDI 表示技术寻求型 OFDI。

由表 9-9 的稳健性检验结果可知，双向 FDI 对两阶段绿色创新效率的影响呈现倒"U"形关系。现阶段高质量 FDI 与高水平 OFDI 协调发展对两阶段绿色创新效率均有明显的促进作用。

表 9-9　以高质量 FDI 与高水平 OFDI 协调发展衡量双向 FDI 耦合协调度

变量	绿色科技创新阶段			绿色成果转化阶段		
	W1	W2	W3	W1	W2	W3
$GIE-1$	0.701***	0.713***	0.716***	0.516***	0.515***	0.516***
	(9.49)	(9.78)	(10.44)	(7.94)	(7.85)	(7.85)
$OIFDI$	2.804***	2.072***	2.085***	2.069***	2.059***	2.114***
	(7.51)	(7.46)	(7.43)	(8.65)	(8.62)	(8.92)
$OIFDI2$	-5.537***	-5.501***	-5.498***	-3.729***	-3.676***	-3.856***
	(-5.78)	(-5.73)	(-5.68)	(-4.56)	(-4.51)	(-4.76)
其他	控制	控制	控制	控制	控制	控制
R^2	0.388	0.390	0.394	0.367	0.367	0.377
似然比值	327.848	323.011	318.648	434.841	434.458	436.359

注：***、**、* 分别表示在 1%、5%、10% 的统计水平上显著，括号中数值表示统计量 t 值。

[①] 随洪光，余李，段鹏飞. 外商直接投资、汇率甄别与经济增长质量：基于中国省级样本的经验分析 [J]. 经济科学，2017（2）：59-73.

[②] 陈强，刘海峰，汪冬华等. 中国对外直接投资能否产生逆向技术溢出效应？[J]. 中国软科学，2016（7）：134-143.

2. 以单位 GDP 的 FDI 存量与 OFDI 存量测算双向 FDI 耦合协调度

进一步参照黄凌云等（2018）的做法，采用单位 GDP 的 FDI 存量与 OFDI 存量测算双向 FDI 耦合协调度。其中，FDI 存量数据采用永续盘存法计算，$FDI_{it} = (1-\delta)FDI_{it-1} + IFDI_{it}$。其中，$FDI_{it}$ 为各地区滞后一期的外资存量，折旧率 δ 设为 9.6%，$IFDI_{it}$ 表示实际利用外资额。地区 i 在基期年的外资存量 $FDI_{i0} = IFDI_{i0}/(g+\delta)$，其中 g 为年平均增长率。由表 9-10 的稳健性检验结果可知，双向 FDI 对两阶段绿色创新效率的影响呈现倒"U"形关系。且结果进一步说明双向 FDI 对两阶段绿色创新效率均有明显的促进作用。

表 9-10　以单位 GDP 的 FDI 存量与 OFDI 存量测算双向 FDI 耦合协调度

变量	绿色科技创新阶段			绿色成果转化阶段		
	W1	W2	W3	W1	W2	W3
GIE-1	0.573***	0.575***	0.569***	0.516***	0.515***	0.516***
	(11.14)	(11.15)	(11.16)	(7.94)	(7.85)	(7.85)
OIFDI	0.484***	0.485***	0.492***	2.069***	2.059***	2.114***
	(7.85)	(7.87)	(8.03)	(8.65)	(8.62)	(8.92)
OIFDI2	-0.252***	-0.252***	-0.254***	-3.729***	-3.676***	-3.856***
	(-6.26)	(-6.28)	(-6.36)	(-4.56)	(-4.51)	(-4.76)
其他	控制	控制	控制	控制	控制	控制
R^2	0.354	0.355	0.362	0.367	0.367	0.377
似然比值	403.931	402.851	406.285	434.841	434.458	436.359

注：***、**、* 分别表示在 1%、5%、10% 的统计水平上显著，括号中数值表示统计量 t 值。

3. 改变估计方法

本案例采用系统 GMM 估计方法进行稳健性检验，由表 9-11 的结果可知，双向 FDI 对两阶段绿色创新效率的影响呈现倒"U"形关系。且结果进一步说明，双向 FDI 对两阶段绿色创新效率均有明显的促进作用。

表 9-11　采用系统 GMM 估计方法的检验

变量	绿色科技创新阶段			绿色成果转化阶段		
	W1	W2	W3	W1	W2	W3
GIE-1	0.276***	0.284***	0.282***	0.264***	0.258***	0.256***
	(7.44)	(7.65)	(7.51)	(6.67)	(6.55)	(6.51)
OIFDI	0.642***	0.646***	0.665***	0.838***	0.845***	0.849***
	(5.07)	(5.08)	(5.21)	(7.17)	(7.25)	(7.33)
OIFDI2	-0.410***	-0.416***	-0.429***	-0.628***	-0.635***	-0.629***
	(-3.03)	(-3.05)	(-3.14)	(-5.00)	(-5.06)	(-5.05)
其他	控制	控制	控制	控制	控制	控制
R^2	0.394	0.389	0.386	0.340	0.343	0.351
似然比值	395.799	392.318	388.913	454.628	454.421	457.825

注：***、**、* 分别表示在 1%、5%、10% 的统计水平上显著，括号中数值表示统计量 t 值。

五、结论与建议

(一) 研究结论

本案例选取2003—2019年我国30个省份的面板数据构建动态空间面板模型,实证检验双向FDI对两阶段绿色创新效率的影响,得到了三点主要结论。

(1) 在绿色科技创新阶段,双向FDI对绿色科技创新效率的影响呈现倒"U"形关系,且双向FDI对绿色科技创新效率有明显的促进作用。在绿色成果转化阶段,双向FDI对绿色成果转化效率的影响也呈现倒"U"形关系,且双向FDI对绿色成果转化效率有明显的促进作用。

(2) 在绿色科技创新阶段,双向FDI对绿色科技创新效率的影响存在双重门槛效应。当环境规制处于较低水平时,双向FDI对绿色科技创新效率有一定的抑制作用;当环境规制水平大于第一门槛值时,双向FDI显著促进了绿色科技创新效率;当环境规制水平继续提高到第二门槛值之上时,双向FDI弱化了对绿色科技创新效率的促进作用。在绿色成果转化阶段,双向FDI对绿色成果转化效率的影响存在单一门槛效应。当环境规制水平低于门槛值时,双向FDI对绿色成果转化效率的影响为负;只有当环境规制水平超过门槛值时,双向FDI才能推动绿色成果转化效率的提升。

(3) 东部与中部地区双向FDI对绿色科技创新效率的影响存在环境规制的双重门槛效应,而仅东部地区双向FDI对绿色成果转化效率的影响存在环境规制的单一门槛效应。此外,双向FDI对绿色科技创新效率的影响存在市场激励型环境规制的双重门槛效应与公众参与型环境规制的单一门槛效应。

(二) 对策建议

(1) 为了促进绿色科技创新效率的提升,应当制定差异化的政策,尤其是鼓励技术创新和引进外资。政府应优先支持绿色科技创新效率较高的地区,通过税收减免、融资支持和技术研发补贴等手段提升其创新水平。同时,注重构建一个开放、包容的创新环境,吸引更多外资进入高效创新领域,从而促进双向FDI对绿色科技创新效率的推动作用。此外,政府还应建立定期评估机制,对绿色科技创新项目的实施效果进行动态监控和评估,确保政策资源的有效分配。进一步鼓励产学研结合,支持高校和科研机构与企业合作,通过共享创新资源,提升绿色科技创新效率。

(2) 针对环境规制门槛效应对绿色科技创新效率的影响,政府应当根据地区的创新阶段和环境承受能力设置不同的门槛标准。对于处于较低环境规制水平的地区,应逐步提升环境规制,鼓励企业在达到第一门槛后继续提升创新效率;而对于已达到较高环境规制水平的地区,可采取柔性政策,确保创新与环境规制平衡发展。此外,政府应加强政策的动态调节,避免高强度规制对创新产生的抑制作用,从而在绿色科技创新效率和环境保护之间取得平衡。同时,鼓励企业自主进行技术改造,引导绿色创新从单纯的政策依赖向内生化转变,以增强企业的市场竞争力和可持续发展能力,营造长效创新机制。

(3)在东部与中部地区,由于双向 FDI 对绿色科技创新效率的作用存在区域性差异,建议东部地区率先完善市场环境,营造更具吸引力的外资氛围,从而增强双向 FDI 对绿色成果转化效率的正向作用;而对于中部地区,应加强市场准入条件和监管力度,引导 FDI 投入绿色科技创新项目,避免市场过度竞争带来的负面影响。政府还可以通过与企业合作的方式,搭建产业联盟或技术创新平台,增强绿色科技创新在东部与中部地区的协同效应。鼓励东部地区建立绿色科技创新示范区,打造标杆项目,通过共享先进经验和技术帮助中部地区提升绿色成果转化效率。对中部地区实施针对性的扶持政策,加速其创新资源整合,培育优质的绿色创新环境。

六、总结

该研究基于中国 2003—2019 年 30 个省份的数据,探讨了双向 FDI(外国直接投资和对外直接投资)对绿色创新效率的影响,尤其是在环境规制的调节作用下的效果。研究利用超效率 SBM－DEA 模型测算绿色科技创新效率和绿色成果转化效率,并构建动态空间面板模型来量化双向 FDI 协调发展与绿色创新效率的关系。

案例使用说明

一、教学目的与用途

1. 适用课程

本案例适用于《统计学》《统计综合案例分析》《学术规范与论文写作》等统计学专业课程。

2. 本案例教学目标

本案例以探讨双向 FDI 协调发展和环境规制对绿色创新效率的影响为主线,重点描述了在不同环境规制水平下,双向FDI如何影响绿色科技创新和成果转化效率,最终实现了对双向FDI对两阶段绿色创新效率影响的定量分析和门槛效应的探讨。通过对该案例的分析,引导学生:

(1) 学习理解动态空间面板模型在分析区域经济问题中的应用以及门槛效应的经济含义。

(2) 思考如何使用超效率SBM-DEA方法对效率进行评价以及使用耦合协调模型来测算指标。

(3) 通过案例思考门槛效应如何被纳入模型中,以及它们对于制定差异化的环境规制政策和FDI政策有何启示。

二、启发性思考问题

为了激发学生的思考,培养学生的批判性思维和创新能力,以下是一些启发性思考题,供教师在课堂讨论或学生自主学习时参考。

1. 耦合协调模型方面

(1) 哪些情况可以使用耦合模型来测算变量体系?

(2) 除了耦合协调模型,还有哪些模型可以对指标体系进行测算?

2. 超效率SBM-DEA方法方面

(1) 超效率SBM-DEA方法是什么,主要适合于哪些情况?

(2) 超效率SBM-DEA方法与传统SBM方法相比,优势在哪里?

3. 思政融入

在新时代背景下,如何理解本案例中提到的双向FDI(外国直接投资和对外直接投资)协调发展与环境规制政策在推动中国经济高质量发展中的作用,特别是在促进产业结构升级、绿色低碳发展、开放型经济和数字经济方面?

三、背景信息

1. 行业背景

(1) 中国在FDI领域的强劲活力。中国在国际直接投资(FDI)领域展现出强大活力,无论是吸引IFDI还是进行OFDI,均呈现出积极发展态势。尽管FDI增长率近期有所放缓,但与疫情前相比,中国FDI仍保持稳健增长。中国市场对外资本具有强大吸引力,FDI规模不断扩大,在全球FDI中起着关键作用,并显著影响全球投资流向。中国的"一带一路"倡议在推动OFDI方面取得显著成效，截至2023年底，中国在共建"一带一路"国家设立境外企业达1.7万家，直接投资存量占中国对外直接投资总额的11.3%，显示了中国在全球经济中的影响力和竞争力。

（2）经济全球化下各国经济合作的必要性。经济全球化为世界经济增长提供了强大动力，加速了商品和资本的全球流动。中国正积极扩大对外开放，深化与全球经济的融合，形成了高水平对外开放的新格局。在全球化的推动下，跨国科技研发活动日益频繁，依赖于全球科技成果，强调了全球合作的重要性。经济全球化优化了全球科技资源配置，特别是在信息技术领域，推动了技术标准化。同时，它还扩大了国际分工，促进了资金和技术等生产要素的跨国流动和优化配置，从而提高了全球生产力。

2. 制度背景

（1）环境规制政策。中国的"四维一体"环境规制政策体系包括四种核心策略：命令—控制型、市场激励型、公众参与型和自愿行动型。这些策略在中国的环境管理框架内相互补充，共同推动环境保护工作的进展。该体系旨在通过综合运用多样化的政策工具，建立一个协调和高效的环境治理结构，从而提升政策执行的效率，有效解决环境问题，并持续改善环境质量。这一政策体系体现了中国政府在提高环境治理效能和促进经济社会可持续发展方面的全面努力。

（2）绿色技术创新政策。2019年4月15日，国家发展改革委和科技部联合发布《关于构建市场导向的绿色技术创新体系的指导意见》，强调遵循习近平新时代中国特色社会主义思想，深入落实党的十九大精神及二中全会精神和三中全会精神，秉承节约资源与保护环境的国策，着眼于生态文明建设。其核心目标是解决资源环境生态的紧迫问题，激发绿色技术市场的活力，培育和强化创新主体，提升创新动力，改善创新环境，并加强产品全生命周期的绿色管理。目标是建立一个以企业为核心，深度整合产学研资源，具备完善基础设施和服务，高效配置资源，并能顺畅转化成果的绿色技术创新体系。通过政策激励和市场机制，推动绿色技术的创新发展和广泛应用，进而实现绿色低碳发展和生态文明建设的目标。

四、案例分析思路及要点

1. 分析思路

教师可以根据自己的教学目标（目的）灵活使用本案例。这里提出本案例的分析思路（见图9-1）。

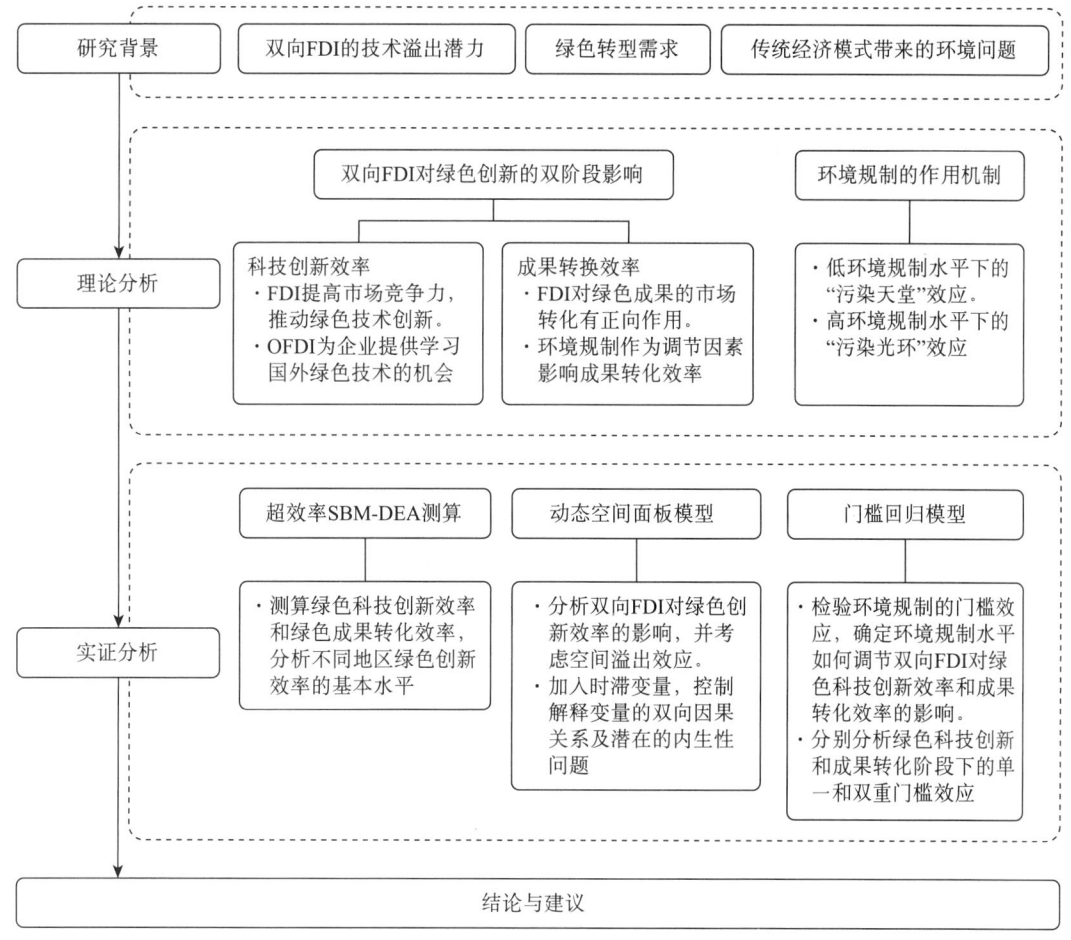

图 9-1 案例分析框架

本案例的核心目的在于利用动态空间面板模型,检验双向 FDI 对两阶段绿色创新效率的影响。本案例通过实证研究,力图为政策制定提供参考。

首先,认识到中国经济发展模式的转型,明确绿色技术创新对于实现"双碳"目标和可持续发展的重要性,更大程度地释放双向 FDI 的技术溢出红利对推进双循环发展具有重要的意义。并通过文献综述,整合了关于 FDI 对技术创新影响的不同观点,发现有关双向 FDI 对技术创新影响的研究文献较少,提出在研究视角、研究方法和指标体系构建三个方面上的创新点。

其次,通过理论分析,探讨了双向 FDI 对绿色科技创新效率及成果转化效率的影响,分析了环境规制如何调节 FDI 的技术溢出效应,并考察了环境规制的空间溢出效应对绿色创新效率的作用,在此基础上,提出了几点假设。

在实证分析部分,本案例采用超效率 SBM–DEA 方法测算绿色科技创新效率和绿色成果转化效率，利用耦合协调模型来衡量双向 FDI 的协调发展程度，并构建动态空间面板模型来探讨双向 FDI 与绿色创新效率之间的联系。同时，运用门槛回归模型来检验环境规制水平的门槛效应，并分析了不同地区的异质性影响。最终，基于研究结论，提出了相应的政策建议。

2. 覆盖的知识点

第一，本案例探讨双向外国直接投资（FDI）协调发展对绿色创新效率的影响，并分析环境规制在这一过程中的作用。为此，需要了解双向 FDI、环境规制、绿色科技创新效率和绿色成果转化效率的概念，并思考如何对这些变量进行测算。

第二，本案例使用超效率 SBM – DEA 方法和耦合协调模型测算指标，并使用动态空间计量模型对影响关系进行分析。为此，需要了解各种方法的定义和适用范围，并了解在实际过程中如何运用，同时可以思考其他测量指标的方法。

3. 能力训练点

掌握空间计量模型和耦合协调模型的构建与应用过程；学会使用超效率 SBM – DEA 方法测算指标；能够使用定量方法分析区域经济协调发展、产业转型升级等问题。从复杂的经济数据出发，对区域经济和产业发展进行深入研究，并找寻促进区域经济均衡发展和产业升级的策略。

五、理论依据与分析

1. 理论依据

（1）双向 FDI 协调发展。双向 FDI 协调发展是指一个国家或地区在吸引外国直接投资（IFDI）与进行对外直接投资（OFDI）之间达到一种均衡和互补的发展状态。研究发现，一个国家或地区在吸引 IFDI 和进行 OFDI 之间达到的协调发展水平，对于减少环境污染具有显著的积极影响。这表明，通过优化外资和对外投资的互动，可以在全球范围内实现资源的更有效分配，进而推动产业结构的合理化，有效控制环境污染。提升双向 FDI 的协调发展水平有助于调整和优化产业结构，使资源能够在不同产业之间得到更加合理的分配和流动，从而改善环境污染问题。

（2）绿色创新效率。绿色创新效率是指在创新活动中，将环境成本纳入考量，衡量创新资源投入与产出之间的效率。这种效率不仅能衡量创新成果的产出量，还能评估创新过程中对环境的影响及资源的使用情况。绿色成果转化效率是指将环保技术成果转变为实际应用中的产品和服务的能力。这个概念涵盖了多个层面，包括企业在绿色创新方面的效率、政府政策的扶持力度以及绿色技术在市场上的流通渠道。

(3) 二阶段创新价值链。在技术革新的历程中，创新过程通常被划分为两个核心阶段：科技研发阶段和成果转换阶段。这两个阶段各自承载着不同的创新任务，目的是提高整体创新的价值和效率。该理论着眼于创新活动从实验室研究到市场实施的完整路径，通过优化每个阶段的效率来实现创新成果在经济和社会层面的最大效益。二阶段创新价值链理论着重于科技研发与成果转化的协同进步，认为只有当这两个阶段均展现出高效率时，才能有效促进整个创新链的价值增长。特别是在可持续发展的大背景下，这一理论有助于促进绿色技术的实际应用和广泛传播。

2. 分析方法

(1) 超效率 SBM-DEA 模型。

由于当采用 SBM 模型测算的绿色创新效率值小于 1 时，该决策单元（DUM，即地区或企业等被评价对象）并不是最有效的，即在绿色创新效率上仍有不足。为此本案例采用 Gómez-Calvet 等（2014）提出的超效率 SBM-DEA 模型对中国 30 个省份的绿色科技创新效率与绿色成果转化效率进行测算。此外，由于绿色创新效率不仅涉及资源的投入（如资金、技术和人力），还包括期望产出（如绿色专利、新产品）和非期望产出（如污染物排放）。超效率 SBM-DEA 模型在测算效率时可以同时考虑期望和非期望产出，使评价更全面，适合用于绿色创新效率的分析。

超效率 SBM-DEA 模型是一种数据包络分析（DEA）方法，专门用于测算决策单元（如企业、地区）在多投入和多产出情况下的效率，特别适用于包含非期望产出的效率评价。该模型改进了传统 DEA 模型的不足，能够更加准确地衡量各决策单元的相对效率水平。超效率 SBM-DEA 模型的计算通常包括以下步骤：

第一，建立目标函数。以提高产出或减少投入为目标，求解效率最大化问题。效率值不仅取决于期望产出（如绿色专利数量），还会考虑非期望产出（如污染排放量）的影响。

第二，松弛变量的引入。通过引入松弛变量，模型在计算效率时会考虑投入和产出之间的所有偏差，从而更全面地评估各决策单元的效率水平。

第三，超效率计算。通过逐一移除单元，重新计算效率值，让效率值超过 1。这一过程使得所有决策单元（包括原本的有效单元）都能被有效区分，效率值越高的单元效率水平越高。

本案例以绿色专利数量为期望产出指标，投入指标包括研发人员数量和研发资本存量。以新产品销售收入为期望产出，CO_2 排放量为非期望产出，投入指标为绿色专利数量、新产品开发经费和能源消耗量。

(2) 耦合协调模型。

由格兰杰因果检验结果可知 FDI 和 OFDI 之间存在双向因果关系，采用其交叉项难以反映双向 FDI 的协调发展程度，因此本案例采用耦合协调模型测算双向 FDI 协调发展程度。格兰杰因果检验是一种统计方法，用于判断一个时间序列是否能帮助预测另一个时间序列。具体来说，如果 FDI 的过去值能够显著预测 OFDI 的当前值，同时 OFDI 的过去值也能显著预测 FDI 的当前值，那么就可以认为两者之间存在双向因果关系。

耦合协调模型是一种用于评估两个或多个系统之间相互关系和协调程度的模型，尤其适用于研究系统之间的相互作用、协调性和动态平衡。本案例采用该模型来测算 FDI 和 OFDI 的协调发展程度，即双向 FDI 的耦合协调度。通过该模型可以评估 FDI 与 OFDI 之间的协调关系及其对绿色创新效率的促进作用。测算公式为：

$$OIFDI_{it} = \left[C_{it}(OI) \times \frac{FDI_{it} + OFDI_{it}}{2} \right]^{\frac{1}{2}} = \left[\frac{FDI_{it} \times OFDI_{it}}{(FDI_{it} + OFDI_{it})/2} \right]^{\frac{1}{2}} \quad (9-4)$$

$$C_{it}(OI) = (FDI_{it} \times OFDI_{it}) / (\alpha FDI_{it} \times \beta OFDI_{it})^{\gamma} \quad (9-5)$$

其中，$C_{it}(OI)$ 为耦合度，其值越大，则耦合协调度就越高；FDI、$OFDI$ 表示单位 GDP 的外商投资额与对外投资存量；α 和 β 分别表示 FDI 和 $OFDI$ 的权重，均设置为 0.5；γ 为调节系数，通常 $2 \leq \gamma \leq 5$，参照黄凌云等（2018）的做法，本案例取值 $\gamma = 2$。

（3）空间权重矩阵。

在空间计量经济模型中，使用空间权重矩阵来进行分析，主要是为了捕捉双向 FDI、环境规制和绿色创新效率之间的空间溢出效应，从而更准确地反映地区间的相互影响。

空间权重矩阵是空间计量经济学中用于表示区域或空间单元之间空间关联关系的矩阵，帮助量化不同区域之间的空间相互影响或空间依赖性。空间权重矩阵通常记作 W，是一个 $n \times n$ 的方阵，n 表示空间单元的数量。矩阵的每个元素 W_{ij} 表示第 i 个区域与第 j 个区域之间的空间关系或影响程度。矩阵中的元素可以根据不同的方式构建，常见的方法包括：

一是距离矩阵：基于地理距离构建。相邻或距离较近的区域之间赋予较大的权重，距离越远权重越小。如 $W_{ij} = 1/d_{ij}$，其中，d_{ij} 表示区域 i 和 j 之间的距离。

二是邻接矩阵：基于是否相邻来赋值，相邻区域的权重为 1，不相邻的权重为 0。例如，如果区域 i 和区域 j 相邻，则 $W_{ij} = 1$，否则 $W_{ij} = 0$。

三是经济地理矩阵：综合考虑地理位置和经济指标（如人均 GDP）的关系，构建权重。如 $W_{ij} = \frac{1}{d_{ij}} \times \left(\frac{GDP_i}{GDP_{avg}} \right)$，其中，$GDP_{avg}$ 表示人均 GDP。

四是产业或技术关联矩阵：基于区域间的产业联系或技术交流构建。例如，基于区域间研发人员流动量构建权重。

(4) 动态空间面板模型。

研究发现技术创新的空间溢出效应明显,因此本案例构建空间计量经济模型进行分析;又因为双向 FDI 技术溢出与绿色创新效率提升可能存在双向因果关系,导致模型容易产生内生性问题。因此,本案例构建动态空间面板模型,不仅考虑了被解释变量的空间溢出效应,还能缓解被解释变量与解释变量之间双向因果关系导致的模型内生性问题。

动态空间面板模型是一种用于分析变量之间空间和时间动态关系的计量经济学模型,适用于具有面板数据结构的数据(即包含时间序列和横截面数据)。本案例的动态空间面板模型用于分析双向 FDI 对绿色创新效率的影响,对模型作了如下改进:(1)引入门槛效应:结合门槛回归模型,分析不同环境规制水平下双向 FDI 对绿色创新效率的差异化影响,使模型能够捕捉到环境规制的非线性调节作用。(2)空间权重矩阵的构建:在构建空间权重矩阵时,不仅考虑了地理距离,还可能考虑了其他权重因素(如经济地理、产业联系等),以便更准确地捕捉地区间的空间溢出效应。(3)时间动态和滞后项处理:通过引入绿色创新效率的滞后项,可以捕捉绿色创新效率的时间延续性和累积效应,有助于识别当前绿色创新效率对未来的影响,还可以缓解模型的内生性问题。

建立模型如下:

$$GIE_{it} = \tau GIE_{it-1} + \rho W \times GIE_{it} + \beta X_{it} + \mu_i + \nu_t + \varepsilon_{it} \quad (9-6)$$

其中,若时间滞后项系数 $\tau > 0$,则表明滞后一期的绿色创新效率有助于现阶段的绿色创新效率提升。若空间自相关系数 $\rho > 0$,表明绿色创新效率具有明显的空间正相关。X_{it} 为解释变量,包括 RD、OIFDI、OIFDI2、IND、lnY、HR 共 6 个变量。

(5) 回归门槛模型。

由于双向 FDI 对两个阶段绿色创新效率的影响可能不是线性的,不同强度的环境规制可能对双向 FDI 的影响方向和程度不同。回归门槛模型能够检测出当环境规制达到特定"门槛值"时,双向 FDI 对绿色创新效率的影响是否会发生显著变化,从而揭示非线性关系。回归门槛模型可以将环境规制水平分为多个区间,不同区间内,双向 FDI 对绿色创新效率的作用可能会有所不同。通过门槛回归模型识别出环境规制的临界值,能够为政策制定者提供具体的数值参考,有助于政府在环境政策制定中选择合适的强度,以最大化双向 FDI 对绿色创新的积极影响。

门槛回归模型是一种计量经济学方法,用于识别解释变量对被解释变量的影响在不同水平下是否存在显著的非线性变化,尤其是在某个关键变量达到特定"门槛值"时。当门槛变量超过某个临界值(即门槛值)时,模型的参数可能会发生显著变化。门槛变量可以是外生变量或被解释变量的某种函数。门槛回归模型会估计出门槛变量的一个或多个"临界值"。当门槛变量处于不同的区间时,模型的回归系数可以发生改变,体现出解释变量对被解释变量的分段影响。如果一个门槛变量有多个临界值（即多个门槛值），则模型会根据这些门槛值将样本数据划分为多个区间，从而使每个区间的回归系数可能不同，进一步反映出变量之间的复杂关系。

六、教学组织方式

本案例的计划安排课堂讨论时间为 50—60 分钟，建议课堂时间安排及提问逻辑如下：

1. 课前安排

发放案例正文文本及思考题（课前一周）。

2. 课中计划

（1）案例引入：询问大家对双向 FDI 协调发展和环境规制概念是否已经课前熟悉。简单总结空间计量模型和耦合协调模型的概念，并概述此次案例讨论的主旨（5 分钟）。

（2）小组讨论：将案例启发式问题投屏，分组自由讨论，老师走动交流；每个组将自己讨论出的答案进行总结列出框架（15 分钟）。

（3）班级讨论：按照各思考题，请各组进行总结发言；可以每个组随机要求回答不一样的问题，然后让其他组加入补充；老师在白板上记录各组发言的要点，并鼓励各组之间互动评价（20—30 分钟）。

（4）总结提升：将所利用的理论框架结合案例进行总结（10 分钟）。

3. 课后安排

个人反思报告，对案例讨论的收获和延展性的思考，以电子文档的方式发到课程微信群进一步分享交流，旨在深化学生的知识点记忆和进一步的思考（课后一周内）。

七、案例的后续进展

（1）研究视角的扩展。本案例从双向 FDI 协调发展的角度出发，探讨了环境规制对绿色创新效率的影响，为后续研究提供了新的视角。未来的研究可以进一步探讨不同类型 FDI（如垂直型和水平型 FDI）对绿色创新效率的影响，以及不同国家和行业间的差异。

（2）研究方法的改进。本案例提到了超效率 SBM-DEA 方法和动态空间面板模型的应用，后续研究可以探索更多先进的计量经济模型，如结构方程模型（SEM）、面板向量自回归模型（PVAR）等，以更准确地捕捉 FDI 与绿色创新之间的关系。

（3）指标体系的构建。本案例通过构建绿色科技创新效率和绿色成果转化效率的指标体系，为后续研究提供了一个量化的框架。未来的研究可以在此基础上，进一步细化和完善指标体系，如考虑更多的环境因素和社会因素。

（4）门槛效应的深入分析。本案例发现环境规制对 FDI 影响的双重门槛效应和单一门槛效应，后续研究可以深入探讨不同环境规制工具（如命令控制型、市场激励型和公众参与型）对 FDI 影响的具体机制和门槛值。

（5）地区异质性分析。本案例对东部、中部和西部地区的 FDI 影响进行了异质性分析，后续研究可以进一步探讨不同地区间的差异，以及这些差异对国家政策制定的影响。

（6）环境规制的异质性分析。本案例对不同类型环境规制工具的影响进行了分析，后续研究可以进一步探讨不同环境规制工具的组合效应，以及如何优化这些工具以提高 FDI 的绿色创新效率。

八、其他教学支持材料

（1）理论文献清单：提供与双向 FDI、环境规制、绿色创新效率等主题相关的核心文献，帮助学生拓展知识。

（2）模型操作指南：提供超效率 SBM–DEA 模型、动态空间面板模型和门槛回归模型的计算步骤、公式和计算工具操作指南，便于学生自学和实操。

（3）数据集：为学生提供案例研究中的原始数据集及格式说明，以便学生在课后进行数据分析练习。

（4）Stata 操作与代码示例：帮助学生熟悉 Stata 在案例研究中的具体操作，特别是在超效率 SBM–DEA 模型、动态空间面板模型和门槛回归模型中的应用。

（5）案例复习提纲：提供案例教学中的关键概念、模型应用步骤和主要结论，帮助学生整理复习。

案例 10

互联网平台用户数据资产收益估算方法研究[①]

[①] 本案例改编自雷小乔撰写的《互联网平台用户数据资产收益估算方法研究》,由廖萧雨、吕文龙、赵欢、胡钰琳、莫品航和钟嘉皓协助整理。

案例 10　互联网平台用户数据资产收益估算方法研究

案例正文

估算数据资产收益对评估数据要素收入具有重要参考价值，也是未来收益现值法中数据资产估价的重要环节。本案例以互联网平台为研究对象，提出用户数据资产收益的三种估算方法：（1）基于收入成本流：将用户数据的收入增加量与成本减少量相加，扣除相关成本；（2）基于用户消费价值或平台信息服务价值：利用平台、用户和广告主间经济交易的平衡关系估算；（3）简化估算方法：基于平台财务和运营资料进行简单推算。最后，本案例比较了三种方法的基本思路、优缺点及实施难点，为数据资产收益评估提供参考。

一、引言

在统计核算领域，对资产估价的基本方法包括市场价格法、成本法、未来收益现值法。市场价格法是最优的估价方法，但现阶段数据市场尚不活跃，大部分数据资产不存在对应的市场价格。在不存在市场价格的情况下，成本法是可行性最强的方法，但在实践中，数据资产的成本往往显著低于数据资产的市场价格。这意味着成本法不能捕捉数据资产在经济生产中创造的实际价值，不能反映数据要素为其所有者带来的收益。相比之下，未来收益现值法使用资产预期为其所有者带来的收入来估算资产价值，能更好地体现资产的蕴含经济价值，估价过程中得到的数据资产收益也能反映数据要素为其所有者带来的收入（雷小乔和张芳，2023）[①]。因此，即使现有研究多推荐使用成本法，但用未来收益现值法对数据资产估价，仍不失为一种有益的尝试。未来收益现值法估价的一般思路是在对数据资产进行估价时，需从数据所有者的营业盈余中剥离出数据资产收益，数据资产各期收益折现值即为数据资产的价值。本案例强调未来收益现值法在数据资产估价中的合理性与必要性，并针对互联网平台用户数据资产收益的估算方法进行探讨，旨在为揭示数据要素收入提供可行的思路，并推动数据资产估价方法和核算框架的完善。

（一）互联网平台企业

将互联网平台企业定义为运营和维护互联网平台的企业，下文将简称为平台企业。平台企业通常从事多种生产活动，收集不同类型的用户数据，如QQ和微信的社交数据、腾讯视频的观看数据、腾讯游戏的游戏数据。由于不同业务的数据收益不同，在估算数据资

---

① 雷小乔，张芳. 基于收益现值法的数据资产估价问题研究［J］. 统计与信息论坛，2023，38（5）：3-13.

产收益时，应将平台企业细分为单一生产活动的基层单位，或进一步划分为同质生产单位，以区分各业务的数据收益。下文将这些单位简称为平台单位。

（二） 数据资产

从目前 ISWGNA（2021）[①] 提出的较为权威的定义来看：数据资产包含数据库，但不包括数据库软件及数据分析活动等。

互联网平台的用户数据多为流数据，即连续到达并实时更新的数据序列。单条数据的使用寿命虽短，但流数据的集合具有长期价值。许宪春等（2022b）[②] 认为流数据应排除在数据资产之外，但雷小乔和张芳（2023）[③] 指出，单条数据寿命短是因为新数据不断更新，而非数据在一年后失去经济价值。将流数据排除在数据资产外可能漏算用户数据带来的收益，因此，有必要将其纳入数据资产范围。

综上所述，本案例将数据定义为"以数字化形式记录、组织、存储的可观察现象中的信息元素，可通过电子方式访问"，并将数据资产定义为"为所有者带来持续一年及以上经济收益流的数据集合"。此定义基于收益流的持续性，将带来持续收益的流数据纳入数据资产范围，而无持续收益的数据则排除在外。

（三） 用户数据资产

用户数据属于个人数据的一种且用户数据有多种分类方式，如许宪春等（2022）[④] 提出按照内容划分、按照数据收集过程划分和按照数据的供给与使用过程划分等分类方式。从核算角度出发，可以将互联网平台生产的用户数据按用途分为自用的数据、用于出售原件的数据和用于出售使用许可的数据。本案例主要关注自用用户数据资产收益的估算。

本案例强调按业态分类来准确估算平台企业的用户数据资产收益，即基于平台的业态对用户数据进行分类。原则上，可参考《新产业新业态新商业模式统计分类（2018）》和《数字经济及其核心产业统计分类（2021）》，将平台企业划分为不同产业的基层单位，将同产业的用户数据归为一类。在实践中，还需结合商业模式和平台形态进一步细分，如腾讯视频与斗鱼虽同为"网络视频和直播服务"，但盈利模式和用户数据差异明显；长视频平台（如爱奇艺）与短视频平台（如抖音）也存在差异。因此，业态划分应结合产业和盈利模式综合判断，并借助平台用户数据库的指标辅助判断，同业态平台的数据库指标设

---

① ISWGNA Task Team on Digitalization. The Recording of Data [R/OL]. 2021-04-06.
② 许宪春，张钟文，胡亚茹. 数据资产统计与核算问题研究 [J]. 管理世界，2022b，38（2）：16-30.
③ 雷小乔，张芳. 基于收益现值法的数据资产估价问题研究 [J]. 统计与信息论坛，2023，38（5）：3-13.
④ 许宪春，唐雅，张钟文. 个人数据的统计与核算问题研究 [J]. 统计研究，2022a，39（2）：1-15.

置往往相似。

(四) 用户数据资产收益

用户数据资产收益是指用户数据作为经济资产，为所有者带来的净收益流，即使用用户数据创造的收入扣除相应运营和使用成本后的剩余价值。数据要素通过指导其他经济要素使用来产生收益，故应将因数据资产引入带来的收入增量（扣除相关成本）视为数据资产的收益。由于数据资产的使用寿命通常超过一年，核算期内的收益可能是不同年份数据资产收益的叠加。而平台企业的用户数据多为流数据，随用户行为更新，当用户行为停止，数据收益也随之停止。因此，本案例假定平台单位的用户数据资产收益为当年收集的数据带来的收益。

二、基于成本流的估算方法

在平台单位的运营中引入用户数据资产后，会使平台单位的收入流和成本流产生变化，具体体现如下。第一，与用户数据直接相关的服务收入增加。第二，与用户数据间接相关的服务收入增加。第三，使用用户数据导致的成本减少。用户数据资产收益可通过收入增加和成本减少（扣除相关成本）来估算，不同平台对用户数据资产的使用方式需重点调查，以明确其带来的实际收益。

(一) 与用户数据直接相关的服务收入增加量

此类服务特点在于：必须使用用户数据。其主要由出售用户数据原件、用户数据使用许可、用户数据分析结果的服务组成。计算公式如下：

$$运营成本 = 中间消耗 + 雇员报酬 + 生产税净额 \quad (10-1)$$

$$生产资产的使用者成本 = 固定资本消耗 + 资产回报 \quad (10-2)$$

$$用户数据资产收益 = 服务收入 - 运营成本 - 生产资产的使用者成本 \quad (10-3)$$

式（10-3）中的服务收入，需要根据实际情况来分摊出此类服务消耗的各类成本。

要估算各类运营成本的增加量，首先，需辨别此类服务中用户数据的使用导致的中间消耗、雇员报酬的增加量。其次，计算此类服务收入对应的生产税净额。最后，将以上各项相加。

要估算生产资产使用者成本的增加量，首先，应辨别哪些生产资产是专为此类服务使用的生产资产。其次，估算以上生产资产的固定资本消耗及资本回报。最后，将两者相加。

（二）与用户数据间接相关的服务收入增加量

对于非必须使用用户数据的服务，其用户数据资产收益估算流程为：首先，用使用用户数据的服务收入减去未使用时的预期收入，得到收入增量；其次，计算因使用用户数据增加的成本；最后，用收入增量减去增加的成本，得到用户数据资产收益。

目前主流的信息流广告计价方式大致有两大类型：第一类为按展示计费（CPM）和按时段计费（CPT）；第二类为按点击计费（CPC）和按行动计费（CPA）。在以上广告计价方式中，CPC 和 CPA 会使用用户数据，CPM 和 CPT 则反之。

1. 估算不使用用户数据时，信息流广告的单次曝光均价

CPM 广告报价是以千次曝光为单位，故该广告的单次曝光均价计算公式如下：

$$CPM\ 广告单次曝光均价 = CPM\ 广告报价/1000 \qquad (10-4)$$

CPT 广告报价虽不直接提供单次曝光均价，但可使用平台单位的后台广告浏览数据将其转换为单次曝光均价，计算公式如下：

$$CPT\ 广告单次曝光均价 = 广告主为\ CPT\ 广告支付的价格/该广告的曝光量 \qquad (10-5)$$

当两类广告的单次曝光均价不相等时，应使用平台单位两类广告的曝光量作为权重，计算加权平均后的单次曝光均价。具体计算公式如下：

$$\begin{aligned}CPM\ 和\ CPT\ 广告的单次曝光加权均价 &= \frac{CPM\ 广告单次曝光均价 \times CPM\ 广告曝光量}{CPM\ 广告曝光量 + CPT\ 广告曝光量} \\ &+ \frac{CPT\ 广告单次曝光均价 \times CPT\ 广告曝光量}{CPM\ 广告曝光量 + CPT\ 广告曝光量}\end{aligned} \qquad (10-6)$$

在实践中，可能存在以下两种特殊情况。一是平台单位可能仅对广告价值低的用户投放 CPM 和 CPT 广告，此时可通过这类广告的报价估算低价值用户的单次曝光均价，高价值用户则用 CPC 和 CPA 广告报价估算。接着，计算两类用户的总广告浏览数，并用其均价和浏览数加权，得出不使用用户数据时的信息流广告单次曝光加权均价。二是在式（10-4）和式（10-5）中应使用非定向、未使用用户数据的广告报价，但若平台只提供基础定向广告，可视为未使用用户数据。

当不存在以上情况时，式（10-6）中的单次曝光加权均价即为不使用用户数据时，信息流广告的单次曝光均价。

2. 估算使用用户数据时，信息流广告的单次曝光均价

为提高 CPC 和 CPA 广告投放成功率，平台会利用用户数据将用户分为"可能点击"和"不可能点击"两类，仅对前者投放广告。因此，CPC 和 CPA 广告本质上是曝光式广告，但只对高广告价值用户曝光，并使用用户数据进行筛选。两类信息流广告的单次曝光

均价计算公式如下：

$$\text{CPC 广告单次曝光均价} = \text{CPC 广告收入} / \text{CPC 广告的曝光量} \quad (10-7)$$

$$\text{CPA 广告单次曝光均价} = \text{CPA 广告收入} / \text{CPA 广告的曝光量} \quad (10-8)$$

当 CPA 广告包含多种付费条件不同的广告时，应先计算各类广告的单次曝光均价，再参考式（10-6），用各类广告曝光量做权重，计算 CPA 广告的单次曝光加权均价。

3. 估算用户数据的使用带来的信息流广告收入增加量

用 CPC、CPA 广告收入，减去同等曝光量下的 CPM、CPT 广告收入，可得到使用用户数据带来的广告收入增加量。增加量的计算公式如下：

$$\text{CPC 广告收入增加量} = (\text{CPC 广告单次曝光均价} - \text{CPM 和 CPT 广告的单次曝光加权均价}) \times \text{CPC 广告曝光量} = \text{CPC 广告收入} - \text{CPM 和 CPT 广告的单次曝光加权均价} \times \text{CPC 广告曝光量} \quad (10-9)$$

$$\text{CPA 广告收入增加量} = (\text{CPA 广告单次曝光均价} - \text{CPM 和 CPT 广告的单次曝光加权均价}) \times \text{CPA 广告曝光量} = \text{CPA 广告收入} - \text{CPM 和 CPT 广告的单次曝光加权均价} \times \text{CPA 广告曝光量} \quad (10-10)$$

将两类广告收入增加量相加，可得到用户数据的使用带来的信息流广告收入增加量。

4. 估算信息流广告中的用户数据资产收益

在估算用户数据带来的信息流广告收入增加量后，还需估算因引入用户数据而增加的运营成本和生产资产使用成本。通过用收入增加量减去这些成本增加量，便可得出用户数据资产在信息流广告服务中的收益。

（三）使用用户数据导致的成本减少量

此处的成本减少量是平台因使用用户数据而减少的运营和生产资产使用成本之总和。计算时需扣除因用户数据使用而增加的相关成本。通过考察平台用户数据的应用情况，辨别显著降低成本的应用，将各用途的成本减少量加总，即得出用户数据带来的成本减少量。

（四）方法小结

该方法能准确剥离用户数据资产收益，避免激进策略的支出影响，但因需大量统计资料，适合经济普查，难以常规使用。应用中可能遇到以下问题：（1）收益中可能包含其他无形资产收益，如 R&D；（2）部分收益（如决策收益）可能被遗漏；（3）缺乏不使用用户数据的对照情况，影响收入增量估算，需参考同业平台或实验数据。

三、基于用户消费价值/平台信息服务价值的估算方法

该方法的基本思路是基于平台单位与用户的易货交易，通过分解交易流量并利用流量间的平衡关系来估算用户数据资产收益。为说明估算思路，首先需要分析平台单位与用户之间的交易流量。

（一）免费情况下的交易流量

当平台不向用户收费时，视为平台与用户之间存在易货交易，即平台提供信息服务，用户以数据作为回馈。本案例将用户在平台上的贡献称为用户消费价值，用户数据价值为其中的一部分。通过分析平台、用户、广告主之间的交易流量平衡关系，可估算用户数据价值。不同情况下的交易流量需分别讨论。

1. 不采集用户数据的情况

在不采集用户数据的情况下，用户浏览仍能为平台带来广告收入。传统免费广播电视的运营依赖于用户浏览带来的广告收益；在用户数据采集技术普及前，免费平台的运营同样依靠用户浏览带来的广告收入。此时，平台单位、用户、广告主间的实际交易流量如图 10 -1（左）所示。

广告费包含平台提供广告服务和用户信息服务的成本，因此用户的信息服务实际由广告主承担。广告主愿支付此费用，以影响用户决策，增加营销资产。为更清晰地体现信息服务费的承担者并突出平台与用户间的易货交易，可将广告费分解为用户信息服务费和其余部分，同时改道为用户通过实物转移支付"信息服务费"给平台。分解和改造后的交易流量如图 10 -1（右）所示。

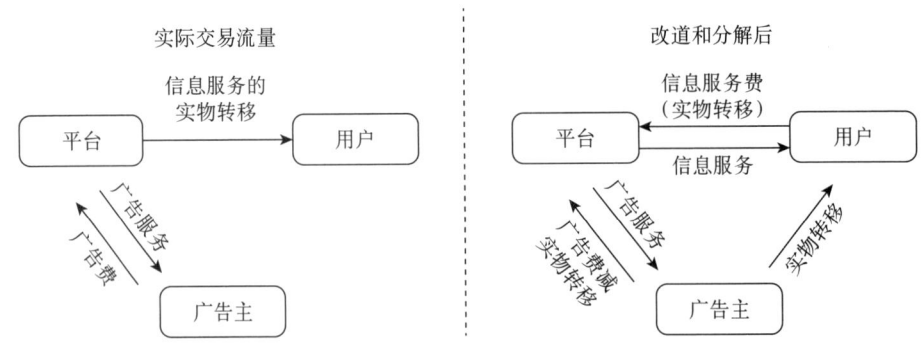

图 10 -1　不采集用户数据时的实际交易流量（左）及改道和分解后的流量（右）

2. 采集用户数据的情况

在采集用户数据的情况下,用户除"支付"信息服务费外,还转让了数据资产的经济所有权。用户数据引入对平台、用户、广告主间的流量有三个方面影响:一是用户用数据价值交换信息服务,服务费增加;二是平台利用数据实现精准营销,广告主的广告支出上升;三是用户数据价值覆盖部分服务费,剩余仍由广告主承担。此时三方间的交易流量如图 10 – 2 所示。

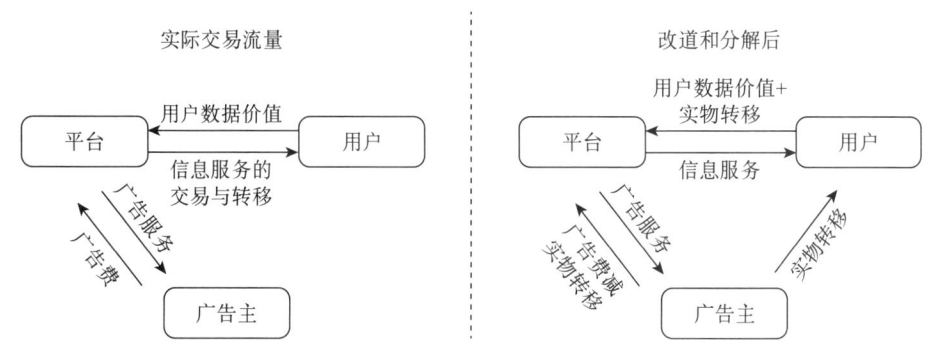

图 10 – 2　采集用户数据时的实际交易流量(左)及改道和分解后的流量(右)

平台单位信息服务价值 = 用户消费价值 = 用户数据价值 + 广告主支付的实物转移

(10 – 11)

(二) 收费情况下的交易流量

部分平台向所有用户收费(如会员制视频),部分仅对增值服务收费(如免费网络游戏),因此需将免费和收费服务分开讨论。在收费模式下,平台、用户、广告主间的交易流根据用户是否观看广告而不同:

(1) 用户无须看广告(如"会员跳过广告"):广告主不参与,交易仅包括平台向用户提供信息服务,用户向平台支付服务费并转让数据使用权,交易可分解为货币流和实物流(见图 10 – 3 左)。

(2) 用户需看广告(如"会员专属广告"):广告主参与交易,但广告可能影响用户体验,进而影响用户留存和付费意愿。当用户支付的服务费和数据价值不足以覆盖平台运营成本时,平台会引入广告,广告主向用户提供实物转移(见图 10 – 3 右)。

平台单位信息服务价值 = 用户消费价值 = 服务费 + 用户数据价值　　(10 – 12)

在用户需要看广告的情况下,交易流量间的关系表述如下:

平台单位信息服务价值 = 用户消费价值

= 服务费 + 用户数据价值 + 广告主支付的实物转移　　(10 – 13)

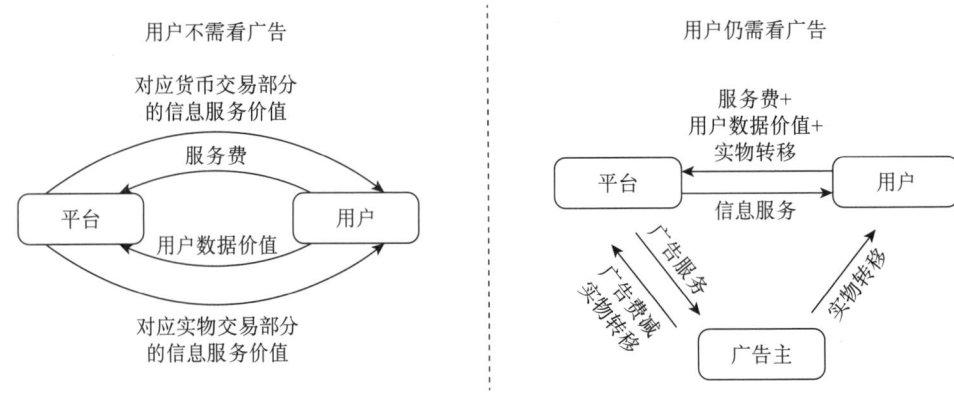

图 10-3　用户不需看广告时的交易流量（左）和用户仍需看广告（右）时的交易流量

（三）用户数据价值估算公式及公式中各构成项的估算

利用不同情况下交易流量间的平衡关系，可得到用户数据价值的估算公式。采用用户数据价值乘以平台单位活跃用户数，便可估算平台的用户数据资产收益。

在免费情况下：

　　用户数据价值 = 用户消费价值 - 广告主支付的实物转移

　　　　　　　 = 平台单位信息服务价值 - 广告主支付的实物转移　　（10-14）

在收费且用户不需看广告的情况下：

　　用户数据价值 = 用户消费价值 - 服务费

　　　　　　　 = 平台单位信息服务价值 - 服务费　　（10-15）

在收费且用户需要看广告的情况下：

　　用户数据价值 = 用户消费价值 - 服务费 - 广告主支付的实物转移

　　　　　　　 = 平台单位信息服务价值 - 服务费 - 广告主支付的实物转移　　（10-16）

估算时需注意，因用户数据资产的使用而导致的平台单位各类收入的增长也应计入用户数据资产收益中。因此，在式（10-11）至式（10-16）的各项中，用户消费价值和平台单位信息服务价值是假定平台单位使用用户数据时的相应价值，除此之外的各扣减项，均对应平台单位未使用用户数据时的相应价值。例如，式（10-15）和式（10-16）中的"服务费"指的是平台单位未使用用户数据时预计收取的服务费。

接下来讨论公式中各项的估算。

1. 用户消费价值

若要直接估算用户消费价值，需根据其定义，将用户为平台单位提供的各类收益流相加，实际上就是将服务费、广告主支付的实物转移、用户数据价值相加。本案例参考估算

"用户价值"方法，根据估算结果和估算过程倒推出"用户消费价值"。

2. 平台单位信息服务价值

在交易中，平台用自身信息服务与用户消费价值等价交换，因此可避开用户消费价值的估算，直接用平台信息服务的价值来估算用户数据价值。SNA 2008 指出，"易货货物的产出按其出售时的基本价格估价"，因此可参考类似服务的市场价格来估算平台信息服务价值。然而，在"免费经济"盛行的情况下，找到类似服务的市场价格可能存在困难。

此时可使用成本法对平台单位信息服务估价，用式（10-17）估算平台单位对每个用户提供的信息服务的价值：

$$\text{平台单位信息服务价值} = \frac{\text{平台单位运营成本} + \text{生产资产的使用者成本}}{\text{平台单位活跃用户数}} \quad (10-17)$$

为避免激进竞争策略导致的超额支出不合理地抬高平台信息服务价值，式（10-17）中建议仅计算增加用户福利或直接相关的运营和生产资产成本。例如，平台向用户提供的补贴应计入运营成本，因为它增进了用户福利；而支付给其他平台或广告公司的广告费用则不应计入，因为这类支出只是提升知名度，并未改善用户福利或服务质量。

3. 广告主支付的实物转移

估算广告主支付的实物转移需将平台的广告收入（即不使用用户数据的预期广告收入）分为两部分：一部分是平台因提供广告服务收取的"真实广告费"，另一部分是广告主实际承担的信息服务成本，即实物转移。具体步骤如下：

（1）根据"估算用户数据使用带来的服务收入增加量"的思路，计算用户数据使用带来的广告收入增量，用平台总广告收入减去该增量，得到不使用用户数据的预期广告收入。

（2）从该预期广告收入中扣除广告主支付的"真实广告费"，得到广告主支付的实物转移总量。"真实广告费"是指广告服务成本中与广告直接相关的部分，如生产资产使用成本、广告推送的雇员报酬、不使用用户数据时的预期广告收入相关的生产税净额等。

（3）将广告主支付的实物转移总量除以平台活跃用户数，得到单用户的实物转移。

4. 服务费

估算不使用用户数据情况下的服务费难度较大，因为绝大多数平台单位已将用户数据的使用嵌入平台单位的运营中，可能难以找到不使用用户数据时的服务收入。此时可能需参考同业态平台单位的历史资料等相关资料进行估算。

四、简化估算方法

以上估算方法需要大量统计资料，并需对平台数据深入分析，工作量较大，难以每个核算期都实施,且难以对所有平台普查以估算总收益。因此,在未进行全面调查的年份,可使用简化估算方法,通过基础财务和运营资料推算用户数据资产收益。基本思路是,同业态平台的经营环境、商业模式、用户和数据类型相似,因此单条用户数据的收益(单位数据收益)应接近。虽然平台竞争策略不同导致单位数据收益有差异,但同业态中最高的单位数据收益可代表不使用激进策略下的理论水平。因此,取同业态最高单位数据收益,作为本业态所有平台的用户数据资产收益的估算基准。本方法的基本估算步骤如下:

第1步,将平台单位按经营范围、业务类型等划分为多组同类平台单位。

第2步,对其中的某一组,计算组内各平台单位本年的单位数据收益。计算公式如下:

$$用户数据资产收益 = 总营业盈余 - 生产资产的使用者成本 \quad (10-18)$$

$$单位数据收益 = 用户数据资产收益 / 用户数据总量 \quad (10-19)$$

用户数据总量可使用多种指标反映,较合适的指标为平台单位本年度收集的用户数据条数、平台单位本年度使用的用户数据条数等;在相关资料缺失的情况下,也可使用本平台单位本年度活跃用户数量、本平台单位本年度交易笔数等指标替代。但需保证同业态平台单位均使用同一指标反映用户数据总量。

第3步,确定本组平台单位的最高单位数据收益。用最高单位数据收益乘以本组其他平台单位的用户数据总量,即可得到本组其他平台单位的用户数据资产收益。

第4步,对不同的组,重复步骤2—步骤3,计算所有平台单位的用户数据资产收益。

在竞争激烈的市场中,可以通过调整后的营业盈余来估算用户数据资产收益,以反映激进竞争策略下的超额支出。调整后的营业盈余计算公式为:

$$调整后的营业盈余 = 总营业盈余 + 超额支出 \quad (10-20)$$

式(10-20)中,超额支出主要包括过高的营销费用、高管薪酬、扩展业务产生的支出和研发支出。这些支出需与业态平均水平对比,以估算显著高于平均水平的超额支出。

五、结论

三种方法基本思路、优缺点、难点的比较具体如表10-1所示。

从本案例可以得出,用户数据资产具有显著的经济价值,通过优化广告投放、提升服务效率和降低运营成本,对互联网平台的盈利能力至关重要。然而,数据资产收益的估算复杂性较高,不同方法各有优劣,分类精细化是提高估算精度的关键,同时需特别考虑流数据的持续性价值。因此,平台企业应重视用户数据的采集与分类管理,推动估算方法的标准化,同时结合具体使用场景挖掘数据价值。此外,在实现商业收益的同时,需确保数据治理与隐私保护合规,并通过多方协作完善估值方法,为行业数据资产管理和核算提供参考。

表 10-1　　　　　　　　　　　　三种估算方法的比较

	基于收入成本流的方法	基于用户消费价值/平台信息服务价值的方法	简化估算方法
基本思路	剖析用户数据对应的收入增长/成本降低额，用"收入增长额+成本降低额-相关成本"的思路估算用户数据资产收益	剖析用户、平台单位、广告主间的交易流量，通过流量间的平衡关系推算用户数据资产收益	从简化估算工作量的角度出发，用同业态组内最高的单位数据收益估算组内其他平台单位的用户数据资产收益，并用调整营业盈余的方法避免超额支出对估算结果的影响
优点	能较好地剥离出用户数据资产收益；能反映用户数据对平台企业收入和成本流的影响	能较好地剥离出用户数据资产收益；能反映用户、平台、广告主间的易货交易流量，便于估计消费者福利	工作量小，适合作为常规核算手段
缺点	工作量较大，需要组织专门调查；可能将其他无形资产的收益计入用户数据资产收益；有漏算部分用户数据资产收益的可能	工作量较大，需要组织专门调查；若用成本法对平台单位信息服务估价，可能低估用户数据资产收益	要求各组内均有一定数量的平台单位，否则估算结果可能存在偏差；忽视了同组平台单位的异质性对用户数据资产收益的影响；估算结果可能受分组结果的影响
难点	在平台单位的服务普遍使用用户数据时，可能难以准确估算用户数据的使用带来的收入增量	在平台单位的服务普遍使用用户数据时，可能难以准确估算不使用用户数据时的服务费	确定合适的平台单位分组方式；根据各类支出的业态平均水平估算超额支出

案例使用说明

一、教学目的与用途

1. 适用课程

本案例适用于《统计学》《统计综合案例分析》《学术规范与论文写作》等统计学专业课程。

2. 本案例教学目标

本案例以"互联网平台用户数据资产收益估算方法"为主线，重点描述了不同估算方法的理论基础与实际应用，最终实现了对用户数据资产收益的科学评估。通过对该案例的分析，引导学生：

（1）掌握"用户数据资产""数据资产收益"等关键术语的确切含义及其在数字经济中的重要性，理解国民经济核算体系（SNA）中关于数据资产的定义和核算原则，以及如何应用成本法对数据资产进行估价。

（2）思考基于收入成本流的方法、基于用户消费价值/平台信息服务价值的方法以及简化估算方法各自的优点和局限性。

（3）通过案例思考如何将理论应用于实际问题解决，提出合理的估算方案并解释选择特定方法的理由。同时，学习解读不同方法得出的结果，评估模型性能，并为后续政策制定提供科学依据。

二、启发性思考问题

为了激发学生的思考，培养学生们的批判性思维和创新能力，以下是一些启发性思考题，供教师在课堂讨论或学生自主学习时参考。

1. 用户数据资产收益方面

（1）在数字经济时代，如何重新定义用户数据资产的价值及其对社会经济发展的深远影响？

（2）探讨数据资产在全球经济格局中的角色转变，以及这对国家竞争力意味着什么？

2. 估算方法方面

（1）面对多样化的互联网业态，如何构建一套普适且精准的数据资产收益估算体系？

（2）在快速变化的技术环境中，如何确保数据资产收益估算方法的科学性和前瞻性？

3. 思政融入

在新时代中国特色社会主义建设背景下，如何通过优化数据资产管理，推动高质量发展和创新型国家建设？

三、背景信息

近年来，数据在经济活动中的作用越发不容忽视，学术界就开始讨论如何将数据纳入国民经济核算体系，其中的关键问题就是如何估算数据资产的价值。关于如何在国民账户体系（SNA）中定义和核算数据资产，目前已有一系列相关研究。而从这些研究中，学术界正逐渐形成共识，认为数据资产属于生产资产，在缺乏现期市场价格时，应使用成本法对数据资产进行估价。现有研究中大多讨论了国民经济总体中数据资产核算和估价的一般性方法。在数据资产的估价研究中，个人数据的估价问题受到关注最多，因为个人数据是一国数据资产的重要组成部分，也是推动一国数字经济发展的重要生产要素。而在现有文献中，也有学者提出了适用于个人数据的特有估价方法，然而这些方法基本都是使用可能蕴含相关信息的数据的近似估算方法,其估算结果并不能反映真实的用户数据价值,只能作为在缺乏相关调查和数据时的参考。

在统计核算领域,对资产估价的基本方法包括市场价格法、成本法、未来收益现值法。市场价格法是最优的估价方法,但现阶段数据市场尚不活跃,大部分数据资产不存在对应的市场价格。在不存在市场价格的情况下,成本法是可行性最强的方法,但在实践中,数据资产的成本往往显著低于其市场价格。这意味着成本法不能捕捉数据资产在经济生产中创造的实际价值,不能反映数据要素为其所有者带来的收益。相比之下,未来收益现值法使用资产预期为其所有者带来的收入流估算资产价值,能更好地体现资产的蕴含经济价值,估价过程中得到的数据资产收益也能反映数据要素为其所有者带来的收入。因此,即使现有研究多推荐使用成本法,但用未来收益现值法对数据资产估价,仍不失为一种有益的尝试。

与数据资产核算和个人数据估价方面的已有研究相比,本案例强调用未来收益现值法估算数据资产的合理性与必要性,并通过讨论互联网平台用户数据资产收益的估算方法增强实践中未来收益现值法的可操作性,也为揭示数据要素收入提供具备可行性的基本思路。与用户数据收益估算方面的已有研究相比,本案例更强调核算口径的用户数据资产收益估算,提出基于多种思路的收益估算方法,有助于拓展个人数据的估价思路,进而促进更完善的数据资产估价方法和核算框架的构建。

四、案例分析思路及要点

1. 分析思路

教师可以根据自己的教学目标(目的)灵活使用本案例。这里提出本案例的分析思路(见图10-4)。

本案例以数据资产核算为研究核心,旨在探讨如何在国民账户体系中准确界定和核算数据资产,并提供适用的估算方法。随着数字经济的快速发展,数据资产作为新的经济资源,已逐渐成为衡量国家和企业经济活动的重要组成部分。本案例运用多种估算方法,通过明确数据资产的定义、分类以及流数据的特征,探讨其在国民账户中的核算路径。研究采用了基于收入成本流、基于用户消费价值和简化估算法三种方法,分别对应不同类型企业和行业的需求,旨在为各类企业提供量化数据资产经济价值的可行路径。

2. 覆盖的知识点

(1)数据资产。

数据资产是能够为企业带来经济利益的可量化数据集合。用户数据资产是指与用户相

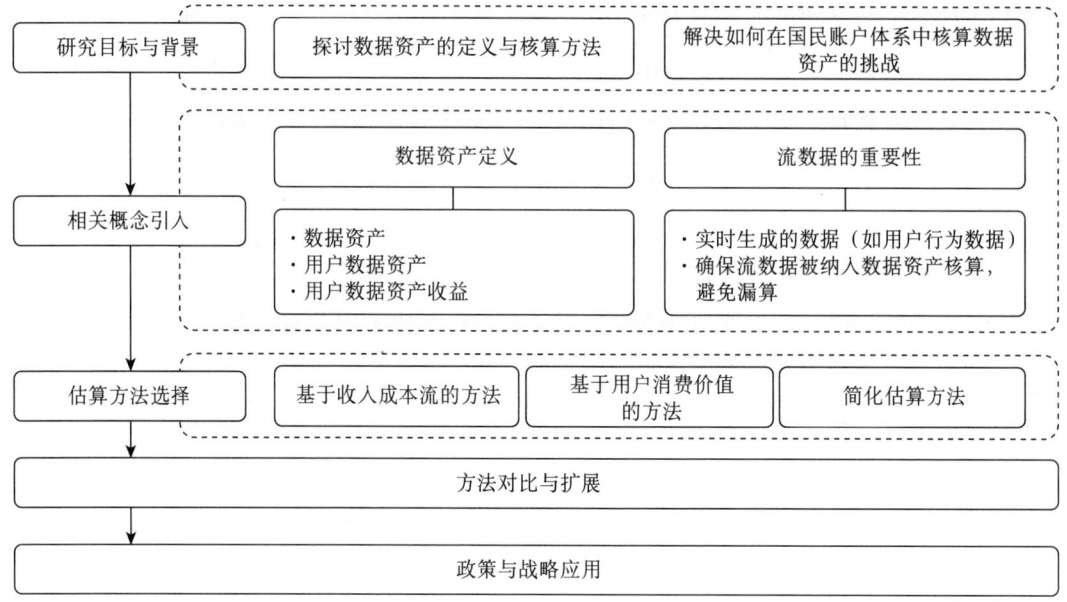

图 10-4 案例分析框架

关、能够提升服务和增加收入的数据;流数据是指实时生成的数据,如用户在互联网平台上的点击、浏览和互动行为。

(2) 数据资产收益的估算方法。

①基于收入成本流的估算方法:通过分析收入和成本流量,估算数据资产为企业带来的长期经济收益,适用于大型企业和数据密集型行业。

②基于用户消费价值的估算方法:通过用户消费行为和平台服务价值,估算用户数据资产的经济收益,适用于注重用户体验的互联网平台。

③简化估算方法:针对资源有限的小型企业,通过简化计算模型估算数据资产收益,尽管精确度较低,但能满足快速决策需求。

3. 能力训练点

(1) 了解数据资产的定义与分类。

学习如何在国民账户体系中准确界定数据资产,特别是用户数据资产和流数据的识别与分类。通过对数据资产的定义,学生能够理解数字经济中数据的经济价值及其对企业战略的影响。

(2) 掌握估算方法的应用与选择。

掌握三种主要的估算方法(基于收入成本流、基于用户消费价值、简化估算方法),并能够根据企业的类型、行业特征以及资源条件选择合适的估算路径。通过案例分析,学生能够评估各方法的优缺点,并应用于实际数据资产核算。

(3) 进行模型评估与方法扩展。

学会如何对不同估算模型进行评估，比较不同方法在不同场景下的效果，并能够将这些方法扩展应用到其他企业的数据资产收益估算中。这不仅提高了学生在多种情境下选择合适方法的能力，还培养了其在数据经济中进行有效量化分析的能力。

五、理论依据与分析

本案例以互联网平台为例，探讨用户数据资产收益的估算思路。在界定相关概念后，本案例提出三种估算方法，即基于收入成本流的方法是将用户数据对应的收入增加量和成本减少量相加，再扣除相关成本，得到用户数据资产收益；基于用户消费价值/平台信息服务价值的方法是利用平台单位、用户、广告主三者间经济交易流量间的平衡关系估算用户数据资产收益；简化估算方法是在平台单位基础财务资料和运营资料的基础上，用简单推算的方法估算用户数据资产收益。最后，本案例对三种方法的基本思路、优缺点、难点进行了比较。

（1）基于收入成本流的估算方法。基于收入成本流的方法是一种评估用户数据资产收益的经济模型。这种方法通过综合考虑用户数据带来的收入增加和成本变化，来量化用户数据的价值。基于收入成本流的方法可以表述为：用户数据资产收益 = 收入增加量 + 成本减少量 − 相关成本。其中，收入增加量是指由于利用用户数据而直接或间接产生的额外收入。成本减少量是指用户数据可以帮助企业更有效地运营和管理，从而减少不必要的开支。例如，通过数据分析预测库存需求，避免过度库存或缺货成本；或者通过用户反馈优化产品设计，减少因产品缺陷导致的退货和维修成本。相关成本是指在利用用户数据的过程中，也会产生一些成本，如数据收集、存储、处理和分析的成本，以及可能因数据泄露或滥用而面临的法律和合规成本。这种方法的好处在于它提供了一个全面的视角来评估用户数据的价值，不仅考虑了收入方面的增益，还考虑了成本方面的节约和支出。

（2）基于用户消费价值/平台信息服务价值的估算方法。基于用户消费价值/平台信息服务价值的方法，通常用于评估互联网平台或企业的价值，尤其是那些高度依赖用户数据和消费行为的互联网企业。这两种方法往往不是孤立的，而是相互补充的。例如，一个电商平台在评估用户价值时，不仅会考虑用户的购买行为（如购买金额、购买频率等），还会考虑用户在平台上的互动行为（如评论、分享等），以及平台提供的信息服务质量（如搜索结果的准确性、推荐算法的个性化程度等）。

（3）简化估算方法。简化估算方法是指在平台单位基础财务资料和运营资料的基础上，采用相对简单、直接的方式来估算用户数据资产收益的一种方法。这种方法的核心在于利用已有的财务和运营数据,通过一定的推算过程,得出用户数据对平台收益的大致贡献。简化估算方法虽然简单快捷,但存在一定的局限性。由于它依赖于较少的信息和基本的数学运算,进而可能无法捕捉到用户数据资产收益的所有复杂性和细节。因此,在实际应用中,需要权衡简化估算方法的便利性和准确性,结合平台的实际情况和业务需求选择合适的方法。

表 10-2 是三种估计方法的基本思路、优点、缺点和难点的比较。

表 10-2　　三种估算方法的比较

	基于收入成本流的方法	基于用户消费价值/平台信息服务价值的方法	简化估算方法
基本思路	剖析用户数据对应的收入增长/成本降低额,用"收入增长额+成本降低额-相关成本"的思路估算用户数据资产收益	剖析用户、平台单位、广告主间的交易流量,通过流量间的平衡关系推算用户数据资产收益	从简化估算工作量的角度出发,用同业态组内最高的单位数据收益估算组内其他平台单位的用户数据资产收益,并用调整营业盈余的方法避免超额支出对估算结果的影响
优点	能较好地剥离出用户数据资产收益;能反映用户数据对平台企业收入和成本流的影响	能较好地剥离出用户数据资产收益;能反映用户、平台、广告主间的易货交易流量,便于估计消费者福利	工作量小,适合作为常规核算手段
缺点	工作量较大,需要组织专门调查;可能将其他无形资产的收益计入用户数据资产收益;有漏算部分用户数据资产收益的可能	工作量较大,需要组织专门调查;若用成本法对平台单位信息服务估价,可能低估用户数据资产收益	要求各组内均有一定数量的平台单位,否则估算结果可能存在偏差;忽视了同组平台单位的异质性对用户数据资产收益的影响;估算结果可能受分组结果的影响
难点	在平台单位的服务普遍使用用户数据时,可能难以准确估算用户数据的使用带来的收入增量	在平台单位的服务普遍使用用户数据时,可能难以准确估算不使用用户数据时的服务费	确定合适的平台单位分组方式;根据各类支出的业态平均水平估算超额支出

六、教学组织方式

本案例的计划安排课堂讨论时间为 50—60 分钟,建议课堂时间安排及提问逻辑如下:

1. 课前安排

发放案例正文文本及思考题(课前一周)。

2. 课中计划

(1)案例引入:询问大家对流数据概念是否已经课前熟悉。简单总结数据资产的概念,并概述此次案例讨论的主旨(5 分钟)。

（2）小组讨论：将案例启发式问题投屏，分组自由讨论，老师走动交流；每个组将自己讨论出的答案进行总结列出框架（15分钟）。

（3）班级讨论：按照各思考题，请各组进行总结发言；可以每个组随机要求回答不一样的问题，然后让其他组加入补充；老师在白板上记录各组发言的要点，并鼓励各组之间互动评价（20—30分钟）。

（4）总结提升：将所利用的理论框架结合案例进行总结（10分钟）。

七、案例的后续进展

关于用户数据资产收益估算方法的理论调查研究，后续进展涵盖了方法的深化、实证研究的扩展以及实践应用的反馈等多个方面。

在方法论方面，研究团队对基于收入成本流的估算方法进行了进一步的细化，结合大数据分析和机器学习技术，开发出更为精准的模型。这些新模型能够实时评估用户行为对收入和成本的影响，提升了数据资产收益的估算精度。此外，团队对基于用户消费价值和平台信息服务价值的方法进行了扩展，探索了用户在不同消费场景中的行为模式，力求更全面地反映用户数据的多维价值。

在数据隐私和合规性方面，随着政策法规的变化，研究团队开始关注数据保护的法律框架对收益估算方法的影响。通过对比国内外相关法律法规，探讨如何在合规的前提下实现数据的有效利用。这一研究不仅提升了方法的适用性，也为企业在实际操作中提供了重要的法律指导。

此外，针对简化估算方法的局限性，研究团队进行了改进，尝试引入更多变量和数据源，以增强模型的复杂性和准确性。这一过程中，团队还加强了与行业内专家和企业的合作，收集了更多实践数据，提升了研究的实用性。

未来，研究团队计划继续深化对用户数据资产收益的探讨，特别是在人工智能和区块链技术的应用方面，探索如何利用新技术优化数据资产的管理与估算。同时，将加强与实际企业的合作，推动理论研究与实际应用的结合，进一步提升互联网平台在数据经济中的竞争力和可持续发展能力。

通过以上后续进展，本研究在理论和实践层面不断完善，为用户数据资产收益的估算提供了更为全面的视角和方法支持。

八、其他教学支持材料

（1）合理规划黑板板书，确保每个关键概念、分析步骤和模型公式都清晰呈现，突出各模型的核心公式和适用条件。

（2）合理运用多媒体资料，使用PPT展示案例背景、三种估算方法和关键结论。